U0536148

中国法律史学文丛

商周民事经济法律制度研究
—— 卜辞、金文、先秦文献所见

冯卓慧　著

2014年·北京

图书在版编目(CIP)数据

商周民事经济法律制度研究——卜辞、金文、先秦文献所见/冯卓慧著.—北京:商务印书馆,2014
(中国法律史学文丛)
ISBN 978-7-100-09914-1

Ⅰ.①商… Ⅱ.①冯… Ⅲ.①民法—司法制度—研究—中国—商周时代 Ⅳ.①D923.02

中国版本图书馆 CIP 数据核字(2013)第 072633 号

所有权利保留。
未经许可,不得以任何方式使用。

此书系2007年国家社科基金西部项目(批准号为07XFX008)。
本书的出版得到西北政法大学科研出版基金、
学科科研基金及校长基金的资助。

中国法律史学文丛
商周民事经济法律制度研究
——卜辞、金文、先秦文献所见
冯卓慧 著

商 务 印 书 馆 出 版
(北京王府井大街36号 邮政编码 100710)
商 务 印 书 馆 发 行
北京瑞古冠中印刷厂印刷
ISBN 978-7-100-09914-1

2014年7月第1版　开本 880×1230 1/32
2014年7月北京第1次印刷　印张9
定价:30.00元

总　　序

随着中国的崛起,中华民族的伟大复兴也正由梦想变为现实。然而,源远者流长,根深者叶茂。奠定和确立民族复兴的牢固学术根基,乃当代中国学人之责无旁贷。中国法律史学,追根溯源于数千年华夏法制文明,凝聚百余年来中外学人的智慧结晶,寻觅法治中国固有之经验,发掘传统中华法系之精髓,以弘扬近代中国优秀的法治文化,亦是当代中国探寻政治文明的必由之路。中国法律史学的深入拓展可为国家长治久安提供镜鉴,并为部门法学研究在方法论上拾遗补阙。

自改革开放以来,中国法律史学在老一辈法学家的引领下,在诸多中青年学者的不懈努力下,这片荒芜的土地上拓荒、垦殖,已历30年,不论在学科建设还是在新史料的挖掘整理上,通史、专题史等诸多方面均取得了引人注目的成果。但是,目前中国法律史研究距社会转型大潮应承载的学术使命并不相契,甚至落后于政治社会实践的发展,有待法律界共同努力开创中国法律研究的新天地。

创立已逾百年的商务印书馆,以传承中西优秀文化为己任,影响达致几代中国知识分子及普通百姓。社会虽几度变迁,世事人非,然而,百年磨砺、大浪淘沙,前辈擎立的商务旗帜,遵循独立的出版品格,不媚俗、不盲从,严谨于文化的传承与普及,保持与学界顶尖团队的真诚合作始终是他们追求的目标。遥想当年,清末民国有张元济(1867—1959)、王云五(1888—1979)等大师,他们周围云集一批仁人志士与知识分子,通过精诚合作,务实创新,把商务做成享誉世界的中国品牌。

抗战风烟使之几遭灭顶,商务人上下斡旋,辗转跋涉到重庆、沪上,艰难困苦中还不断推出各个学科的著述,中国近代出版的一面旗帜就此屹立不败。

近年来,商务印书馆在法律类图书的出版上,致力于《法学文库》丛书和法律文献史料的校勘整理。《法学文库》已纳入出版优秀原创著作十余部,涵盖法史、法理、民法、宪法等部门法学。2008年推出了十一卷本《新译日本法规大全》点校本,重现百年前近代中国在移植外国法方面的宏大气势与务实作为。2010年陆续推出《大清新法令》(1901—1911)点校本,全面梳理清末法律改革的立法成果,为当代中国法制发展断裂的学术脉络接续前弦,为现代中国的法制文明溯源探路,为21世纪中国法治国家理想追寻近代蓝本,并试图发扬光大。

现在呈现于读者面前的《中国法律史学文丛》,拟收入法律通史、各部门法专史、断代法史方面的精品图书,通过结集成套出版,推崇用历史、社会的方法研究中国法律,以期拓展法学规范研究的多元路径,提升中国法律学术的整体理论水准。在法学方法上致力于实证研究,避免宏大叙事与纯粹演绎的范式,以及简单拿来主义而不顾中国固有文化的媚外作品,使中国法律学术回归本土法的精神。

何 勤 华
2010年6月22日于上海

自　　序

一本六十余万字的《商、周、汉、唐民事法律制度的架构及演进——卜辞、金文、汉简、唐代帛书及石刻民事法律资料研究》一书初稿脱稿了,这是我2007年申报被批准的国家社会科学基金项目(07XFX008)经三年多的个人努力而完成。因为全书均为一人之独立完成,老实说,是很累的。脱稿后我整整躺了两天,昏昏睡去,又昏昏醒来。虽然醒来,然而躺在床上一丝丝都不想动。真如大病一场。我想这大约是我的一位成为著名医生的中学同学所曾告诉我的,在当时(我未完成课题时),我全身的白细胞都被调动起来了,如同卫士般荷枪实弹为我站岗,故而几年间它们支撑着我。当课题完成时,我的卫士们都放了假,所以我真正如同散了架似地躺了两天,一丝丝也不能动了。也如同晴雯带病支撑着一夜补好了宝玉那被烧了一个洞的俄罗斯国进贡的毛毡披风,最后说了一句:"就是这样了,我再也动弹不得了!"便直挺挺地倒卧床上。只有在我的书中,我想说这几句真实的感受,只是说说感受!

一、我为什么选择这样的课题研究

我1959年毕业于陕西师大历史系,此后被分配于甘肃天水市的中学,任教二十一年,教授中学历史(中外历史,从古到今),"文革"时期,历史课停授,我改教中学语文。这二十一年的从教经历,使我具有了较好的历史与古典文字的素养。

1981年2月我被调到西北政法大学法制史教研室,从事法制史课的教学,教授本科生、研究生,至今年,整整三十年。三十年前,教研室要每位教师确定自己的研究方向,我确定自己的研究方向为中外法制史比较研究。因为当时我的俄语较好,教研室安排我从事外国法制史的教学。我那时的想法是我们搞法制史研究的目的应当是古为今用、洋为中用。至少,在研究中要起到史鉴的作用。我虽然从事外国法制史的教学,但由于语种、环境等等因素的影响我不可能将其所有方面均研究到比外国学者还透彻,但我可以从中拓宽我的视野和思维方式。而对之研究的目的是要洋为中用。既要"为中用",我必须要了解中国法。中国是个历史悠久的国家,五千年的有文字记载的历史,对中华民族法律文化的影响是巨大的,至今无法抹去,所以,我的研究必得中外比较才能有所收益。又因为我的先生与我同在一教研室,他的研究方向是中国古代法制尤其是先秦法制。这也因为我校地处西安,是周、秦、汉、唐几个大朝代古都所在地,地下文存不断出土,所以古代法制尤其先秦法制是他首先的着眼点。而西周法制资料中大量的金文文献的识读与研究一个人是很难做的,连争论与研讨的同事都很难找,而学术问题中的争论与研讨是要并存的,我自然必得承担起与他合作的第一对象之责。

  两人的学术研究大目标确定之后,我必须同步进行中外法史的研究。我的史学功底,使我一直坚信"史学就是史料学"的治史的基本方法,即一切结论得站立在原始资料的基础上。从事外法史教学中,罗马法学是很重要的内容,而教材中只显现结论,这无法说服我,我想知道罗马法学家当初是怎样得出那些著名结论的。恰巧,1987—1988 年我有幸作为公派访问学者,在圣彼得堡大学法律系访学一年,期间曾访问莫斯科大学法律系,获得俄译本的盖尤斯《法学阶梯》的节译本。我回国后,以我国原已译出的《十二铜表法》、查士丁尼《法学阶梯》及我带回的盖尤斯的俄文本《法学阶梯》这三部分最重要的原始资料为依据写出了《罗马私法进化论》(独著,陕西人民出版社1992年版)以及与汪世荣、许晓瑛君三人合著《罗马私法》(陕西人民出版社1999年版)及系列相关论文。又在给研究生开设《英美契约法》的基础上写出了《殊途同归——从两大法系契约法理论的发展演进看契约法的发展》一文(台湾《法令月刊》第59卷第5期)。同时自己任主编编著了《外国法律制度史教程》(陕西师范大学出版社1990年版),也参编了司法部统编教材《外国法制史新编》(群众出版社1993年版,自己承担古印度法、中世纪欧洲的城市法和商法、海商法、苏联法三章的撰写)以及相关论文。在研究外法史中特别关注了有关民商法律制度及理论。而对中国古代法律制度的研究中,也关注了从地下出土的金文资料中的法制尤其是民事法律制度的研究,先后与先夫胡留元合作出版了《长安文物与古代法制》(法律出版社1989年版)、《西周法制史》(陕西人民出版社1988年版)和《夏商西周法制史》(商务印书馆2006年版)及系列相关论文。所著各书均获省级科研奖,《夏商西周法制史》2009年获司法部科研一等奖。可以看出,在这种中外比较的法制史研究中,我一直将着力点侧重到民事法律制度。这也有两方面的原因:一是在罗马法的研究中,罗马私法,即有关私人利益的法律,也即包括民事权利能力,财产关系,婚姻、家庭、继承关系是学界传统的关注点;同时,在中国古代法研究中,从出土的西周金文资料看,物权、债法资料颇多。二是从个人感情方面分析,我是女性,本能地对刑法有抗拒感,而乐于研究有关民生方面的法律制度。所以,在与先夫的合作研究中,涉及民事法律方面的,便分工给我了。经过了上述数十年的研究后,我发现,其实在出土文存中,涉及中国古代法中民事法律制度的资料很多,只是它们不是集中在某一部法典或类似法典化的东西中,而是需要研究者耐下心性去寻搜、去整理、去剖析、去归纳。同时,我也认识到必须要有人去做这项研究,而我是很合适的一个人。因为我在先前数十年的研究中已具有这方面的基础,同时,在先前的研究中,我已认识到梅因在《古代法》一书中的一个理论是错误的。那就是梅因说:"在法典时代开始后,静止的社会和进步的社会之间的区分已开始暴露出来的事实。"而这种区别就是是否对民事法律制度给予关注与完善。梅因说:"世界有物质文明,但不是文明发展法律,而是法律限制着文明。研究现在处在原始状态下的各民族,使我们得到了某些社会之所以停止发展的线索。我们可以看到,婆罗门教的印度还没有超过所有人类各民族历史都发生过的阶段,就是法律的统治尚未从宗教的统治中区分出来的那个阶段。……在中国,这一点是过去了,但进步又似乎就到此为止了,因为在它的民事法律中,同时又包括了这个民族所可能想象到的一切观念。静止的和进步的社会之间的差别,是还须继续加以探究的大秘密之一。"① 梅因这种对古代社会中各国法律是静止还是进步社会的分类标准,特别是将中国列为静止社会的分类标准,在西方社会影响至深,对我国当代研究者也影响极深。甚至如李祖荫先生说:"日本有的资产阶级法学家更据此对我国大肆诬蔑,说中国古代只有刑法而没有民法,是一个半开化的、文化低落的国家。就在我国,也有一些资产阶级法学家像鹦鹉学舌一样,把自己的祖先辱骂一顿。"② 这是 1959 年李祖荫先生所说过的话,而笔者本人 1988 年在莫斯科大学法律系访问时,该校著名的外法史教授克拉舍尼尼柯娃教授(当时苏联《外法史》统编教材的主编)直到听到我对中国西周金文民法的介绍后,说她及苏联外法史界此前均在教材编写中受梅因及日本学者影响,认为中国古代无民法,此后,当以史实为证,改变看法。而 1994 年在中国北京召开的《罗马法·中国法与民法法典化》的国际学术研讨会上,我提交了论文《罗马法与中国古

---

① 〔英〕梅因:《古代法》,沈景一译,商务印书馆 1984 年版,第 13—14 页。
② 〔英〕梅因:《古代法》,沈景一译,商务印书馆 1984 年版,"小引"。

代契约法》,有民法学博士问我:"中国古代非市民社会,怎么能有契约法?"因为我的论文中国契约法部分完全引证的是从汉简、唐宋帛书中所反映的当时社会中国古代契约的原件影印资料,所以我反问道:"那么,这些从汉至唐、宋的契约原件不叫契约法又叫什么?再说从汉以后开辟欧亚大陆丝绸之路上的交易契约原件叫什么法?"问者无法回答。我以为这是一个先验性的认识错误,即"只有市民社会才有契约法",这个结论是不完整的。又过了十多年,进入新世纪,也即21世纪的今天,我在我们外国法制史研讨会议上仍常能听到有研究者言:"因为中国古代非民主社会,所以中国古代的东西,我一概不读。"我很吃惊,你不读中国古代的东西怎么就知道它有无用处,怎么就知道它与现今法律文化之源流关系。一个搞法制史的研究者,要抛掉自己民族五千年的文化史,那么,这个民族的法律是21世纪的某一天突然从天上掉下来的吗?正是积于三十年的实践研究及我所目睹之当今国内外学界对我国古代民事法律制度之错误认识,我认为自己有必要也有可能写出这样一本专著《商、周、汉、唐民事法律制度的架构及演进——卜辞、金文、汉简、唐代帛书及石刻民事法律资料研究》。2007年我以这个长长的题目申报国家社科基金项目。当年10月,得到国家批准。由于内容涉及四个大朝代,原始的一手资料要包括对卜辞、金文、汉简、唐代帛书的识读或至少要能读懂考古学界所识读出的资料,再用民法学的观点来运用评析,是一种跨学科的研究课题。其实,我申报此课题的初衷,也有一方面是考虑年轻同志们不可能像我一样再花费至少三十年去研究。而我如能将自己的研究成果提供给学界,也可为此学科的年轻研究者,作文字的铺垫及罗马法学视野的铺垫。我从教五十多年,教师的职责中就有甘为人梯一项。一个学科的研究是需要很多不断地做人梯的。这便是我申报此课题的原因和目的。

二、研究本课题的方法

在研究的方法上,我坚持了三个基本原则:

1. 以史实为基础,尽可能利用地下出土的一手原始资料,再佐证以文献史籍,甚至包括一定时代的诗史。在史实的基础上得出结论。

如前所述,我是上世纪五十年代学历史专业出身的。记得傅斯年先生所倡导的"史学就是史料学"的治史方法对我影响很大。至今,我也不能说这是唯一的治史方法,但我坚信,它是搞史学的重要的基础方法。

我要研究的四个朝代——商、周、汉、唐,均距离今天年代久远,而它们的民事法律制度,除《唐律疏议》中能解读出唐代的一些内容外,大量的资料其实首先显现在地下文存中。所以我的课题有一个长长的副标题——"卜辞、金文、汉简、唐代帛书及石刻民事法律资料研究",因为出土的地下文存是谁也无法否认的当时那些朝代真实情况的再现。本课题在决定出版之时,为了满足不同读者的需求,出版社决定分三册出版此课题研究成果。第一册《商周民事经济法律制度研究》,商朝的情况,我的研究主要依据的是姚孝遂任主编、肖丁任副主编的《殷墟甲骨刻辞摹释总集》(中华书局 1988 年影印本)再佐以其余有关原始资料;西周的情况则以郭沫若《两周金文辞大系考释》、文物出版社 1984 年出版之《陕西出土商周青铜器》(共四册)及此后不断新出土的金文,再佐以其他原始资料。第二册《汉代民事经济法律制度研究》。汉代主要使用汉简有《居延汉简甲编》、《居延汉简甲乙编》、《居延汉简新编》、《张家山汉墓竹简》、《敦煌悬泉置汉简释萃》、《居延新简》等。第三册《唐代民事法律制度研究》,唐代资料则主要依据中国科学院历史研究所资料室编的《敦煌资料第一辑》,王永兴编的《隋唐五代经济史料汇编校注》、《吐鲁番出土文书》,刘海年、杨一凡主编的《中国珍稀法律典籍集成》

(甲编)第三、四册等所能收集到之文存。在地下文存基础上,我再佐以历史典籍。故《尚书》、《周易》、《周礼》、《礼记》、《仪礼》、《诗经》、《史记》、《汉书》、《后汉书》、《汉书补注》、《旧唐书》、《新唐书》、《唐六典》、《通典》、《太平御览》等是必得反复参读的。另外,先秦部分,如陈梦家的《殷墟卜辞综述》,郭沫若的《考古编》、《金文丛考》,容庚的《金文编》、高明的《古文字类编》,张政烺的《古文字研究》,胡厚宣的《甲骨学商史论丛》,也是必得不断参考的,同时还参考的有徐中舒的《甲骨文字典》,吴浩坤、潘悠的《中国甲骨学史》,陈初生编的《金文常用字典》、《十三经注疏》等。唐代部分,参考了钱大群的《唐律疏义新注》,《唐律疏议》,王昶的《金石萃编》,及《天一阁藏明钞本天圣令校证(附唐令复原研究)》中有关之唐令复原研究等。总之,我主观上努力做到以第一手地下文存印证史学古籍文献,在占有资料的基础上得出自己的分析结论。当然,也会有挂一漏万之不足,但愿有人能继续做下去。

2. 以罗马法学的私法观念为纲,确定本书写作的基本体系。

罗马法在世界的影响是巨大的,正如澳大利亚民法学家瑞安在他的《民法导论》一书中肯定地指出:"近代民法是三大法律系统的产物。"这三大法系就是罗马法、日耳曼习惯法和教会法。他特别指出"罗马法有 2700 多年的历史……而后才发展成为一个拥有广大领土和多种民族的商业社会的完备的法律制度"。他指出 19 世纪德国的"罗马法学派的理想是建立一种法律制度,在这个制度中,所有的具体规定都源于某些基本概念,并根据这些基本概念来对它们进行分类。对罗马法的研究使他们确信(的确有理由这样确信),简明和抽象是古典及以后罗马法的两个最突出的特点"。[①] 这点和恩格斯对罗马法的评价是一致

[①] 《外国民法资料选编》,法律出版社 1983 年版,1986 年第 3 次印刷,第 1—39 页。

的。恩格斯说罗马法是"以私有制为基础的法律的最完备形式",[①]"它也包含了资本主义时期的大多数法律关系"。[②] 古典的罗马法学,当资本主义经济发展一开始时,便发挥了其影响力,因之恩格斯说:"当工业和商业首先刚刚在意大利,稍后在其他国家发展起来时,也就进而发展了私人所有制,与此同时,经过仔细加工的罗马私法又复兴起来并重新获得了权威力。"[③]罗马法的简明以及其所抽象出的概括性理念正是中国古代民事法律制度所缺乏的,但正好借用其权威性的理念为纲目让我能清晰地将中国古代民事法律制度的资料整理分类出来。我想也正由于此原因,中国在法制近代化过程中是继受和借鉴了大陆法系,而非是英美法系的。因此,我在本书的写作体例上是以借鉴罗马私法为主的,也就是以民事权利能力、物权、债、家庭婚姻继承、民事诉讼制度为基本纲目分类去写。这样,我觉得清楚得多了。

3. 以中国国情为出发点。

我在多年研究中国古代民事法律制度的过程中,存在一个基本的信念:我觉得中国古代以农耕文明为主,即奴隶制或封建制时期,统治者要维持一个王朝的长治久安,必须要将民生问题放在重要地位来思考。否则,其统治不可能长久。秦朝的短暂,正是明证。而商、周、汉、唐却是各有数百年的统治期,而这种长期统治中,保障民生,至少不让生民飞速地被暴政窒虐而死是很重要的。事实上,从西周开始的明德慎罚、敬天保民,至汉代的天人合一,唐代的德礼为政教之本,刑罚为政教之用,其统治者治国的主导思想是以生民、保民维持国家长治久安为主流的。而不是以刑罚杀戮为主的。即使是有了完整的法典以后,法典虽在总则部分显示了罪与罚,而具体内容仍多涉及民生。所以,我认

---

① 《马克思恩格斯选集》第3卷,第143页。
② 《马克思恩格斯选集》第3卷,第395页。
③ 《马克思恩格斯全集》第3卷,第63页。

为传统的研究中造成一个误点,似乎中国古代是残暴的国家,发达的是刑法。这除了有梅因、日本学界的误导外,还有中国法制史界传统认为"律"就是刑律,而事实上,以《唐律疏议》为代表,我们只要仔细地去读,对律的解释常引用令、格、式,这些过去被学界解释为行政法,它是古代官员工作的具体细则。而作为东方农耕国家,政府、官员工作的很大内容是与农业生产管理与生民息息相关的。

再者,中国自古就存在的家族制中的宗法关系使中国古代法有着很大的人情味,这又与中国大农业社会有关,与中国儒家文化有关,与礼制观念有关。再加以自古存续下来的对"天"的敬畏观,也形成中国古代民法的特殊性,如梅因所说:"在它的民事法律中,同时又包括了这个民族所可能想象到的一切观念。"

为了比较地认识问题,《商周民事经济法律制度研究》一书中,我加入了二节"比较上古民法"、"比较上古婚姻法"作为附录。《唐代民事法律制度研究》一书中,我加入了从"从复原的唐开元《医疾令》看唐代医疗卫生法"、"'耳后大秦珠'到《唐律疏议》——罗马法对唐代契约法的影响"二节作为附录,其目的均在于以比较视野看中国古代民法及认识其独特的视角——以民法为出发点。

基于上述认识,我的这三本书虽以罗马私法的理论体系为纲目,却并不拘泥于它,我必须依掌握的原始资料为依据,写出中国实在的古代民事法律制度。

以上这三点是我研究本课题的基本原则和方法。

三、本课题的体系结构

依据以上思路,本课题的基本体系如下:
第一卷　商周民事经济法律制度研究
第一章:商代的民事法律制度。包括:民事权利主体——身份法;

婚姻家庭法;继承法;物权法;债法。第二章:西周的民事法律制度。包括:居民的民事法律地位;物权、所有权;债法;婚姻法;家庭与继承;经济法规;西周的民事诉讼法。

第二卷　汉代的民事经济法律制度研究

包括:民事权利能力;物和物权法;债法;婚姻、家庭、继承法;民事诉讼制度;经济立法与对外贸易法;税法。

第三卷　唐代的民事法律制度研究

包括:社会各阶级的民事权利能力;物权法;债法;婚姻、家庭、继承法;民事诉讼法。

历史和现实是不能割裂的。中国是一个有文字记载的五千年历史的文化古国。一个民族的历史愈漫长,它留下的文化包括法律文化的积淀也愈厚重,这也就形成这个民族具有某种独特特质的法律文化观。作为世界上唯一文化发展没有被完全隔断的延续至今的中华民族,对它传承下来的法律文化观,尤其深受儒家文化和天人合一思想影响的历史上的民事法律制度,特别是生民、息民观的制度做一些剖析研究,我个人觉得是很有启迪价值的。

2011 年 7 月 7 日于西安

目 录

第一章 商代的民事法律制度 ………………………………………… 1
  第一节 商代的民事法律关系主体——商代的身份法………… 1
    一、奴隶主贵族 …………………………………………… 2
    二、"众人"、"庶人"和"小人"——"众人"的民事权利主体地位 … 3
    三、奴隶 …………………………………………………… 20
  第二节 商代的婚姻家庭法——兼与古代东西方各国婚姻法
      异同进行考析 ……………………………………… 35
    一、商王、贵族的婚姻制度 ……………………………… 35
    二、商后期王室与贵族实行多妻制的原因 ……………… 46
    三、商代平民的婚姻制度 ………………………………… 56
    四、商代王室及贵族的婚娶礼仪 ………………………… 58
  第三节 商代的继承法 …………………………………………… 63
  第四节 商代的物权法 …………………………………………… 67
    一、不动产土地的所有权与占有权 ……………………… 67
    二、动产的私有权 ………………………………………… 74
  第五节 商代的债法 ……………………………………………… 75
第二章 西周的民事经济法律制度 …………………………………… 78
  第一节 西周社会各阶层的民事法律地位 ……………………… 78
    一、社会各阶层的法律地位 ……………………………… 78
    二、社会各阶层的民事权利能力和行为能力 …………… 87
  第二节 西周的物权法 …………………………………………… 91

  一、物的概念 ………………………………………… 91
  二、物的分类 ………………………………………… 91
  三、西周的所有权制度 ……………………………… 95
 第三节　西周的债法 …………………………………… 112
  一、债的称谓 ………………………………………… 112
  二、因侵权行为所发生的债 ………………………… 112
  三、因契约关系构成之债 …………………………… 113
  四、契约形式和成立的要件 ………………………… 126
 第四节　西周的婚姻、家庭与继承法 ………………… 128
  一、西周的婚姻法 …………………………………… 128
  二、西周的家庭与继承法 …………………………… 154
 第五节　西周的经济法规 ……………………………… 164
  一、商业、税收和借贷法律制度 …………………… 164
  二、田赋、力役和山林保护的法律规定 …………… 174
 第六节　从出土文物和先秦文献看西周的民事诉讼法 … 180
  一、西周的司法机构及其分工 ……………………… 180
  二、从《曶鼎》、《琱生簋》、《琱生尊》、《鬲攸从鼎》多件金文
    铭文看西周民事诉讼制度 ……………………… 181
  三、金文判例和先秦文献反映西周的民事诉讼制度的特点 …… 187
  四、宗法制在民事诉讼中的影响 …………………… 195
  五、对西周民事诉讼制度的评价 …………………… 205

附录一　比较上古民法 …………………………………… 207
附录二　比较上古婚姻法 ………………………………… 238

参考文献 …………………………………………………… 264
后记 ………………………………………………………… 268

第一章 商代的民事法律制度

第一节 商代的民事法律关系主体
——商代的身份法

商代是我国历史上的第二个朝代,其纪年大约从公元前17世纪末至前11世纪初这五六百年。虽然人们从历史课本上都知道商汤灭夏而建立商朝,但实际上在夏代活动的很长时期内,商已立足于豫、鲁、冀之间。商代时期的中国仍然是农业国家,人们选择在近水源适宜农耕的河流两岸或沼泽边缘建立居民点。商代的国土及活动范围均较夏代有了很大发展,人口总数也有了很大增加。有学者分析商初人口总数应在 400 万—450 万之间,比夏初的 270 万总人口净增 48.5%—87.5%[①]。商代仍然是奴隶制国家,在这种国家内,人们的身份地位、等级地位的不同,决定了人们的民事权利能力的不同,因此,我们研究商代的民事法律关系时,也应首先将着眼点放置于人法上,即放置于当时社会中人的身份法上。

作为上古国家,商代社会,人们的身份大体分为三类:奴隶主贵族,众人庶人和小人(奴隶)。可以说,前二者是统治阶级,后者是被统治阶

---

① 宋镇豪:《夏商社会生活史》,中国社会科学出版社1994年9月版,1996年1月第2次印刷,第107页。

级。然而,前二者的身份地位,权利能力也是明显有差异的。各类身份的人群中又有着等级差异,表现为其权利能力的差异。

一、奴隶主贵族

奴隶主贵族,这个统治者阶级,居其首位的是王,王是国君的称号,商人从成汤开始称王。早期甲骨文显示,王字像刃部向下的斧钺形状"A"[1]表明氏族的军事首领持斧钺带头征伐;国家形成后,军事首领变成国君,是执掌斧钺的代表,王就成了国君。商人的首领自成汤正式称王,他自称"武王"。从成汤到商的末代国王帝辛共三十一王,当他们活着做最高统治者时,均称为王。甲骨卜辞中常见"王乎"、"王令"、"王曰"、"王占曰"、"王出"、"王入"、"王往"、"王步"、"占王事"等就是证明。王自称"朕"、"余一人",这也成为表明王专制身份的标志,其他人不得使用。"朕"在甲骨卜辞中既可是王自称,又可是王的代词,臣下亦可称之以指代王。卜辞有"朕耳鸣"(如《乙》5405、《佚》768),即指王的耳鸣,"古朕事"(如《佚》15,106等),"古王事"(如《前》7.4.4等)。

"余一人"或"一人",这是商王自称,是其他人不得使用的专有代名词。"一人"表示王是奴隶主阶级的总头目,含有至高无上、唯我独尊之义,这也是典型的独裁专制政治的反映。王是军事、政治、祭祀、司法、经济一切大权的垄断者,作为农业国家,商王是唯一的拥有完全土地所有权的人;商王的意志就是最后的决断,就是法律,国王享有的是绝对的权力,是一种逐渐走向完善的独裁统治权。

商国王以下的奴隶主贵族统治者有商王的子弟、姻亲等整个王族,在卜辞中称"王族"、"子族"、"多子族"。此外还有"诸妇",如累见不鲜的妇妌、妇井、妇嫘、妇鼠、妇良、妇妥、妇竹等,以及"诸子":子渔、子央、

---

[1] 《乙》7795。

子效、子画、子弓、子商、子目等。《尚书·盘庚》篇讲到的"众戚"、"婚友"、"旧人"(世袭要职的旧贵族)、"百姓",《尚书·君奭》讲到的"商实百姓王人"等也均属于此类。

作为专制的奴隶制国家,商王在政权建设中建立了庞大的官僚机构,依据文献资料和甲骨卜辞看,大体形成了内服百官,外服诸侯的官僚体系。如文献上常讲的伊尹、巫咸、咎单、伊陟;甲骨卜辞累见的黄尹、咸戊、师盘、沚、戓、卑、雀、亘、𢼸郭等以及各朝的贞人、卜人等都属内服百官。甲骨卜辞中常讲的那些侯伯,如侯虎、攸侯、先侯、周侯、竹侯、井伯、易伯、伯冎、于方伯等都属外服诸侯。他们也都是奴隶主阶级代表人物,在王畿之内或王的臣属国受商王管辖,又为之统治广大的平民和奴隶。

二、"众人"、"庶人"和"小人"——"众人"的民事权利主体地位

除奴隶主贵族作为统治阶级外,还应当谈到平民阶层。在性质上说,他们也属于统治者阶层,但是他们的统治权极小,只是从政治意义上讲,相对于被统治阶级的奴隶来说,他们是权力有限的统治阶级。而这个阶级主要的任务还是作为国家政治经济发展的支柱、支撑者,而承担相应义务的,即所谓的"治人者,必先受治于人"。所以,他们表现为治与受治的双向权利义务。这个阶层他们大多数由商代的本氏族成员演变而成,是这个奴隶制国家的底层支撑者,是履行义务的主体。因为他们是农业劳动的主要承担者,此外还承担军役、劳役,向国家缴纳贡赋。然而,他们不是奴隶,他们的身份是自由的:他们有当兵作战的权利,也有一定的参政机会;虽然,在参政中并不会实质上赋予他们一定主权,但还有听取政权决策和发表意见的机会;奴隶主阶级不能把他们视为奴隶而任意屠戮,也不能将他们作为物品来对待。这个广大的平

民阶层,从甲骨卜辞文献来看,其称谓有"众"、"众人"、"庶民"、"小人"、"万民"等。

首先我们来分析"众"和"众人"。从商人直接留下的甲骨文材料中看,当时确有称为"众"或"众人"的社会阶层。关于这个阶层的社会地位是自由民还是奴隶,史学界一直存在有争议。我认为,这个阶层不是奴隶,当为平民。

"众"和"众人"在甲骨卜辞中的活动相同,用法、语法也相同,因此,其意义是相同的。如:

奠以众①

奠以众人②

其丧众③

其丧众人④

奠不丧[众]⑤

奠不丧众人⑥

"众人"承担的主要义务有四:即农业劳动的主力军;军役的主要承担者;参加田猎活动;缴纳贡赋。

农业劳动的主力军:甲骨文中的"众"字的构形为日下三人或二人形。学界有人认为像在田野中日光下耕作的民众,也有人说像受田神庇护的民众。甲骨文中"众"字的形构为"𗊪"⑦"𗊪"⑧"𗊪"⑨不论哪种说

---

① 《合集》31983。
② 《合集》31988。
③ 《后下》35.1。
④ 《合集》51。
⑤ 《宁》2.43。
⑥ 《合集》57。
⑦ 《甲》354。
⑧ 《拾》4.16。
⑨ 《林》1.20.14。

法,"众"属平民阶层。但从甲骨卜辞看,众人的活动首先与农业劳动有关,则前一种解释似更为合理。如:

　　王大令众人曰协田,其受〔年〕十一月。①
　　令众人聿……入绊方……垦田。②
　　贞弜令众人。六月。③
　　贞惟小臣令众黍一月。④[13]
　　小臣令……黍……⑤

上面最后一条卜辞中虽无"众人"一词,但从甲骨文有关众人的卜辞记载来看,此处"众人"一词是卜辞中残损部分。

　　卜贞众作耤不丧……⑥
　　戊寅卜,宾,贞王往以众黍于冈。⑦
　　丙午卜,古,贞……众黍于……⑧
　　丙戌卜,宁,贞令众来,其受祐五。⑨
　　辛未卜,争,贞曰众人尊田。⑩

　　以上大量卜辞说明众人是农业生产的主要承担者。他们从事的农事活动有"协田",即指农业春耕开始时的祭祀活动;"垦田";"作耤",即翻耕土地,耤字本身就像人扶耒以脚踏入地内形状,写作"𦔮"⑪、"𦔯"⑫、

---

① 《合集》1。
② 《合集》6。
③ 《合集》6。
④ 《合集》12。
⑤ 《合集》3。
⑥ 《合集》8。
⑦ 《合集》10。
⑧ 《合集》11。
⑨ 《合集》14。
⑩ 《合集》9。
⑪ 《前》6.17.5。
⑫ 《前》7.15.3

"![]"①;"黍",本为农作物,此处作动词,表示种黍;"尊田"即耨田,"尊"是"耨"的假借字,《说文》:"耨,除田间秽也。"总之可知,上述卜辞反映众人主要从事的工作是农业劳动。再者,因为"众人"是农业地域公社的农民,所以其在国有土地上的农业活动是集体性的且有领导的,因而卜辞中可见由小官员、小臣等率众去耕作的记载。这种在国王公田上的劳动常会激起众人的反抗,因而卜辞有询问众人是否会因此劳役而逃跑的事。

"众人"除农业耕作之外的第二项主要任务就是要承担商王朝的徭役和兵役负担,甲骨卜辞中也大量保留了这种记载,如:

辛巳卜,贞令众御事。②

立众人,叀立众人□,□立邑墉商□。③

这两条卜辞,前条"令众御事"的"御"字,原始的意义表示迎接、接受的意思。"事"与"史"字在甲骨文中多同形同义,为"![]"④,为手持捕猎器具之形,远古时代人们以捕猎生产为事,所以"史"就是"事"的意思。所以,"令众御事",就是呼令众人接受差役之意。后一条辞的"立众人"有征调众人之意,墉指城墙,这条残缺但大意可知是商王征调众人修筑商都城垣的事,筑城也是一种繁重的徭役。

关于众人承担兵役负担的记载在甲骨卜辞中也是屡见不鲜的。如:

甲辰,贞奠以众甾伐召方,受又。⑤

丁亥,贞王令奠以众甾伐召方,受又。⑥

---

① 《乙》8151。
② 《前》1.10.2。
③ 《缀合》30。
④ 《周甲》探 49。
⑤ 《粹》1120。
⑥ 《摭续》144。

贞王勿令……致众伐舌方。①

丁未卜,争,贞勿令奠致众伐舌。②

己卯贞,令盅以众伐龙,戋。③

戊辰(卜),贞翌辛……亚三致众人甹丁彔,乎保我。④

丁未卜,贞惟亚以众人步。二月。⑤

戍卫不雉众。⑥

戍隹弗雉王众。⑦

戍茍弗雉王众。戍骨弗雉王众。戍骨弗雉王众。戍骨弗雉王众。戍〔舀〕弗雉王众。戍率其雉王众。⑧

上述卜辞中,除率兵将领的名字外,"致"是率领的意思;"戋"是杀伤的意思;"方"是指方国,商族以外的国族,"雉"读为夷,解释为伤亡的意思。"卫"是保卫的意思。从甲骨卜辞看,均是与征战有关而又由众人参与的活动。或是商王令官员率领众人讨伐方国,或是商王不令某人率领众人讨伐方国,或是商王要求官员率众人保卫自己,或是商王询问上天征伐会不会使自己的众人伤亡的事。由此可知均是有关众人服兵役的记载。

除上述负担之外,众人还参加围猎活动,或在农闲时,或在战争胜利后,商王为庆祝胜利而从事的围猎活动。如:

贞呼众人出鹿克。⑨

---

① 《合集》28。
② 《合集》26—27,两片同文。
③ 《库》1001。
④ 《前》7.3.1。
⑤ 《合集》35。
⑥ 《佚》5。
⑦ 《京人》2129。
⑧ 《合集》26879。
⑨ 《合集》13。

贞叀众涉兕。大吉。①

辛亥卜,贞众〔人〕往禽有擒。②

上述甲骨卜辞中提到的"鹿"、"兕"都是围猎的野兽,兕即今称为獬豸者,为巨首独角,写来为兕形。《说文》:"兕,如野牛而青。象形。与禽,离头同……兕故从儿。"《山海经·海内南经》:"兕其状如牛,苍黑一角。"这种兽在殷商时常以之为祭祀的牺畜。在甲骨文中写作"😀"③或"😀"④。擒则表示围猎有收获。而这些活动均是由商王直接指挥或由商王的臣下指挥的。

众人的另一任务是向国家缴纳贡赋。商代的土地所有制仍是以东方式的国有土地所有制为主,这点在后文的物权法中将有详述。因此,对国有土地仅享有使用权的众人,即公社平民,必须向国家承担缴纳贡赋的义务。这些贡赋或以力役形式表现,如众人合力在公田上的农耕,或以实物形式缴纳,其种类不独限于农作物,也包括于工业品或畜产品。甲骨卜辞中常有反映,如:

戊寅卜,争贞,今春众有工。十一月。⑤

□中□,争□,叀令有工。⑥

己巳卜、殼贞,犬征其工。⑦

戍其有工。⑧

贞,卑亡其工。⑨

---

① 《甲》3916。
② 《龟》1.20.5。
③ 《甲》1635。
④ 《前》7.34.1。
⑤ 《外》452。
⑥ 《甲》3473。
⑦ 《后下》373。
⑧ 《续》5.148。
⑨ 《续》5.10.4。

> 贞,自亡其工。①
>
> 甲午卜,亘,贞共马乎伐□。②
>
> 氐我牛。③
>
> 贞乎共牛。④
>
> 庚辰卜,永,贞般豕氐。⑤
>
> 贞,龟不其南氐。⑥

上述卜辞中"工",依于省吾先生意见,读为贡纳之"贡"。"共"含有征调之意。"有工"可能为某一手工业家族向商王贡纳某种手工业品,或应召为商王生产某种手工业品。而另一些卜辞反映这种被征调的贡品也包括马、牛、羊、豕、龟等。

然而,众人作为平民阶层,他们与奴隶不同,他们毕竟是人,在法律上享有人的权利。殷商的众人应是商本族的族众,他们享受的权利便较多。从古籍记载看,他们的权利基本表现有:

首先,有参政权。虽然,由于中国古代非共和制或民主制国家,平民阶层的参政权是极为有限的,众人的参政权与古希腊或罗马共和时代的公民参政权不可同日而语,然而,它毕竟表现为一种权利。《尚书·汤誓》篇有记载:

> 王曰:格尔众庶,悉听联言。非台小子敢行称乱。有夏多罪,天命殛之。
>
> 今尔有众,汝曰:"我后不恤我众,舍我穑事而割正夏?"予惟闻汝众言,夏氏有罪,予畏上帝,不敢不正。

---

① 《粹》1216。
② 《佚》378.戊。
③ 《甲》2916。
④ 《乙》7955。
⑤ 《拾》1.2.3。
⑥ 《前》4.54.5。

今汝其曰:"夏罪其如台?"夏王率遏众力,率割夏邑,有众率怠弗协,曰:"时日曷丧,予及汝皆亡!"夏德若兹,今朕必往。

尔尚辅予一人,致天之罚,予其大赉汝。尔无不信,朕不食言。尔不从誓言,予则孥戮汝,罔有攸赦。

《汤誓》是商代的开国国君在鸣条之野即将进行灭夏战争时发布的战争总动员令。这篇动员令的听众是商族的部落成员。商部落要灭掉夏部落,战争的发动者商汤必须要得到本部落族众的支持。

全文共分四段,第一段,商汤解释发动灭夏战争的理由,以期得到自己族众的支持。其文大意如下:

王说:"来吧?我们部落的族众们,请你们都听我的话。不是我小子敢发难战争。因为夏王犯了许多罪行,上天命令我诛杀他。"

第二段,商汤揣度商族众的心理,申说发动战争不是侵夺商族众的农事,而是替上帝完成征讨夏王的任务。大意如下:

"现在,你们大家常会发怨言说,我们的国君太不体恤我们了,舍弃了我们种庄稼的大事却怎么能够去纠正别人的偏差呢?我听到你们说的这些话,也知道夏桀犯了许多罪行。我怕上帝发怒,不敢不讨伐夏桀。"

第三段,商汤再次具体反复说明夏桀的暴政,以重申自己征伐夏桀的决心。其文内容大致如下:

"现在你们将要问我:'夏桀的罪行究竟怎样呢?'夏氏君臣相率使民众承担沉重的劳役来竭尽民力,他们还残酷地剥削压迫民众,人民大都愤恨怠工,不与夏的统治者协力,他们诅咒地说:'这个太阳呀,你什么时候才能消亡呢?我愿意和你一起去死!'夏代的德政已经败坏到如此地步,现在我一定要去讨伐它。"

第四段,商汤最后恩威并用,告诫商的族众必须追随他去讨伐夏朝。其文大意如下:

"你们只要辅助我,奉行上天的旨意讨伐惩治夏国,我将大大地赏赐你们。你们不要不相信我的话,我是绝不失信的。如果你们不听从我的话,那么我将要惩罚你们,或把你们变作奴隶,或对你们刑戮,绝不宽恕你们。"

从这篇《汤誓》中清楚地反映了几个问题:

第一,商汤立国之初,还保留了原始民主制的习俗,重大的国事问题,如战争、和平等均要在民众大会上讨论,故商汤灭夏之举也要在民众大会上向商的族众宣告。

第二,民众还有在民众大会上的一定议政权。我们从《汤誓》第二段民众对商汤的不以农事为主、不断对外战争的怨言中便可看出,商的族众们还敢于在民众大会上发表他们的意见,商汤也还在形式上不得不表示"予惟闻汝众言",表示民众的议政意见他是要好好考虑的。

第三,在这种民众大会上,国家的国君虽有一定的威慑力,但他们首先还得考虑民众的权利,故而,商汤要反复地,一而再、再而三地劝说民众同意他的讨伐。

第四,国君虽有重大事务的定夺权,但这种权力是借助于上帝、天的神力来实施的。全文可以看出,商汤一开始便向族众宣布他要向夏朝进行讨伐是"天命殛之"的。接下来,他对族众不满征战一方面表示"予惟闻汝众言"的不对抗民众的态度,但另一方面又宣告"予畏上帝,不敢不正"。最后在反复劝说民众后,他恩威并用地指出,民众辅助他讨伐夏朝是"致天之罚"的,因而若违反天意他将惩罚民众。在当时的条件下,人们对大自然的神秘莫测的力量非常恐惧,因而,商汤借助神力来抬高自己个人的意志也就抬高了国君的力量,使之有了雄厚的资本。

第五,从《汤誓》可看出,当时的"众庶"是拥有参政议政权的自由民,而非无权利能力的奴隶,虽然在国君的统治下,他们的身份可能有时会降等到奴隶,但那必须是犯了国事罪之类的一等大罪时方可,例如不从王命、不从天命去出征。一般情况下,"众庶"的自由民身份和他们的权利能力是不能被任意剥夺的。

亚里士多德在其名著《政治论》中,对于"公民"一词虽从不同的广义、狭义角度进行了申说。但他总结认为"国也者,即公民所集合而成之团体"。① 因而"总之,凡人民对于其国政务之执行,能参加其考虑或决断之权者,吾人即可以其国公民之称号加之"。② 从这一观点看,刚步入国家的商王朝,还保留有一定的原始民主制特色,商的"众"和"众人"即《汤誓》中称的"格尔众庶"是有着不小的参政和议政权的,因而,成汤要讨伐夏朝这等军事大事一定要在商部落民众大会上讨论,"众庶"要发言议政,并且商王一定要在他们同意下才能征讨。

这种氏族民主制的参政议政权,随着国君权力的强化,民众的权力便日渐被淡化、取消,但也还有一个缓慢的发展过程。从《尚书·盘庚》篇可以有所反映。

《尚书·盘庚》共有三篇,主要记载了盘庚迁殷的历史事实。商人的历史,从契开始算起,史籍告诉我们,商族是从有娀氏分出的一个宗族发展起来的,契是这个宗族的第一代始祖,《史记·夏本纪》记载他被"封于商,赐姓子氏"。因而被称为"商族"。契和禹是同时代人,曾协助过大禹治水。在夏朝统治时期,商族是其在东方的一个附庸。从契经十四世到成汤,商族才灭夏建立了商王朝。

契到成汤建国的几百年间,商族随着人们治理改造自然能力的加强,因已开发地带不能承受人口增殖的压力,便不断地迁徙于黄河中下

---

① 〔古希腊〕亚里士多德:《政治论》,吴颂皋、吴旭初译,商务印书馆1934年初版,第114页。

② 〔古希腊〕亚里士多德:《政治论》,吴颂皋、吴旭初译,商务印书馆1934年初版,第114页。

游的广阔平原地带。史称商人"不常厥邑",《尚书·书序》说:"自契至于成汤八迁。"这八迁的地址是:1.契居蕃(山东滕县);2.昭明居砥石(河北元氏县南槐河);3.昭明又迁商丘(河南商丘);4.相土迁东都(山东泰山下);5.相土再迁商丘;6.上甲微迁殷(河南安阳);7.殷侯(上甲微时人)复归于商丘;8.汤居亳。① 这一时期的迁徙活动地区,大抵在冀南及豫北平原,至鲁中部和南部低山丘陵地带。商人的迁徙有时距离很远,《商颂·长发》有"相土烈烈,海外有截",是指相土时的两次迁居,直线距离足有 500 里以上,迫近东部滨海地区。

自成汤至盘庚又有五迁,其间经一百多年,其地域如下:

1. 汤居西亳(河南偃师商城,或又说郑州商城等);②

2. 仲丁迁隞;③

3. 河亶甲自隞迁相(今河南内黄);

4. 祖乙迁邢;④

5. 南庚迁奄(山东曲阜;一说河南安阳东南);

---

① 参见王国维:《说自契至于成汤八迁》,《观堂集林》卷12,中华书局1959年版。丁山:《商周史料考证》,中华书局1988年版。赵铁寒:《汤前八迁的新考证》,《大陆杂志》1936年第27卷第6期。

② 关于亳都的地址,自汉代以来,即众说纷纭,莫衷一是。主要有"四亳"之说:即"梁国谷熟为南亳"(《史记·殷本纪·集解》引皇甫谧云),即今河南商丘附近;"河南偃师为西亳"(《史记·殷本纪·正义》引《括地志》),近年偃师二里头遗址发掘后,有人认为它即为亳都遗址;汉山阳郡薄县为汤都北亳(《汉书·地理志》,后引臣瓒曰,即今山东曹县境。王国维先生力主此说(《观堂集林·说亳》);近年邹衡提出"郑亳"说,认为应是河南郑州所发现的商城遗址(《夏商周考古学论文集·论汤都郑亳及其前后的迁徙》)。

③ 隞,《史记·殷本纪》作"隞",《纪年》作"嚣"。隞、嚣音近相通。其具体地址,也有各家说法。一说河南郑州商城;一说郑州西北石佛乡小双桥商代遗址;一说郑州荥泽敖山;一说陈留浚仪,一说山东洙、泗上游。

④ 祖乙之迁,史籍记载不同,《史记·殷本纪》曰:"祖乙迁于邢",《尚书·商书序》曰:"祖乙圮于耿"。《史记·殷本纪·索隐》曰:"邢音耿,近代,本亦作耿。"看来,迁邢与迁耿为同一地。但《古本竹书纪年》曰:"祖乙居庇",便与前说又有异。关于"邢"或"庇"的地址,学界也有不同说法,有谓是"今山东定陶"(黎虎:《夏商周史话》,北京出版社1984年版,第58页);有谓"河北邢台"(宋镇豪:《夏商社会生活史》,中国社会科学出版社1994年版,第21页)。

6. 盘庚迁殷(河南安阳殷墟)。

盘庚迁殷以后,商才找到一个最理想的定都地点,结束了商族"荡析离居"、"不常厥邑"的动荡生活,此后直至商亡国二百七十三年间不曾迁都。这次迁都扭转了商王朝的颓衰,走上了中兴之道,迎来商王朝政治、经济、文化发展的辉煌时期。

《盘庚》三篇是盘庚迁殷前后对臣民的三次讲话,其内容被公认是商代的遗文。

盘庚当时讲话的对象,从大的方面看,可分为两种人,一种是"众"包括"众戚"、"众"、"有众"等,这类人是上层统治阶级内的成员,包括贵戚近臣及其亲戚朋友;另一种是"民",包括"厥民"、"万民"等。这种人是政治上很少享有权利的普通小民百姓。

盘庚对贵族成员、百官的讲话,主要是恩威并用地要说服这些贵族阶层同意他的迁都计划,并向小民传达他的计划,不许隐瞒。作为统治阶级最高领袖的他,已经懂得治民先治吏的道理,他认为当时形成迁都阻力的首先在于这些贵族大臣,所以他在借用先王法制、老天命令之后,还威胁大臣们说"我操纵着你们的生杀大权",告诫他们若再浮言惑众则将以刑罚制裁之。

《盘庚·上》记载:

盘庚迁于殷,民不适有居,率吁众戚出矢言……

王命众,悉至于庭。

王若曰:"格汝众,予告汝训汝,猷黜乃心,无傲从康。"

这些都是记载盘庚对"众"的训话。在训话中他首先说迁殷的目的是重视臣民的性命,是遵循先王的制度,是恭敬地顺从天的意志。同时告诫大臣,无论谁都不许将他规劝小民的语言隐瞒起来而不向小民传达。他还教训大臣要去掉私心,不要倨傲放肆追求安逸。揭露大臣们的恶言惑众行为,表示他的愤怒。告诫大臣"矧予制乃短长之命,汝曷弗告朕而胥动以浮言？""凡尔众，其惟致告，自今至于后日，各恭尔事。齐乃位，度乃口。罚及尔身，弗可悔！"就是说"何况我还操纵着你们生杀大权呢？你们有话为什么不事先来告诉我，竟用浮言去蛊惑人心呢？""你们诸位应当将我的话语转达；从今以后，你们应当努力做好职分以内的事，不许乱说乱道。否则，惩罚就会到你们身上，到那时，再后悔就来不及了！"

《盘庚·下》记载了盘庚迁殷之后对他的"有众"、"百姓"以及百官们的训话，其主要目的仍是劝说诸位统治阶级中的当权者与他协力一心治理国家，所以语言中仍以劝说为主，很少有威胁之词。其听众中的"有众"、"百姓"均指商王室的贵族，即出身于原先族众中的那些已上升为官员阶层的人。其中"百姓"应与后世的"平民百姓"区别开来，因为只有出身于同氏族的贵族才被赐以姓，小民是没有姓的。

盘庚既迁，奠厥攸居，乃正厥位，绥爰有众，曰："无戏怠，懋建天命。今予其敷心腹肾肠，历告尔百姓于朕志。罔罪尔众，尔无共怒，协比谗言予一人。"

肆予冲人，非废厥谋，吊由灵各。非敢违卜，用宏兹贲。

呜呼！邦伯、师长、百执事之人，尚皆隐哉。予其懋简相尔，念敬我众。

朕不肩好货，敢恭生生，鞠人谋人之保居，叙钦。今我既羞告尔于朕志若否，罔有弗钦。无总于货宝，生生自庸，式敷民德，永肩一心。

这几段的大意如下：

盘庚已经迁都，奠定了人们的住所，于是又修正了宗庙宫室的方位，然后向这些任职的贵族族众说："不要玩乐怠惰，要勉力完成重建家园的大业。现在我说出我的肺腑之言，把我的意见全数告诉你们。我没有降罪于你们，你们不要心怀不满，相互勾结在一起，说我的坏话。

……

现在我这个年幼的人,不是不听从你们大家的意见,迁都的善事,实在是由深知天命的贞人传达下来的上天意志。迁都不是违背了卜兆,正是因此而宏大彰明了这个卜兆。

啊!各位诸侯、各位大臣、各位执掌百事的官员们,你们都应好好考虑自己的责任。我将要勉力地视察你们的工作,看你们是否听从我的命令,恭谨地治理民事。

我不任用那些喜好贪财的人,要举用那些勤勉努力为臣民生财致富的人,那些能够养民、为民考虑、使民安于居所的人,我都按其贡献大小依次尊重他们。现在我已经把我的志向,我主张什么反对什么都告诉你们,希望你们不要不遵从我的意见。你们不要贪婪地敛聚财货,而要努力地尽好自己的职责,以对臣民施以德政,永远地同心同德建设新家园。"

从上述《盘庚》两篇中我们至少可以发现:

第一,商中期以后,"众"已经发生了分化,分为掌握政权的"有众"、"百姓"、"众戚"与被掌握政权者统治的"我众"两个阶层,二者的身份与权利能力是大不相同的。

第二,"有众"、"百姓"、"众戚"、"汝众",均是氏族、贵族出身的从族众中分化出的协助国王执掌政权者。这点不仅从"众戚"称谓中的"戚"字看出商王与他们间源远流长的血亲关系,从商王的其他话语中也明显看出。如:

迟任有言曰:"人惟求旧,器非求旧,惟新。"

古我先王,暨乃祖乃父,胥及逸勤,予敢动用非罚?世选尔劳,予不掩尔善。兹予大享于先王,尔祖其从与享之。作福作灾,予亦不敢动用非德。

……

无有远迩,用罪伐厥死,用德彰厥善。

大意说:

古代先贤迟任说过这样的话:"用人只应用世家旧臣,用器物则不使用旧的,只使用新的。"

古时候,我的先王和你们的祖先一起大家共同过着安乐勤劳的生活,我怎敢对你们动用非法的刑罚呢?你们世代继承你们祖先的劳绩,我绝不会掩盖你们的美德。现在我要大祭先王,你们的祖先也将跟从着并一起被祭祀。你们做善事或做恶事,都由你们祖先来处理,我也不敢动用非分的刑罚和赏赐。

不论我们关系的亲与疏,都一律对待,以刑罚惩罚那些罪行,以德政表彰那些善行。

这些话语说明他们与商王室有着或近或远的亲属关系,且一直是商王室的世代袭位官员,甚至其祖先与商王祖先可同祭。因此这种"众戚"是享有特权的。

第三,这些"众戚"、"有众"、"汝众"、"百姓",有一定的参政权。盘庚在迁都这种大事上是给予他们这种权利的。我们从"今汝聒聒"、"非废厥谋"中可知盘庚是让他们就此等大事发表过自己的意见的。只是其意见与盘庚意见相反罢了。

第四,盘庚还未达到完全专政地步,故对这些持不同意见的"有众"们虽恩威并用,却主要是劝导,甚至自己的意见也要借助于天意以加强威力,虽说对这些"有众"有生杀之权,却不使用,而只是警告,且借助于其祖先或先王的神明威力。

第五,另一类"众",则已降落为"民"、"万民"、"小民"的地位。他们没有参政、议政权。商王只要求掌权的"有众"们治理他们,"念敬我众",也就是恭谨地听从我的命令去治理这些民众。这里的"我众"是被"有众"按商王意志治理的对象,从始到终没有"我众"的发言权。

第六,降落为"万民"的"众",亦被称为"民",是只有顺从义务而无参政议政权的小民们。他们直接接受的是作为官员、贵族的"有众"们的指挥。当然,对他们行使最高役使权的仍是商王。所以,当他们敢有不服从的表现时,商王不仅可以残酷杀死他们,甚至株连延及他们的后代。因此,这类"众"与"民"已与前类"有众"身份大大有别了。

《盘庚·中》正是对这些民众的讲话:

  盘庚作,惟涉河以民迁。乃话民之弗率……盘庚乃登厥民。

译文:盘庚制作了船只,准备把民迁过河。于是召集那些不愿迁徙的民,盘庚登上讲台,将这些民叫到前面来。

  今予命汝一,无起秽以自臭,恐人倚乃身,迂乃心。予迓续乃命于天,予岂汝威,用奉畜汝众。

译文:现在我命令你们专一听从我的命令,不要将污秽之物闻来臭自己的鼻子(即不要听从流言蜚语),恐坏人利用你们身上的毛病,使你们回心转意。我要请求上天,使你们继续生存下去,我哪里是要用我的权势去压迫你们,我是为了养育你们啊!

  乃有不吉不迪,颠越不恭,暂遇奸宄,我乃劓殄杀之,无遗育,无俾易种于兹新邑。

译文:(盘庚说)如果你们敢有不行善事,不遵正道,狂颠逾越身份,不敬重我的行为,敢有诈伪欺骗,做坏事的罪行,我就要把你们诛杀灭绝,不给你们留一个后代,不使你们的后代在新邑里繁衍。

从上述引文看出这种"民"的地位只是尽义务者,不仅盘庚对他们以绝对统治者的口吻讲话,而且盘庚说,商的先王已经役使过"民"的祖先。"古我先后既劳乃祖乃父,汝共作我畜民。"所以王可对这种"民"行"劓殄"之刑罚,并株连到其后代"无遗育","无俾易种于兹新邑"。

其次,众人享有军事权,即作为国家自由民,尤其是商部族族众作为一名士兵的参军、作战的权利。

掌握武器,掌握作战权,便直接掌握了国家的统治权,因此,亚里士多德说:"战士,治人者",所以古代国家,无论东方或西方,无论民主政治,还是专制政治,士兵首先由自由民阶层组成,在东方国家首先由本部落自由民组成。如巴比伦的雇佣军,皆为自由民身份者,国家还保护他们的利益;又如古希腊和古罗马的军人要由有公民权的自由民担任,皆因为他们掌有武器是"治人者"。而如在战争中使用奴隶,也多用于后勤部队。

商代的众人有承担兵役的义务,也同时将此义务作为自己是"治人者"的一种权利。前文已列举过大量卜辞实例,此处不再赘言。

再次,众人有参加商部落的宗教集会活动之权利。卜辞有记载:

御众于祖丁,牛。妣癸,盟豕。①

贞,燎,告众□步于丁录。②

卑于□氏众□宗□屮。③

译文:

第一条:御祭族众于祖丁之庙,用一头牛作牺牲;御祭众于妣祭之庙,用了一头猪。

第二条:举行燎祭向祖先报告征丁录事。

第三条:宗是宗庙,屮是侑祭。大意说卑在率领众人行动前,在宗庙举行侑祭礼。

最后,众有接受教导、告诫之权利。这一权利也表明,"众"原属于王的同族人,因而王对之要教导、引导。

甲骨卜辞有"教众"。

---

① "安阳出土的牛胛骨及其刻辞",转引自《吉林大学社会科学学报》1982年第4期,赵锡元:"再论商代'众人'的社会身份"一文。

② 《后》上,24.3。

③ 《京津》1074。

丁巳卜,殼贞,王勿教众方,弗其受有义。①

印证《尚书·盘庚上》:"盘庚教于民"。孔传:"牧,教也。"《说文》:"教,上所施,下所效也"。教众意为教导、告诫。

总之,笔者由此得出结论,商的众人,原是商本族成员,他们在商从建国到其后的发展中地位在变化,其内部成分也在逐渐分化,然而总未脱出自由民地位。他们固然要承担很多义务,是国家社稷的支撑者,但他们仍应进入有限制的权利主体的地位。他们有一定的参政议政权;有参加宗族的宗教活动权;有接受教导权,商王对之仍以安抚为主;有以族为单位的承担军事义务权等。但他们从另一角度说也是被统治者,不仅要承担繁重的义务,而且可被王下令"剿殄"之,"无遗育"。他们的民主权利被践踏,这是绝不同于古希腊的"民主制"的。

同时,我们还认识到,与"众"共称的"民"、"小民"、"万民"均大多是从"众"演变分化而来,仍属有较少权利的社会基本权利主体,非纯粹的权利客体。

三、奴隶

奴隶,从法律的意义来看,奴隶是权利客体而非权利主体。在罗马法中把具有生物意义上的人和具有法律意义的人用不同的单词表示(即 hom 和 persona)。前者指自然人,生物意义上的人,以区分于其他动物,奴隶作为人,仅属于生物意义;后者则指在法律上可作为权利主体的人,可具有人格的人,而奴隶不属于后者。奴隶在法律上不属于人而属于物。罗马学者马尔库斯·特连提乌斯·瓦罗(公元前116—前27年)曾公开地将奴隶列为工具。他说:"奴隶属于说话的工具,牡牛

---

① 《乙》1986。

属于发出不分音节的声音的工具,而马车则属于哑巴工具。"①罗马法学家乌尔比安说:"从民法的观点来看,奴隶是什么也算不得的。"②因此,奴隶在法律上没有人身权和自由权。盖尤斯的《法学阶梯》如是说:"奴隶是处于主人权力之下,这种对奴隶的权力是万民法的制度;因为我们可以发现,在各民族中,主人都对奴隶拥有生存权、处死权,以及奴隶所获得的一切也就是主人获取的";"根据裁判官法,或根据市民法,或根据其他替代法,奴隶被认为是每个人的财产"。因此,主人可以对奴隶生杀予夺,用各种残酷方法虐待。如盖尤斯说:"主人用枷锁羁押,或用热铁烙下印记……或被预先指定要同野兽角斗,或被抛弃,或被交给杂技团演杂技,或被扣押在监狱。"③奴隶既没有了做人的权利,因而他们也没有婚姻权、财产权或成为独立诉讼主体的诉讼权。故此,马克思不止一次地说:奴隶是"会说话的工具","在这里只是会说话的工具,牲畜是会发声工具,无生命的劳动工具是无声的工具,它们之间的区别只在于此"。④恩格斯说:"奴隶被看做物件,不算是市民社会的成员。""奴隶本身是商品。""个体奴隶是特定的主人的财产。"⑤列宁说:"奴隶不仅不算是公民,而且不算是人。""奴隶主享有一切权利,而奴隶按法律规定却是一种物品,对他不仅可以随便使用暴力,就是把他杀死,也不算犯罪。"⑥

从甲骨卜辞看,具有上述奴隶特征的商代奴隶制是存在的,可称为奴隶的有仆、臣、羌、奴、工、奚、屯、妾、叙、郯、斝等十余种。之所以有不

---

① 科路美拉:《论农业》I,17,转引自科瓦略夫《罗马史》。
② 《学说汇纂》1,17,32。
③ 盖尤斯:《法学阶梯》I,52;I,54;I,13。引文见冯卓慧:《罗马私法进化论》,陕西人民出版社1992年版,其后之附录,盖尤斯《法学阶梯》(摘译)第一卷。
④ 《马克思恩格斯全集》第26卷,Ⅲ,54页;23卷,222页,注17。
⑤ 《马克思恩格斯选集》第1卷,人民出版社1972年版,第23、355页。
⑥ 《列宁选集》第4卷,人民出版社1972年版,第49页。

同的种谓,或是由其所从事的奴隶劳动性质,或是由其奴隶来源等不同而有不同名称,现举例说之。

"仆",甲骨文中写法有多种,基本构形为人在屋下持杖操作,"㒑"①胡厚宣先生在"甲骨文所见殷代奴隶反压迫的斗争"一文中释作"仆"。认为:此字从"宀",从"丮",从"卜",像人手持卜在室内操作,一点,为操作时所产生的物屑。从卜得声。"宀",《说文》解释"交复深屋也",像屋室之形状。"丮",《说文》释"持也"。"卜",从形状看类似杖形。"仆",就是奴仆之意。《说文》说"仆,给事者"。《广雅》释"仆,使也,执事者谓之仆,因为奴仆之名"。

甲骨卜辞有关"仆"的地位的记载:

(1)"仆"被视为物,商王可向别的奴隶主索要之或由别的奴隶主向商王赠送。

  贞勿呼致仆。②

  贞令厷取仆于若。

  癸未卜,贞勿惟厷令。一月。

  乙未卜,贞呼先取仆于……

  贞勿呼。③

上例(1)是卜问是否让把仆送来。下面前两辞是从正反两个方面卜问是否命令叫厷的人去索取若地的仆,后两辞是从正反两个方面卜问是否令先去索取某地的仆。

(2)"仆"从事劳动,包括农耕劳动。

  (癸巳卜),争,(贞)自(亡)祸?王占曰:有祟,叙光其有来艰。

乞至六日戊戌,允有(来艰),有仆在叀,宰在……(田)薅,亦(夜)焚

---

① "仆"字的甲骨文见彭邦炯:《商史探微》,第151页附表1,重庆出版社1985年版。
② 《前》6.6.6。
③ 《合集》561。

亩三。①

……（王占）曰：有祟，其有来艰。乞至六……（仆）在妥，宰（在）……妥，宰在田蓐，亦（夜）焚亩三。②

这两条是同样内容的卜辞，大意说癸巳占卜，占人争问本旬有无灾祸，商王武丁看了卜兆后说，不好，光那里要来灾难。结果在第六天后的戊戌日发生了灾祸。有仆在妥地，宰（另一种奴隶）在某地田里耕蓐，在夜间放火烧了三个仓廪。这里，妥地、田蓐都是田间劳动。

(3)在战争兵员不足时，奴隶也可被迫去服兵役。卜辞有"呼仆伐舌方"，"呼多仆伐舌方"等记载。

(4)仆这种奴隶可以被当作祭祀用的人牲。卜辞中有大量记载：

……卜，㱿，贞五百仆用。③

……贞五百仆用，勿用。④

癸丑卜，㱿，贞五百仆用。⑤

旬甲戌又用仆百，三月。⑥

……［子］卜，㱿，贞五百仆［用］。⑦

上例均是卜问是否把仆作为人牲的记录。"用"字在卜辞中指杀祭用人牲。

(5)仆因不堪忍受虐待，常有逃跑的事，卜辞中有许多关于追捕、抓获仆奴的记载，也有抓获逃奴后将之杀死的记载：

贞㫃执仆。

---

① 《合集》583正反。
② 《合集》584反乙＋584反甲＋9498反。
③ 《合集》558。
④ 《合集》558。
⑤ 《合集》559。
⑥ 《合集》558。
⑦ 《合集》559。

贞亘弗其执仆。①

癸丑卜，宁，贞令邑竝执仆。七月。②

癸丑卜，宁，贞惟吴令执仆。③

贞呼追仆，及。④

丁酉卜，㞢，贞兄执仆戉。⑤

以上前4条卜辞均记载了追捕逃亡的仆奴，其卜辞中的"执"字，表示追捕之意，第5条卜辞在询问追仆是否能追及。第6条卜辞中的"戉"字，一边"奚"字表示追捕者以手抓住逃仆的头发，另一边"戊"，表示以斧钺砍杀逃仆的形状，此条表示奴隶主抓获追捕到的仆奴时，询问是否将之杀头。

上述卜辞表明仆是一种毫无权利，并可被奴隶主任意处死的权利客体，地位如同牲畜。

臣，于省吾《释臣》说："甲骨文以纵目为臣，作乚或乚"，又认为甲骨文臣字的用法有两种：一指奴隶，二指臣僚。⑥《说文》："臣，牵也，事君也；象屈服之形。"微子说："商其沦丧，我罔为臣仆。"⑦说明商周时奴隶是被叫作臣或仆。郭沫若在《释臣宰》一文中认为臣"人首俯则目竖，所以象屈服之形者"。而于省吾先生则考证臣字本像纵目形，纵目人是少数民族之一种，臣字的造字本义，起源于以被俘虏的纵目人为家内奴隶，后来被引申为奴隶的源称。于先生并引清代陆次云《峒溪纤志》："竖目仡佬，蛮人之尤怪者，两目直生"，从少数民族志上证明确有纵目

---

① 《丙》68。
② 《金》521。
③ 《南明》90。
④ 《佚》769。
⑤ 《前》6.29.5。
⑥ 于省吾：《甲骨文字释林·释臣》，中华书局1979年6月版。
⑦ 《尚书·微子》。

人。又引《华阳国志·蜀志》："周失纲纪,蜀先称王,有蜀侯蚕丛,其目纵,始称王,死作石棺石椁,国人从之,故俗以石棺椁为纵目人冢也。"并指出这种纵目人也就是《汉书·天文志》记载的汉哀帝建平四年,使民相惊动、喧哗奔走的原因——"纵目人当来"。总之通过诸种文献说明,臣是一种奴隶。

臣作为奴隶,其法律地位常常通过以下形式显现。

(1)臣经常被用作牺牲物:

  癸酉卜,贞多妣献小臣三十,小母二十于妇。①

  贞今庚辰夕用献小臣三十,小妾三十于妇。九月。②

以上两条所引卜辞中母、妾、臣都是女奴隶,用以作牺牲祭礼死去的王妇。

(2)臣因不堪役使逃亡和被捕获的记录:

  壬午卜,宾,贞伿不眚执多臣生(亡)羌。③

  壬……卜,㱿,贞伿〔追〕多臣羌弗执。④

以上两卜辞均是询问伿这个人是否追捕到逃往羌地去的许多臣奴的记录。

  乙酉卜,宾,贞州臣有生(亡)寞,得。⑤

该卜辞是询问有从寞地逃亡的州臣能否抓得住?

州臣是农业奴隶。州字甲骨文像水中陆地形,"州",《说文》:"州,水中可居曰州。一曰畴也。各畴其土而生之。"而畴字《说文》又谓"畴,耕治之田也"。所以州即耕种土地之意,州臣即耕种土地的臣奴,为农

---

① 《合集》629。
② 《合集》630。山博藏片。
③ 《粹》1169。
④ 《缀合》73。
⑤ 《合集》849 正。

业奴隶。此条不仅反映了臣这种奴隶也可使用于农田耕作中,而且反映了不堪繁重农业劳动的臣奴的逃亡。

(3) 臣可以作为礼品送人:

吴弗其致王臣。①

子效臣田,只。②

氐(致)子髙臣于齿。③

此三条卜辞,第一条是向王送臣奴,第二、三条是给贵族子效和子髙送臣奴。如果印证于西周金文则常见有将臣以家为单位作为赏赐物被赠送的,由此可见臣奴的地位在法律上为物而非权利主体——人。

(4) 臣可也以被驱赶上战场为奴隶主卖命,如:

呼多臣伐舌方。④

当然甲骨文中的臣也有作为商王臣僚的则不在本文讨论之列。

羌,也是奴隶的一种。本为商王国西北部一个方国部落名称。《说文》:"羌,西戎牧羊人也,从人从羊",说明该部落可能是游牧民族。商的奴隶主通过战争方式掳掠大批羌人以为奴隶,故羌也成了奴隶的称谓。甲骨文中羌字除从羊从人的基本写法外,有的在颈部加绳索以示捕获羌奴之意。如"𦍑"、"𦍎"⑤。

羌奴用于生产劳动田猎的,在卜辞有记载:

辛卯卜,品,贞呼多羌逐鹿,获。⑥

……多羌不获鹿。⑦

---

① 《铁》1.1。
② 《京都》283。
③ 《后》下 33.12。
④ 《合集》614。
⑤ 彭邦炯:《商史探微》,重庆出版社 1988 年版,第 151 页。
⑥ 《合集》154。
⑦ 《合集》153。

贞多羌获。①

贞从羌田于西,祸。②

羌奴也用于畜牧业:

……允有来自光,致羌刍五十。③

丁未卜,贞令戌光有获羌刍五十。④

甲骨文中也有大量捕获羌,赠送羌,屠杀羌的记载。⑤

役,该字从又(手)、从人之踞形,甲骨文字写作"㕛"⑥像以手在背后使人跪屈服形状。郭沫若在《卜辞通纂》别录的释文中说:"役,即服字所从。"可见役字应为服从的服之本字。奴隶主从战场上抓获的俘虏叫作孚,使用暴力再使之驯服就叫作役。即战俘变为奴隶。《尚书·盘庚》中说到"若农服田力穑",即指驯服的奴隶从事田间劳动。

甲骨文中常见"役"被用作牺牲,如:

乙卯卜,㱿,贞呼妇好侑役于妣癸。⑦

侑役于妣庚。

勿侑役于妣庚。⑧

……侑役于父乙。⑨

册役一人。

册役二人。⑩

---

① 《合集》156。
② 《乙》4692。
③ 《珠》620。
④ 《乙》4692,《合集》22043。
⑤ 岛邦男:《殷墟卜辞综类》,第14—17页。
⑥ 《商吏探微》,第151页,附表第6字。
⑦ 《珠》620。
⑧ 《乙》3329。
⑨ 《乙》7862。
⑩ 《佚》118。

丁酉卜,来庚用十㚸。①

癸卯,贞用㚸牢妣庚。②

以上这些例证都是用㚸作牺牲的记录,或用以祭祀商的女祖先们如妣庚妣癸,或用于祭祀商的先王如父乙,或虽未言明祭祀某一神灵,却均知是用于祭祀的,一次用于祭祀的㚸奴从一二人直至十人。这些卜辞证明了㚸奴的地位与牲畜一样。文中的"侑"、"册"均代表祭祀之意。

工,甲骨文工字作舌,工等形,于省吾先生在《甲骨文字释林·释工》中解释工字的含义有四种:

(1)工与贡字古通用,甲骨文有工无贡。《广雅·释言》:"贡,献也。"甲骨文中有"工叀其酉乡"③,"工叀其蒦"④,"工叀其幼"⑤,"工叀其翌"⑥,"工典其昏"⑦,以上各条工字皆应读为贡。典即古典字,工典即贡典,指祭祀时献其典册。

(2)当作动词祭祀用。如:

工乙豕⑧。

其兄(祝),工父甲三牛。⑨

屮㚸于受,工牢。⑩

此三条均作为祭祀的动词。第一条为祭祀某乙贡献牡豕;第二条

---

① 《乙》8723。
② 《乙》8852。
③ 《后》上,10.9。
④ 《前》4.43.4。
⑤ 《前》2.237。
⑥ 《明》789。
⑦ 《乙》9037。
⑧ 《乙》9037。
⑨ 《掇》389。
⑩ 《乙》4857。

为祭父甲贡献三牛;第三条的工牢就是贡牢。

(3)工表示贡纳。如:

贞,我吏亡其工〇贞,我使出工。①

戊其出工。②

贞,卑亡其工。③

今苹(春)众出工。④

以上四条是商王令其臣僚与众庶贡纳,因而占卜之。

贞,𠂤㠯令司工。⑤

王其令山司我工。⑥

以上两条是商王令名叫㠯和山的人主管贡纳之事务。

(4)工亦指官吏而言,《书·尧典》"允釐百工",伪孔传谓"工,官也"。《诗·臣工》"嗟嗟臣工",毛传谓"工,官也"。甲骨文"帝工㞢我"⑦"帝工㞢我,又(侑)卅小牢"⑧。其中之帝工即帝官。陈梦家先生也将工释为官名⑨。

但是,应当指出,工字除上述 4 种解释外,还应有一种用法,即指手工业奴隶。如:

……翌日戊,王其省牢右工,湄日不雨。⑩

……其令又(右)工于……⑪

---

① 《丙》78。
② 《佚》7。
③ 《续》5.10.4。
④ 《外》452。
⑤ 《续存》上 70。
⑥ 《掇》4。
⑦ 《续存》上 1831。
⑧ 《邺》3 下 46.5。
⑨ 《殷墟卜辞综述》519。指工典可能为一官名。
⑩ 《甲》867。
⑪ 《续存》上,2211。

……卜,余,…左工…。①

甲寅卜,史,贞多工亡尤。②

以上诸条说明"工"也当作工业奴隶,他们按工作场所被编为左、中、右,所以有"右工"、"左工"之称,王还要视察他们的工作场所。又陈梦家先生也说:"酒诰述殷制的工、宗工、百宗工,着重一'宗'字,可能指宗庙之工,或作器的百工、或是乐工。"③

我们之所以说"工"为奴隶是因为卜辞中还发现用"工"作牺牲的记载:

戊辰卜,今日雍巳夕其呼夒执工,大吉。④

弜呼夒执工其作尤。⑤

……夒执工于雍巳……。⑥

这三条均是 1973 年在小屯南地发现的,卜辞内容相同,是连续卜问让夒这个人把工奴戴上刑具,拉去祭祀雍巳,问是否吉利的记录。

所以据上可知,工奴也是可作为奴隶的一种,他们不掌握自己的生存权。

奚,甲骨文中有多种写法。有像以手抓人的发辫形的,在甲骨文中多作地名,商王曾田猎至此地。(《前》2.42.5)有两手抓着发辫双手反绑形的,或作人下跪双手反背有长辫形的。如:"奚"、"𢍇"、"𡘋"⑦、"𡘋"或"𢆶"⑧《说文》解释为"奚,大腹也"。罗振玉认为是女奴隶,他说:"说文解字'奚,大腹也'。予意罪隶为奚之本意,故从手持索以拘罪

---

① 《京津》3155。
② 《粹》1284。
③ 《殷墟卜辞综述》,第 519 页。
④ 《屯南》2525。
⑤ 《屯南》2525。
⑥ 《屯南》2525。
⑦ 《商史探微》,第 151 页附表第 8 号。
⑧ 《甲骨文字释林·释奚》,第 65 页。

人。其从女者与从大同,周官有女奚,犹奴之从女矣。"①于省吾先生根据安阳出土有编发的玉人雕像和引证《尚书大传》认为商代远方有编发为俗的国族,奚奴就是从这些国族来的人。于先生说:"余向时见商人卢雨亭自安阳买来玉人头一枚,高约一寸五分,其头下连颈,颈围约如拇指,头上像清人剃发留辫形。……唯其与清人髻辫不同者有二:一、清人发辫自颈部编起,此则自顶之中间编起。二、清人发辫甚长,此则自顶部起,仅垂至颈部。又近来在安阳妇好墓中出土之玉人亦有数枚带发辫者。尚书大传高宗肜曰:'编发重译来朝者六国。'可见商代同时之其他方国已有编发之制。"根据于先生的考证,商的方国已有编发之制,并且这些方国来朝拜商,看来已是商的附属国。再从出土殉葬品中看,这些有编发的奚人已成为商的奴隶,故才在殉葬品中以玉模型奚人陪葬。

甲骨文中,奚奴也常见用作牺牲的。如:

乙丑卜,王侑三奚于父乙。三月雨。②

这里奚写作长辫人双手反背下跪状。卜辞大意是说,乙丑日占卜,问王用三个奚奴侑祭父乙吗? 后注明是三月,并且有雨。

庚午卜,侑奚大乙卅。③

此条是讲用三十个奚奴祭祀成汤。

父乙三奚烄。④

此条同前二条。烄字像以箭穿豕形,是一种杀牲的方法。

甲骨卜辞中还有奚向商王贡纳牛马,跟随商王军队去征讨的材料。例如:

---

① 《甲骨文字释林·释奚》,第65页。
② 《柏》8。
③ 《缀合》8。
④ 《乙》189。

贞今春奚来……

……奚不其来牛。①

甲辰卜,殻,[贞]奚来白马?王占曰:吉。其来马五……②。

从上卜辞看出,奚族是降服于商王国的另一种奴隶,他们必须向商王缴纳一定的贡物和用作祭祀的人牲。

屯,也是一种类似奚奴的种族奴隶。于省吾先生说"甲骨文𠂆字习见","甲骨文𠂆字作𠂆、𠂆、𠂆、𠂆、𠂆等即屯之初文"。《说文》作𠂆,于先生认为屯字之演变③。晚商青铜器有《屯父已鼎》、《屯作兄辛簋》等,卜辞中还有"侯屯"被用作人牲的不少记录,因此分析屯族可能是被商族人征服的一种种族奴隶,因而可被用于人祭。卜辞所见用屯作牺牲的如:

丙寅[卜],亘,贞王歲多屯若于下上?

贞王歲多屯若于下乙。④

贞王歲多屯。⑤

庚申……歲子商二屯。⑥

癸丑卜,宁,贞卑来屯歲。十二月。⑦

歲字为杀牲。以上辞条显示屯被多次杀牲以作祭品,有时是王要杀牲,有时是杀贵族如子商、卑的屯奴以作祭品的。

屯也有逃跑后被抓捕的记录,进而证明其奴隶的身份的。如:

壬辰卜,宁,贞执多屯。⑧

---

① 《缀合》144。
② 《乙》3449。
③ 于省吾:《甲骨文释林·释屯》。
④ 《合集》808 正。
⑤ 《乙》3442。
⑥ 《乙》6579。
⑦ 《佚》151。
⑧ 《合集》817。

丁酉卜,𣪊,贞执多屯。①

贞执屯,王占曰:执。②

从上例卜辞看,执字的写法有多种,很像桎梏形,意为拘执、抓捕。卜辞中未见屯作其他被役使的记载,另外卜辞中有"侯屯"一词,分析屯是一个国族,用作祭祀的屯可能是屯族献纳的牺牲品。

"妾",是奴隶的又一种,历来都被认为是女奴隶。甲骨文妾字写作"𡛷",古文字学家都释为妾。《左传·僖公十七年》说"男为人臣,女为人妾",故妾被认为是女奴隶。甲骨卜辞中有用妾作牺牲的记载,如:

贞侑伐妾娟。

三十妾娟。③

"奴",甲骨文字写作从妾从手形"𡛿"。按前段妾的用法,也应是女奴的一种,像以手使妾屈服形,应当就是后来的奴字。《说文》解释妾字时说:"妾,有辠女子给事之得接于君者。"解释奴字时说:"奴婢皆古辠人,《周礼》曰:其奴,男子入于辠隶,女子入于舂槀。从女从又。"可知妾本为出身辠部族的女奴,从事农事家务劳作,奴为简化的奴字。甲骨卜辞有用奴作牺牲的记录,并将奴与妾并卜共作牺牲,说明其性质相同。如:

贞侑伐奴娟。

贞侑伐妾娟。④

"卲",也是妾、奴性质相同的女奴,甲骨文字写作"𡲢",也常被用作牺牲,并与羊、牛一起同为牺牲品。如:

王其侑母戊,一卲,此受〔又〕二卲。卯叀羊,叀小宰,叀牛,王

---

① 《合集》826。
② 《丙》168。
③ 《乙》5316+5869+5846+5849+5950。
④ 《缀合》303。

此受又。①

"奊",于省吾先生认为是婢的原始字。他说:"骨文文有奊字,系婢字的初文。"甲骨文作"𡚦"或"𡛕"。《说文》:"婢,女之卑者也,从女从卑,卑亦声。"于先生认为:"婢是形声字,它的形符说文从女,甲骨文从妾,义训相仿。但从女的含义太抽象,妾与婢的身份相比次,在商代都系家内奴隶,故从妾于字义更相适应。"奊之从卑,不仅是个音符,同时也具有卑贱之义。甲骨文用家内奴隶的奊以为人牲,当然奊在当时是没有社会地位的。②甲骨文卜辞用奊作牺牲也可见:

叀奊,王受又○又毁羌,王受又。③

于省吾先生解释此条卜辞上下对贞。是贞问用奊为牲以祭而王受佑,还是毁(刹)羌俘以祭而王受祐呢?可见奊也被用作人牲。

当然,甲骨文用作人牲的女奴婢还不止上述几种。于省吾先生在《释用作人牲的女奴隶》中列举两条卜辞,其中可见作为人牲的女奴还要更多一些。例如:

辛丑卜,酚㚔,壬寅○辛丑卜,酚,壬寅。妣乙(敓)。妣辛𡚦(妾)。毋庚豕。妣辛𩰪(敱),妣癸𩰺(敱)。妣戊𩰪(敓)。④

其㚔妣癸𩰺(敓),妣甲𩰪(敱),囗。⑤

于先生认为这两条均是商王祭祀其先妣癸、先妣甲、妣乙、妣辛、妣戊等的卜辞,前条有女奴敓、妾、敱、敱等,还有物牲的母庚豕等,后条仅有女奴敓,敱等。所以由此而知用作人牲的女奴其实远不止我们以上所列诸种。

---

① 《粹》38。
② 于省吾:《甲骨文字释林·释奊》。
③ 《宁沪》1.231。
④ 《乙》4677。
⑤ 《库》1716。

总之,我们可知商代奴隶的种类和名称是很多的,但他们绝大多数除承担重劳役之外,还常常被用作人牲。既然连生命权都不掌握在自己手中,他们的法律地位只能如牛、羊等牲畜一般。他们不是权利主体,而只能是权利客体。

第二节　商代的婚姻家庭法
——兼与古代东西方各国婚姻法异同进行考析

商代的婚姻制度据学者们考证,可分为商王、贵族的婚姻制度,和平民的婚姻制度两种。

一、商王、贵族的婚姻制度

商王、贵族的婚姻制度,其前期为一夫一妻制,后期为一夫多妻制。根据陈梦家先生《殷墟卜辞综述》所列卜辞世系表如下:

```
上甲 1──〔乙 2──〔丙 3──〔丁 4──示壬 5──示癸 6──大乙 7─┐
┌─────────────────────────────────────────────────────┘
├─大丁 8──大甲 9──〔沃丁〕│ 小甲 12
│ 卜丙 10    大庚 11──大戊 13──中丁 15──且乙 18──且辛 19─┐
│ 〔中壬〕            雍己 14   卜壬 16           羌甲 20 │
│                            戋甲 17                    │
├───────────────────────────────────────────────────────┘
├─且丁 21──羌甲 23
│ 南庚 22   盘庚 24         │且己 28
│           小辛 25          │且庚 29   │且辛 31
│           小乙 26──武丁 27──且甲 30──康丁 32──武乙 33─┐
└──────────────────────────────────────────────────────┘
文武丁 34──帝乙 35──〔帝辛〕
```

此表横线为父子相传,直线为同世兄弟先后相传,方括号内表示卜辞未见,右上角阿拉伯号码表示各王在用祭中的顺序。此表所示世系与殷本纪所示世系基本相符。①

胡厚宣先生《殷代婚姻家庭宗法生育制度考》②中述,殷代婚姻制度虽不可详知,但据甲骨文卜辞可知殷王前期实行一夫一妻制,后期则实行一夫多妻制。

先生已自卜辞考证出,自示壬至大戊诸商代前期之王均为一夫一妻制。综述如下:

示壬之配,卜辞称为妣庚:

辛丑卜,王,三月出示壬母妣庚犬不用。③

此条卜辞中的母字,胡先生认为应为妇字的借字。母字表示妇道的通称,可以借用。此卜辞为武丁时所卜。另有商代的卜辞也可印证。

庚戌卜,□,贞王宾示壬奭妣庚□,亡□。④

此卜辞为祖庚、祖甲时所卜。奭为仇匹之仇。其义与母妾同。又

庚辰卜,贞王宾示壬奭妣庚翌日亡尤。⑤

庚申卜,贞王宾示壬奭妣庚憲亡尤。⑥

□年妣庚示壬奭。⑦

示癸的配偶,称为妣甲:

癸丑卜,王,□宰示癸妾妣甲。⑧

---

① 此表见《殷墟卜辞综述》,科学出版社1956年7月版,第379页。殷本纪所示世系表见同书368页。
② 见胡厚宣:《甲骨学商史论丛》初集,哈佛燕京学社经费印行,1933年。
③ 《甲》460。
④ 《库》1221。
⑤ 《后》上,1.7。
⑥ 《后》上,1.6。
⑦ 《粹》122。
⑧ 《拾》1.8。

这是武丁时的卜辞。"示癸妾妣甲"的意思,即示癸妻妣甲。妻、妾、帚、母、奭为同义,均表示妻的意思。① 又有帝乙、帝辛时的卜辞亦可证明:

甲子卜,贞王宾示癸奭妣甲壹亡尤。②

甲辰卜,贞王宾示癸奭妣甲翌日亡尤。③

甲申卜,□□宾示癸奭妣甲□□□□。④

大乙的配偶,称为妣丙:

乙巳卜,㞢出大乙母妣丙一牝才㞢。⑤

这是武丁时卜辞,祭祀妣丙,因其配大乙在乙日,故于此日祭。另又有帝乙帝辛时的卜辞亦可为证:

丙午卜,贞王宾大乙奭妣丙翌亡尤。⑥

丙寅卜,贞王宾大乙奭妣丙翌日亡尤。⑦

大丁的配偶称妣戊:

戊戌卜,贞王宾大丁奭妣戊:壹亡尤。⑧

□翌日大丁奭妣戊。在二月。⑨

此卜辞为帝乙帝辛时所卜。

卜丙之配偶,称为妣甲:

癸酉卜,行,贞翌甲戌卜丙母妣甲岁亩牛。⑩

---

① 见胡厚宣:《殷代婚姻家族宗法生育制度考》。
② 《后》上,19。
③ 《龟》2.35.1。
④ 《后》上,1.11。
⑤ 《写》336,《甲》248,254 合。
⑥ 《后》下,41.8。
⑦ 《前》1.37。
⑧ 《后》上,2.1。
⑨ 《珠》63。
⑩ 《录》271。

此卜辞为祖甲时所卜。

大甲的配偶称为妣辛：

　　□子卜，□虫大甲母妣辛。①

此为武丁时所卜，另有祖庚祖甲时的卜辞为证：

　　辛□卜，行，贞王宾大甲奭妣辛叠，亡尤，在八月。②

还有帝乙帝辛时之卜辞：

　　辛卯卜，贞王宾大甲奭妣辛□□□。③

　　辛卯卜，贞王宾大甲奭妣辛彡日□□。④

　　辛丑卜，贞王宾大甲奭妣辛彡尤。⑤

　　辛丑卜，贞王宾大甲奭妣辛彡日亡尤。⑥

大庚之配偶称为妣壬：

　　壬寅卜，行，贞王宾大庚奭妣壬叠亡尤。⑦

此为祖庚祖甲时所卜。又有帝乙帝辛时卜辞为证：

　　壬午卜，贞王宾大庚奭妣壬□□尤。⑧

　　□□卜，贞王宾大庚奭妣壬彡日，亡尤。⑨

　　壬寅卜，贞王宾大庚奭妣庚彡日亡尤。⑩

这最后一条卜辞胡先生认为妣庚之庚字应作为壬，是因沿袭大庚之庚字而误。因为壬寅日卜，应当祭祀妣壬，绝无祭祀妣庚的道理。

---

① 《粹》182。
② 《后》上，2.7。
③ 《龟》1.12.6。
④ 《后》上，24。
⑤ 《后》上，2.5。
⑥ 《前》1.5.8。
⑦ 《后》上，2.7。
⑧ 《后》上，2.6。
⑨ 《后》上，2.2。
⑩ 《契》294。

大戊之配偶称为妣壬：

> 壬子卜，行，贞王宾大戊奭妣壬眔亡尤。①
> 壬寅□，□，贞王宾大戊奭妣壬日亡□。②

此卜辞为祖庚祖甲时所卜。另有帝乙帝辛时卜辞也可为证：

> 壬辰卜，贞王宾大戊奭妣壬□亡尤。③
> 壬寅卜，贞王宾大戊奭妣壬眔日亡尤。④
> 壬申卜，贞王宾大戊奭妣壬眔日亡尤。⑤

以上卜辞证明，自示壬至大戊期间，是殷王朝世系表的前阶段，此一时期殷王室的婚姻都实行一夫一妻制。即：示壬之妻妣庚，示癸之妻妣甲，大乙之妻妣丙，大丁之妻妣戊，卜丙之妻妣甲，大甲之妻妣辛，大庚之妻妣壬，大戊之妻妣壬。

然而，卜辞也同样显示，殷王朝世系表的后部分，自中丁以后至康丁，则实行一夫多妻制。每王少则二妻，多则五妻八妻者均有之。现以卜辞说明之。

中丁的配偶有二，卜辞均为妣己、妣癸：

> 己卯卜，贞王宾中丁奭妣己亡尤。⑥

此为帝乙帝辛时所卜。又有妣癸的称谓为祖庚、祖甲时所卜，也有帝乙帝辛时所卜：

> 癸酉卜，行，贞王宾中丁奭妣癸翌日亡尤，在三月。⑦（祖庚、祖甲时所卜。）

---

① 《后》上，2.3。
② 《后》上，2.9。
③ 《后》上，2.6。
④ 《后》上，21.0。
⑤ 《明义士藏》。
⑥ 《续》1.12.5。
⑦ 《金》6。

癸卯卜,贞王宾中丁奭妣癸□□□。①

癸卯卜,贞王宾中丁奭妣癸壹亡尤。②

癸丑卜,贞王宾中丁奭妣癸彡日亡尤。③

癸酉卜,贞王宾中丁奭妣癸彡日亡尤。④

癸未卜,贞王宾中丁奭妣癸酓日亡尤。⑤

祖乙的配偶有二,称为妣己,妣庚:

己巳卜,行,贞王宾祖(且)乙奭妣己□□□。⑥

□卯卜,尹,贞王宾祖乙奭妣己翌日亡尤。⑦

以上为祖庚、祖甲时所卜。

于妣己祖乙奭告。⑧

甲午卜,祒其至妣己祖乙奭祒正。⑨

囗丿祖乙奭妣己。⑩

以上为祖(甲骨文作且字)辛、康丁时所卜。

己酉卜,贞王宾祖乙奭妣己壹□尤。⑪

己巳卜,贞王宾祖乙妣己彡日亡尤。⑫

□□□,□□祖乙奭妣己□□□□。⑬

---

① 《后》上,2.13。
② 《后》上,2.11。
③ 《前》1.81,《后》上,2.12。
④ 《前》1.82。
⑤ 《明义士藏》。
⑥ 《后》上,3.4。
⑦ 《通》175。
⑧ 《明义士藏》。
⑨ 《明》3288。
⑩ 《七、W八》。转引自胡厚宣:《甲骨学商史论丛》初集,哈佛燕京学社经费印行,1944年。
⑪ 《后》上,32。
⑫ 《后》上,33。
⑬ 《后》上,2.16。

此外，卜辞也显示祖乙另一妻子的名称妣庚。

□□□，□□□□祖乙奭妣庚各亡尤。①

贞王宾祖乙奭妣庚岁方于物眔兄庚岁二牢。②

以上二条为祖庚祖甲时所卜。

于妣己妣庚祖乙奭。③

此条为祖辛康丁时所卜明确显示妣己、妣庚均为祖乙之妻。另有帝乙、帝辛时的卜辞也可为证：

庚午卜，贞王宾祖乙奭妣庚各日亡尤④

□申卜，贞王宾祖乙奭妣庚□□□□。⑤

祖辛的配偶有二，称为妣甲、妣庚。称妣甲有：

于妣甲祖辛奭。⑥

其祒妣甲祖辛奭祒正。⑦

以上两卜辞为祖辛、康丁时所卜。另有帝乙、帝辛时所卜：

甲戌卜，贞王宾祖辛奭妣甲各□□。（《续》1.17.7。）

甲申卜，贞王宾祖辛奭妣甲翌日亡尤。⑧

甲午卜，贞王宾祖辛奭妣甲各□□。⑨

同期还有卜辞称妣庚者。

庚子卜，贞王宾祖辛奭妣庚彡日□尤。⑩

---

① 《库》1131。
② 《后》上，3.5。
③ 《明义士藏》。
④ 《后》上，3.1。
⑤ 《后》上，2.17。
⑥ 《明》3289。
⑦ 《明》3288。
⑧ 《珠》62。
⑨ 《明义士藏》。
⑩ 《后》上，3.9。

祖丁的配偶有五位,称为妣甲、妣己、妣庚、妣辛、妣癸。称妣甲的有:

于祖丁母妣甲御㞢肉。①

此为武丁时所卜。另称妣己的有多条,

□卯卜,尹,贞王宾祖丁奭妣己叠□□尤。②

此为祖庚、祖甲时所卜。另有武乙文丁所卜一条:

己亥卜,贞王宾祖丁奭妣己叠日亡尤。③

己丑卜,贞王宾四祖丁奭妣己彡日亡尤。④

己酉卜,□□宾四祖丁奭妣己叠日亡尤。⑤

己巳卜,贞王宾四祖丁奭妣己彡日亡尤。⑥

己亥卜,□□宾四祖丁奭妣己叠□□。⑦

此上四条,为帝乙、帝辛时所卜。文中均称祖丁为四祖丁。据胡厚宣先生解释,因殷人先祖以丁为名者,仁丁第一、大丁第二、中丁第三、祖丁第四,故称祖丁为四祖丁。

祖丁之妻又有称妣庚者,见于卜辞:

庚辰卜,贞王宾四祖丁奭妣庚叠。⑧

此条为帝乙、帝辛时卜辞,同期又见卜辞有妣辛者:

辛酉卜,贞王宾祖丁奭妣辛壹亡尤。⑨

又有称祖丁妻妣癸者:

---

① 《续》1351。《余》101。
② 《前》1.34.3。
③ 《后》上,3.12。
④ 《前》1.17.2。
⑤ 《后》上,3.10。
⑥ 《后》上,3.11。
⑦ 《明义士藏》。
⑧ 《续》1.17.7。
⑨ 《契》274。

癸酉卜,贞王宾祖丁奭妣癸肜日亡尤。①

□未卜,贞□宾祖丁奭妣癸肜亡尤。②

所以,就卜辞可知祖丁有五位妻子。

小乙的匹配更多,有八位。称为妣庚、母甲、母丙、母丁、母己、母辛、母壬、母癸。

□申卜,□,贞王宾小乙奭妣庚□日□□。③

此为祖庚祖甲时卜。

丁未卜,尧贞御于小乙奭妣庚其㝢乡。④

此为祖辛、康丁时卜辞。另有帝乙、帝辛时卜辞为证:

庚子卜,贞王宾小乙奭妣庚翌□□□⑤

庚午卜,贞王宾小乙奭妣庚肜日亡尤。⑥

庚戌卜,贞王宾小乙奭妣庚彡亡尤⑦

以下为武丁时卜辞,对小乙的配偶均称母,称母甲:

丿昇(母)甲丿。⑧

称母丙:

其出母丙。⑨

贞叀羊出母丙。⑩

---

① 《后》上,3.14。
② 《后》上,3.13。
③ 《粹》292。
④ 《甲》2799。
⑤ 《后》上,4.4。
⑥ 《后》上,4.6。
⑦ 《前》1.17.2。
⑧ 《前》1.28.2。
⑨ 《续》1.407。
⑩ 《佚》143。

贞于母丙御帚口。①

贞母丙帚帚。②

贞勿㞢于母丙，㞢小宰。③

母丙䒑帚妌。④

称母丁：

告于母丁壬。⑤

称母己：

贞于母己御。

贞勿于母己御。⑥

贞御唐于母己。⑦

贞于母己御。⑧

于母己小宰用三。⑨

称母辛：

丿䢅(母)辛丿。⑩

称母壬：

辛卯卜，𠂤，王㞢母壬。⑪

称母癸：

----

① 《前》1.28.3。
② 《后》上，6.12。
③ 《铁》97.2。
④ 《铁》251.3。
⑤ 《前》125.8。
⑥ 《铁》1061。
⑦ 《后》上，615。
⑧ 《前》139.1。
⑨ 《前》1.28.6。
⑩ 《前》1.28.2。
⑪ 《甲》3045。

□□屮于母癸。①

因为是武丁时所卜,武丁是小乙的儿子,所以武丁称母甲、母丙、母丁、母己、母辛、母壬、母癸为母,可知都是小乙的配妻。

武丁的配妻见于祭祀的有五:妣戊、妣辛、妣癸、母己、母壬。

由武丁的儿子祖庚、祖甲祭祀的都称为母,有母己、母壬;

戊辰□,□,贞其□□母己。②

王 □ 母壬亡□。③

贞 □ 母壬 □。④

由后代帝王如帝乙、帝辛时所卜的;称为妣,有妣戊、妣辛、妣癸:

戊子卜,贞王宾武丁奭妣戊壹亡尤。⑤

辛巳卜,贞国宾武丁奭妣辛壹亡尤。⑥

□卯卜,贞王宾武丁奭妣辛翌日亡尤。⑦

辛亥卜,贞王宾武丁奭妣辛壹亡尤。⑧

辛丑卜,贞王宾武丁奭妣辛壹亡尤。

辛酉卜,贞王宾武丁奭妣辛各。⑨

癸卯卜,贞王宾武丁奭妣癸各日亡□。⑩

癸丑卜,贞王宾武丁奭妣癸壹亡尤。⑪

---

① 《前》1.31.1。
② 《续》1.41.2。
③ 《前》1.30.8。
④ 《后》上,7.3。
⑤ 《后》上,4.8。
⑥ 《后》上,4.7。
⑦ 《前》137.4。
⑧ 《前》1.17.4。
⑨ 《明义士藏》。
⑩ 《粹》298。
⑪ 《前》1.17.4。

癸亥卜，贞王宾武丁奭妣癸翌日亡尤。①

癸未卜，贞王宾武丁奭妣癸壹亡尤。②

另外，据卜辞可见武丁除五妻之外，称为"多妇"的还有六十四位妇。③

就卜辞所见，殷后期诸王则实行一夫多妻制；中丁二妻为妣己、妣癸；祖乙二妻，为妣己、妣庚；祖辛二妻为妣甲、妣庚；祖丁五妻为妣甲、妣己、妣庚、妣辛、妣癸；小乙八妻为妣庚、母甲、母丙、母丁、母己、母辛、母壬、母癸；武丁五妻，有妣戊、妣辛、妣癸、母己、母壬。此外，除妻之外，还有"多妇"。

殷代王之妻称母称妣者，在于祭祀者的身份不同，如为子辈祭上一代，称为母；如为上二代或二代以上称为妣或高妣。对先王的法定配偶称为"妻"、"妾"、"母"、"奭"。④ 而对非法定配偶称"妇"。⑤

二、商后期王室与贵族实行多妻制的原因

殷代后期王室实行一夫多妻制的主要目的是为了多嗣。这也是中国自原始社会末期以来，父权制家庭形成，私有制发展的需要。《曲礼》"天子有后，有夫人，有世妇，有嫔，有妻，有妾"文下孔颖达疏引郑注："郑注檀弓云，舜不告而娶，不立正配，但三夫人；夏则因而广之，增九女，则十二人。所增九女者则九嫔也。故郑云春秋说云，天子娶十二人，夏制。郑又云，殷增三九二十七人，总三十九人；所增二十七世妇

---

① 《后》上，4.10。

② 《后》上，4.9。

③ 参见胡厚宣:《殷代婚姻家族宗法生育制度考》，载《甲骨学商史论丛·初集一》(胡厚宣著齐鲁大学国学研究所专刊之一)。

④ 参读陈梦家:《殷墟卜辞综述》，中国科学院考古所编辑，科学出版社1956年7月版，第379页。

⑤ 参读《明义士藏》。

也。周又三二十七人,因为八十一人则女御也。"①这段注释说明了中国先秦君主婚制的发展。原始社会末期的舜只有三个夫人,而夏朝则为国君增加了九位女子为妻。为了正名分,除三夫人外所增九女称为九嫔。《春秋》因而称天子娶十二人是夏朝的制度。至商又在夏所增九女的基础上再增三倍,便增加二十七人,再承继夏的天子娶十二人制。就成了三十九位女子。除三夫人、九嫔外所增的二十七位女子的名分称世妇,地位上再较前低一级。周继承殷制,又增加了二十七位世妇的三倍即为八十一人,这八十一人在名分上称为女御地位又降前一等;另加原有的三夫人,九嫔,二十七世妇,总共周天子便有一百二十位妻子了。为什么天子要有那么多的妻子呢?是为了广子嗣承祭祀。所以《曲礼》又说"纳女于天子曰备百姓"。郑注:"纳女犹致女也。婿不亲迎,则女之家遣人致之,此其词也。姓之言生也,天子皇后以下百二十人,广子姓也。"②郑玄解释的是周礼,周的天子妻一百二十位。娶的方法,因天子地位高,诸侯们将送于天子结婚的女子亲自送去。送这么多的女子是为了"广子姓",就是广子生,广生子嗣,继承天子家业,继承祭祀祖先的灵位。

其他文献上看,殷人不仅懂得父权制的家天下要广有子嗣,还注重血缘关系不能太相近,懂得优生的生物学道理。《白虎通·嫁娶篇》说:"天子诸侯,一娶九女何?重国广继嗣也。"又说:"大夫成功受封,得备入妾者,重国广嗣也。"又说:"娶三国女何?广异类也。恐一国血脉相似,以无子也。"上述的议论虽然是评论西周的婚姻观念,但是周人的婚姻观是继承了殷商的婚姻观的。婚姻的目的既在于"广继嗣",那么,商周的统治者特别惧怕自己的无子嗣,因此,他们认识到"恐一国血脉相

---

① 参见《十三经注疏附校勘记》上册,中华书局1979年影印版,第1261页。
② 参见《十三经注疏附校勘记》上册,中华书局1979年影印版,第1270页。

似,以无子也",认识到血缘关系的远近直接影响到生育子嗣的多寡,他们是在这个意义上考虑到了优生学。

其实,古代东西方各国的婚姻家庭法中,对婚姻的认识首先都是从承祭祀角度去考虑的。古印度人认为死去的祖先会不断地说:"后世永久生给我们供祭饭,乳蜜的男儿那就好了!"他们又说:"家族的断绝,等于家族宗教的断绝;无人祭祀的祖先堕成不幸的鬼。"① 因此,《摩奴法典》中告诫信徒在择配时应避免择"忽视祭祀的家庭,不生男孩的家庭"。② 特别详尽地规定了关于生育的法条:"丈夫可从妻子月信来潮所预示的适合于生育的时节接近她,而经常忠实地依恋她,除太阴禁日外,其他任何时间都可以在情欲的引诱下,含情接近她。""这最后十个夜中,偶数夜适于生男,奇数夜适于生女,因而欲得男子者应于适当时机和偶数夜接近妻子。"③

古希腊罗马人的婚姻观似乎与他们的民主政治无关,相反地,更接近于东方观念的"承继嗣"观。虽然亚里士多德说过:"监护妇女和儿童的职官以及其他类似的监护官员,对于贵族政体,比对平民政体较为适宜,平民的妻子的行为是不可能予以管理的"④,但他仍将妇女的地位视为低下,他说:"一个男子的勇毅倘使仅仅及到一个妇女的勇毅,人们就会说这个男子为懦夫;反之,如果一个利口的女子虽然比一个善男人的说话未必更多,就可能被讥为有伤谦德"⑤。柏拉图也认为:"在人类

---

① 〔法〕古朗士:《希腊罗马古代社会研究》,李玄伯译,商务印书馆1938年7月版,第32页。
② 〔法〕迭朗善译:《摩奴法典》,马香雪转译,商务印书馆1982年版,第54页,Ⅲ,6,7。
③ 〔法〕迭朗善译:《摩奴法典》,马香雪转译,商务印书馆1982年版,第54页,Ⅲ,45,48。
④ 〔古希腊〕亚里士多德:《政治学》,吴寿彭译,商务印书馆1965年8月第1版,1996年7月北京第5次印刷,第224页。
⑤ 〔古希腊〕亚里士多德:《政治学》,吴寿彭译,商务印书馆1965年8月第1版,1996年7月北京第5次印刷,第125页。

事业中女性总是低于男性。"①亚里士多德对婚姻的看法是:"互相依存的两个生物必须结合,雌雄(男女)不能单独延续其种类,这就得先成为配偶——人类和一般动物以及植物相同,都要使自己遗留形性相肖的后嗣,所以配偶出于生理的自然,并不由于意志(思虑)的结合。"②婚姻被视为只是传宗接代,只是为了承祭祀的目的。所以,就夫妻关系而言"就天赋来说,夫倡妇随是合乎自然的",③"类似民众对那轮流担任的执政的崇敬,丈夫就终身受到妻子的尊重"。④ 因此,希腊的文学作品中,认为"一个自由的妇女足不能出门庭一步"、"战争、政治与公共讲演是在男人范围以内;至于女人是留在家里看守房子,好好接待她的丈夫",妇女的职责"第一哺乳儿童,第二烹饪,再其次管理家务"。⑤ 因此,恩格斯说:"在幼里披底的诗中,把妻子叫作'奥伊库来马'(oikurema),即作家务的一种物件的意思(此字为一中性名词),而在雅典人看来,妻除生育子女以外,不过是一个婢女的头领而已。"⑥罗马是继承了希腊的观念并通过法律明确规定了婚姻不仅是罗马公民的权利,也是他们的义务。公元前 18 年到公元 9 年间,奥古斯都颁布了一系列有关的法律,其中一项称为"婚姻法"(*Lex Julia de maritandis ordinibus*)的,其规定:"25 岁到 60 岁的男子和 25 岁到 50 岁的女子必须结婚。如违反这一法律,便要失去在遗嘱上自由授予遗产之权利。相反,如结婚生婴儿后,父母便可取得新的优惠。而不出嫁的妇女,则要向国家缴纳相当于其财产百分之一的税。"⑦

---

① 〔英〕狄金森:《希腊的生活观》,彭基相译,商务印书馆 1934 年版,第 182 页。
② 前引《政治学》,第 4—5 页。
③ 前引《政治学》,第 436 页。
④ 前引《政治学》,第 37 页。
⑤ 前引《希腊的生活观》,第 184、187 页。
⑥ 恩格斯:《家庭,私有制和国家的起源》,人民出版社版,第 61 页。
⑦ 冯卓慧:《罗马私法进化论》,陕西人民出版社 1992 年版,第 108 页。

综上可知，一切古代社会婚姻的观念在于重子嗣、承祭祀，这是一种自然法的观点。而对于家天下的商王朝来说他们还更重视广生子，故而，商后期诸王的妻子们便愈来愈多了。

那么，我们不由得想到，婚姻的目的既然都为了子嗣和祭祀，为何中国古代之君主实行多妻多子嗣，而西方却是一夫一妻制呢？我以为，这恐怕还是宗教观念的不同所致。在中国，虽然夏、商、周时代仍有神权观念，保留对天的崇拜，甚至在司法实践中实行天罚、神判，然而在婚姻与家庭法内，它们却仅停留在思想认识上，并未上升到宗教观念上，因而中国古代法包括家庭婚姻法是完全与宗教法分离开了的。涉及婚姻家庭法的部分是完全由维护人治观的礼来调整，它要使婚姻和家族关系处于"礼治"的关系中。《周礼·媒氏》解释媒氏的职能时说"媒氏掌万民之判"，判的意思，郑玄注为："判，半也。得耦为合。主合其半成夫妇也。"意思说媒氏掌管万民的婚姻。婚姻的一方为一半，得配偶则合另一半成为夫妇。所以，理论上讲，仍是一夫一妻的观念，至于天子们的多妻制，在这诸多的妻中，名分上只有一个处于正妻的地位，其余地位则低于正妻。这位正妻被称为"后"。因而《礼记·昏义》载："天子听男教，后听女顺；天子理阳道，后治阴德；天子听外治，后听内职；教顺成俗，外内和顺，国家治理，此谓盛德。"婚姻是为治家治国的需要，天子与后有明确分工。至于天子以下贵族多妻，则是为了扩大统治权的广封国、广生子、广有祭祀后代，这便是前言之"重国广继嗣也"，"广子姓也"，[①]这里没有宗教法律的制约。

其余东西方国家则不然，在他们早期的婚姻家庭法中，早已受宗教观念的制约。印度《摩奴法典》中所赞颂的四种合法婚姻即梵天的婚

---

① 《白虎通·嫁娶篇》。

姻,诸神形式的婚姻、圣仙形式的婚姻和造物主形式的婚姻[1]都是宗教婚姻。它们都必须要求"家长要按照规定,以婚礼之火举行家庭的晨昏祭供",[2]说明合法的婚姻均要求在家庭祭台前举行婚礼。希腊罗马人也是这样,每家都有一个祭台,在祭台的四周,全家族人聚集于此。希腊古字称家族为"επιστcor",其意直译为"环圣火旁者"[3]。而妇女结婚以后便归入丈夫家的宗教,祭夫家的祭台,古郎士引古人语说:"结婚以后,女子与她的父亲的宗教即毫无关系;她祭她的夫的圣火。"[4]故而有古希腊学者说古希腊人将婚姻常称为"τελos",即"神圣的仪注"[5];柏拉图言,婚姻"实由神也"[6]。罗马法的有夫权婚姻中,最为合法的祭祀婚,即是宗教婚,它不仅要在家族祭台前举行,"引新妇至祭台前,圣火之旁,其家神及祖先的像皆在,新夫妇乃举行祭祀奠酒祷告,然后分食麦饼"[7];而且产生了宗教的后果。如盖尤斯所说:"大祭司,即朱庇特、战神和罗马神的祭司,以及祭司王只能从通过祭祀婚形式结婚的人的子女中挑选;没有祭祀婚,他们自己也就没有祭司职务。"[8]古希腊罗马的宗教婚中,宗教与家庭婚姻成了不可分离的关系。"故这种宗教不允许多妻。"[9]正因为婚姻与祭祀不可分,因而不能生子的妻必须离婚。古希腊著名历史学家希罗多德(Herodote)[10]曾记载,两位斯巴达王子

---

[1] 《摩奴法典》,Ⅲ,27—30 条。
[2] 《摩奴法典》,Ⅲ,67 条。
[3] 〔法〕古朗士:《希腊罗马古代社会研究》,李玄伯译,商务印书馆 1938 年版,第 26 页。
[4] 〔法〕古朗士:《希腊罗马古代社会研究》,李玄伯译,商务印书馆 1938 年版,第 27 页。
[5] 〔法〕古朗士:《希腊罗马古代社会研究》,李玄伯译,商务印书馆 1938 年版,第 28 页。
[6] 〔法〕古朗士:《希腊罗马古代社会研究》,李玄伯译,商务印书馆 1938 年版,第 30 页。
[7] 〔法〕古朗士:《希腊罗马古代社会研究》,李玄伯译,商务印书馆 1938 年版,第 30 页。
[8] 〔古罗马〕盖尤斯:《法学阶梯》Ⅰ,112 条。
[9] 〔法〕古朗士:《希腊罗马古代社会研究》,李玄伯译,商务印书馆 1938 年版,第 31 页。
[10] 希罗多德(Herodote),约公元前 484—前 425 年,希腊著名历史学家。

因无子而被迫出妻的故事[1],罗马著名文法学家奥侣格尔(Aulu-Gelle)[2]说到罗马最早的吕加的离婚案时说:"吕加系出大族,因其妇无子,乃与之离婚。他虽然甚爱她,且对她的品行毫无不满之处,但他只好牺牲他的爱情于誓辞。因他曾宣誓(在婚礼誓辞中)娶她为自己生儿子。"[3]此外,无子嗣的家庭还可收养子。罗马法中规定的最重要的收养方式是在民众共同体(即民众大会)上为收养行为,并明确规定这种收养行为可由男性不能生育者,或丧失生育能力者为之。[4]而我们知道,民众大会是家族扩展到氏族、部落的。梅因说过:"罗马人的'家族'、'氏族'和部落都……使我们不得不把它们想象为从同一起点逐渐扩大而形成的一整套同心圆,其基本的集团是因共同从属于最高的男性尊亲属而结合在一起的'家族'。"[5]所以,收养是明显为解决无子者的祭祀问题的。西塞罗说:"承嗣的权利是什么？……承嗣是向宗教及法律索要自然所不能得的"[6],希腊罗马的宗教观使得他们只能实行一夫一妻制和无子嗣者的收养法。至于性生活的问题,不在古代婚姻观的范围内考虑,希腊罗马的贵族自可以用娼妓来解决这些问题。希腊人是将恋爱与婚姻分开的,他们可以公开宣传他们的恋爱观。在希腊的许多庙宇中可纪念爱神阿富罗底(Aphrodite),有很多节目纪念她,她的许多塑像被保留。而在特尔斐,在两个国王之间竖起名妓芙瑞妮(phryne)的铜像。哲学家与政治家可公开与情人住在一起,而狄摩西尼则说,每人除妻子外至少有两个私通的情人。[7] 罗马因娼妓的滥行,

---

[1] 前引《希腊罗马古代社会研究》,第34页。
[2] 二世纪罗马文法家兼批评家。
[3] 前引《希腊罗马古代社会研究》,第34页。
[4] 〔古罗马〕盖尤斯:《法学阶梯》,I,99,102,103条。
[5] 〔英〕梅因:《古代法》,沈景一译,商务印书馆1984年版,第73—74页。
[6] 前引《希腊罗马古代社会研究》,第36—37页。
[7] 前引《希腊的生活观》,第191页。

使皇帝都不得不颁布诏令禁止将女奴为娼①。印度的宗教法因承认种姓制的合法性,故承认高等种姓的多妻是符合宗教法的。②

除了宗教的原因之外,还有的便是政治制度的原因,无论希腊还是罗马都有过几百年的民主共和政治的时期,因而,无论执政官、将军、元老院元老都不可能形成中国式的家天下的个人专制的心态。他们的领袖均大多为民选的,领袖的权威性不能有如中国的世袭王位那样,不可能形成中国的天子的神权主义以及诸侯贵族的等级特权制。所以中国天子贵族式的等级制的多妻制在西方是没有产生的理论基础的。而古印度因为在古代到中世纪从未形成统一王国,王权是分散的且是在宗教种姓制之下,所以法律规定的多妻是依种姓而论,而非依政治身份。而构成种姓差别是一个阶级或一个等级间的差别,不是几个少数极权者与广大民众的差别,法律不可能对最高种姓的娶妻数额如中国对天子或贵族规定的那么多,所以,他们的多妻比起中国古代来,自然是小巫见大巫了。

商王及贵族的多妻制除了前述为了"广子姓",承祭祀的目的,即"上以事宗庙,下以继后世"③外,还有一种扩大国力,以婚姻家庭扩大国家组织的目的,即"重国广继嗣也"。《尚书·盘庚上》云:"施实德于民,至于婚友",这婚友便是商族和后来的商王们与商族有世代婚姻关系而形成的各氏族、家族集团。他们是商代国家组织的基础,婚友愈多,国家组织的基础愈牢固,这就是"重国广继嗣"。因而,娶妻最多的商王,也是国力最鼎盛时期。武丁娶妻最多,他在位时期是商王朝国力

---

① 哈往良皇帝禁止"没有足够理由……把女奴隶卖为娼妓"。"Scriptores 1tistoral ugustae Hadridrus18"。
② 参见《摩奴法典》,Ⅲ,12,13条。
③ 《礼记·昏义》。

最盛时期,他本人也被誉为"大京武丁"。①

为扩大和加强国力的婚姻是一种政治婚姻,它在商王和贵族中都盛行。商族开国的王自成汤时便有过这种政治目的的婚姻。《天问》中有一节记载:

  成汤东巡,有莘爱极。何乞彼小臣,而吉妃是得?水滨之木,得彼小子,夫何恶之,媵有莘之妇?

旧注谓"汤东巡狩,至有莘国,以为婚姻"。成汤与有莘国的联姻既娶了有莘氏之女,促进了商族与有莘氏的友好关系,成为婚友,即所谓"古者婚姻为兄弟"②,又通过这桩婚姻巧妙地得到他早已希望得到的贤人伊尹为媵臣。这真是一宗政治婚姻。伊尹后来被"举任以国政"(《史记·殷本纪》)。使商国因以壮大,早已是史界公认的佳话。《吕氏春秋·本味》关于这一政治联姻的目的作过追述:

  (伊尹)长而贤,汤闻伊尹,使人请之有侁氏(高诱注:侁读曰莘)。有侁氏不可。伊尹亦欲归汤,汤于是请取妇为婚。有侁氏喜,以伊尹为媵送女。

超越了民族血缘和地域关系的族外婚的政治联姻,不仅是政治的需要,而且对于社会构成新秩序也有着更深层次的作用。《礼记·郊特性》云:"娶于异姓,所以附远厚别。"说明其两方面的作用。一曰"附远",即使远方地域的方国与自己国因婚姻关系而联结为同盟的或其更亲密的扩大了的族关系。正如《国语·鲁语上》说:"夫为四邻之援,结诸侯之信,重之以婚姻,申之以盟誓,固国之艰急是为。"《诅楚文》所谓:"戮力同心,两邦若一,绊(系)以婚姻,袗以斋盟。"二曰"厚别"。对异姓异族联姻,且特别优厚这种婚姻关系,也还是因为从原始社会发展

---

① 《屯南》4343。
② 《尔雅·释亲》。

演进以来,人们从实践中总结出了"男女同姓,其生不蕃"①这一客观事实。孔颖达疏云:"晋语曰,同姓为婚,惧不殖也。"这已经是人类从生理学上总结出的优生学观点。

从甲骨文看,商的与异族的联姻有三类情况:一是商王族主动向异族方国娶女如:

取干女……②

乙亥卜,取妆女䑇。③

己酉卜,贞取妇奏。④

上述这些卜辞中的"取"都通假于"娶"。唐陆德明《经典释文》解释:"取一作娶。"凡说到"取女",并兼记载该女子的族国名,或于前于后如"取干女",就是娶干国的女子。⑤"取妇奏",即从奏国娶女。

二是各地族氏方国迫于商王朝力量之强大,主动嫁送女子与商王朝,缔结婚姻。如:

丁巳卜,㕚,贞周氏嫫。⑥

庚寅卜,㕚,贞吴氏角女。⑦

氏字有进贡性质。氏女、氏某女,是方国向商王朝贡纳本族国的女子,或本族国内属于某族氏的女子。

三是商王朝强制命令属国进贡女子,多用强制口气"呼取"。如:

呼取女于婪。⑧

---

① 《左传·僖公二十三年》。
② 《合集》21457。
③ 《屯南》2767。
④ 《合集》1994。
⑤ 干固,见宋镇豪:"商周干国考",《东南文化》1993年5期。
⑥ 《合集》1086正。
⑦ 《合集》671正。
⑧ 《合集》9741正。

呼取郑女子。①

除了娶女于异族,商王朝也常将本族女子外嫁他族。《易·泰卦》:"帝乙归妹,以祉元吉。"王弼注:"妇人谓嫁曰归。"孔颖达疏:"以祉元吉者,履顺居中,得行志愿,以获祉福,尽夫阴阳交配之道,故大吉也。"②这则易卦记载殷帝帝乙将其王族女子出嫁异族邦国,求得与异族邦国以婚姻关系而交好。而《诗·大雅·大明》又载:"大邦有子。俔天之妹,文定厥祥,亲迎于渭。"孔颖达疏:"文王既闻大姒之贤,则嘉美之曰大邦有子,女可求以为昏姻,媒以行纳采也。既纳采、问名,将加卜之,又益知大姒之贤。言大邦之有子,女言尊敬之。磬作是天之妹,然言尊重之甚也。卜而得吉,行纳吉之后,言大姒之有文德,文王则以礼定其卜吉之善祥,谓使人纳币,则礼成昏定也。既纳币,于请期之后,文王亲往,迎之于渭水之傍。"③这样便知,帝乙归妹是商王帝乙将王族之少女远嫁给周族文王为妻。这一桩政治婚姻的目的显然是帝乙以婚姻所形成的血缘纽带维系商周两族的统治与被统治的关系。

政治联姻的目的是扩大政治者的统治版图,即"婚姻为兄弟"。如《国语·鲁语上》所说:"夫为四邻之援,结诸侯之信,重之以婚姻,申之以盟誓,固国之艰急是为",《诅楚文》所说:"戮力同心,两邦若一,绊(系)以婚姻,袗以斋盟"。

三、商代平民的婚姻制度

商代平民的婚姻制度则为一夫一妻制,这点从商代婚制的遗存考古中可知。河北藁城台西商代中期的遗址,曾发现一些一男一女合葬墓,如第35号墓,同一棺内人架两具,男性仰身直肢,年龄50多岁,女

---

① 《合集》536。
② 《十三经注疏·周易正义》(卷二),第28页。
③ 《十三经注疏·毛诗正义》(卷十六),第239页。

性侧身紧挨男性,两脚捆绑,面向男性约25岁。随葬青铜器均置于女性一侧。似为夫死而强行以妻殉葬。第102号墓,同一棺内人架两具,一具男性仰身直肢,年约30—35岁,其旁一位女性侧身屈肢面向男子约30岁左右,下肢亦被捆绑。随葬器物也主要置于女性之旁。① 另外山西灵石旌介村发现晚商墓三座,其中二号墓为一椁两棺,左棺男子仰面直肢,右棺女子侧身直肢,面向男子。两人周围均有大量铜器、玉器、骨器、陶器随葬,显然是一座夫妻合葬墓。②

　　河南安阳殷墟的族墓地,常见一种男女"异穴并葬"墓。约占殷墟总墓数的1/3。"异穴并葬"的两墓均紧紧相葬,双方必为一男一女,墓室相同,头向一致,葬具相同,随葬品质量也基本相同。双墓的位置,一般男性靠前,女性错后,男左女右。男墓葬较浅,女墓较深。葬品多少不一。③ 这显然是一夫一妻制婚姻在葬俗中的反映。成为族葬也正反映了血缘宗法关系。同时也印证了《周礼》有关族葬的记载其实起源于商代。④ 作为血缘亲属关系,大家仍在居所及墓地中都保持了聚族而居、而葬的习惯法,但是在生活中,已是各自家庭为独立经济单位,故死后墓葬如生时,是一家一家分开的。这便是郑玄所说"万民墓地同处,分其地,使各有区域,得以族葬,后相容"。又因族葬各墓的随葬品多寡不一,反映出各夫妻家族贫富不均故可知是平民墓,反映了平民中的婚姻制度。

---

　　① 河北省文物研究所编:《藁城台西商代遗址》,文物出版社1985年版,第151、154、155页。
　　② 山西省考古研究所、灵石县文化局:"山西灵石旌介村商墓",《文物》1986年11期。
　　③ 安阳市博物馆:"殷墟梅园庄几座殉人墓葬的发掘",《中原文物》1986年3期。孟宪武:"殷墟南区墓葬发掘综述——兼谈几个相关问题",《中原文物》1986年3期。
　　④ 《周礼·春官·墓大夫》:"墓大夫掌凡邦墓之地域,为之图,令国民族葬,而掌其禁令。正其位,掌其度数,使皆有私地域。"郑玄注:"古者万民墓地同处,分其地,使各有区域,得以族葬后相容。"

四、商代王室及贵族的婚娶礼仪

西周的贵族婚姻有六礼,即纳采、问名、纳吉、纳征、请期、亲迎。[①]商代贵族婚姻礼仪当然不如西周时完善,但从甲骨文看,已初步具有规范体系,大体包括议婚、订婚、请期、亲迎四个步骤。

(一)议婚

类似西周的纳采问名。甲骨文中有此方面记载。如:

辛卯卜,争,呼取郑女子。

辛卯卜,争,勿呼取郑女子。[②]

这种卜辞正反卜问娶女的事,"取女"、"勿取女",这里的"取"通娶,这是含有咨问婚事的卜辞。

在议论婚事时,男方或女方家都派使者(媒人)到对方家去咨商,这就如西周后来的纳采问名一样。如吕思勉先生所解释"纳采,亦曰下达,男氏求昏之使也。女氏既许昏矣,乃曰:'敢问女为谁氏'"。谦,不必其为主人之女也。时曰问名。"纳采问名共一使。"[③]而《礼记正义》孔颖达疏的解释是:"纳采者,谓采择之礼,故昏礼云下达。纳采用雁也。必用雁者,《白虎通》云雁取其随时而南北,不失节也;又是随阳之鸟,妻从夫之义也。问名者,问其女之所生母之姓名,故昏礼曰,谓谁氏,言女之母何姓氏也。此二礼一使而兼行之。"[④]这两种解释大同而小异。纳采问名,均为男方派使者(媒人)到女家求婚,如女家同意,再请问该女子的生母是何姓氏,而非吕思勉先生所说:"不必其为主人之

---

① 《十三经注疏・礼记・昏义第四十四》:是以昏礼,纳采、问名、纳吉、纳征、请期……;吕思勉:《先秦史》,上海古籍出版社1982年版,第267—268页。
② 《合集》536。
③ 吕思勉:《先秦史》,上海古籍出版社1982年版,267页。
④ 《十三经注正疏・礼记正义・昏义第四十四》,中华书局1979年影印版,第1680页。

女也。"问女子生母的姓氏也有考虑血缘关系的因素。这两个活动连在一起,由男方使者一次完成。当然,礼记所载是完善了的周礼。那么,殷商时期是否有类似的婚姻礼仪?古籍记载传说中的成汤的婚事,便有"使人请之有侁(莘)氏,……请取妇为婚"①。甲骨文中也常见"使人于某"的涉及议婚记载的。如:

□寅卜,㱿,……使人……娞……②

己□卜,使人妇伯纾。③

这大致是男方遣使者到女方家族,与女方家族之家长如伯纾等商议娶女事。但殷商还不如西周时那样制度化,一定要男方遣使去女家,也还可以有女方派使者去男方家的事。如嫁女于商王朝时,女家派使者来说合的,例:

……来妇使……。④

……归,者女来,余其比。⑤

这两条卜辞,第一条意思很明白,无须解说。第二条"归"字,表示女子出嫁之意。《说文》:"归,女嫁也。"《公羊传·隐公二年》的解释说:"妇人谓嫁曰归,何?云:妇人生以父母为家,嫁以夫为家,古文谓嫁曰归"。因为出嫁到夫家是女子的归宿,所以嫁称归。那么,第二条卜辞的意思很明显是商议嫁女之事。第二句推测应为女方派来使者。第三句"余其比",是商王表示同意之义。"余"是商王的自称。"比",据《国语·楚语下》:"合其州乡朋友婚姻,比尔兄弟亲戚。"韦昭注:"比,亲也。"所以这里的比,表示商王愿意比亲,结为亲戚。那么,可知议婚时,

---

① 《吕氏春秋·本味》。
② 《合集》12500。
③ 《乙》9085。
④ 《前》7.21.5。
⑤ 《丙》25。

商代可由男方或女方派遣使者到对方家族中商议。

(二)订婚

类似西周的纳吉、纳征。孔颖达疏曰:"纳吉者,谓男家既卜得吉与女氏也。""纳征者,纳聘财也。征,成也。先纳聘财而后昏成。"[1]商的纳征还未发现卜辞,而纳吉是有的,即议婚成后,告之于祖先。卜辞有下例:

□□卜,……听竹取……占惟……。[2]

贞王听唯女,告。

贞翌庚寅,王告。

贞王于甲午告。[3]

上面卜辞一、二条中均有"听"字,"听竹取"、"听唯女"。"听",有听闻、听治的意思。也常写为"聇""宧"字。[4] 于省吾先生释"聇"有听闻、听治之义。《尚书·洪范》讲"五事"时说"四曰听"。其下孔安国传曰"察是非"。孔颖达疏曰"听是耳之所闻"。[5] "听竹取"指受听与竹族通婚娶女之事。"王听唯女,告",指王听治订婚并告庙纳吉。这几条卜辞说明议婚之后,还要向祖宗王室告知婚事,并求得选出吉日。

(三)请期

孔颖达疏曰:"请期者,谓男家使人请女家以昏时之期。由男家告于女家。何必请者?男家不敢自专,执谦敬之辞,故云请也。"[6]可知请期是选定结婚的吉日。但商代的请期不像周,必由男家派人去请问女家,有时女家势力强也可自行占卜选定日期。如商王室嫁女,总是由王

---

[1] 前引《十三经注疏·礼记正义·昏义第四十四》。
[2] 《合集》20229。
[3] 《合集》105 征。
[4] 于省吾:"释聇、聇、宧",《甲骨文字释林》,中华书局1979年版,第84—85页。
[5] 前引《十三经注疏·尚书正义·洪范》,第188页。
[6] 前引《十三经注疏·礼记正义·昏义第四十四》,第1680页。

室先行占卜,决定婚期。甲骨文有例证:

妇往,其有祸。①

贞女往,在正月,在自休。②

这两条卜辞都是占卜嫁女的时间的。其卜辞中的"妇往"、"贞女往"中的"往",就是出嫁。《尔雅·释诂》:"嫁,往也。"另外,商娶女,请期的一般时间都在二月。

丁未卜,争,贞将宋子旋女敗。二月。③

贞妹其至,在二月。④

丙午卜,今二月女至。⑤

王占曰:今夕其有至惟女,其于生一月。⑥

上面这几条卜辞,第一条,记诸侯嫁女"将"字有嫁送的意思。其余3条,辞中有"妹其至"、"女至"、"有至惟女",都是说女子嫁至商。《尔雅·释诂》,邢疏"至为嫁"时间都在二月,唯有最末条用了"生一月"。生一月指未来一月,实指二月。这和《周礼·媒氏》"中春之月,令会男女"。在时间上完全一致,看来是周礼所规定习惯法的源起。

(四)亲迎

《礼记·坊记》云:"昏礼,婿亲迎。"亲迎是周礼婚礼中一项重要礼仪,是结婚仪式中最后一项,通过此礼,婚姻缔结的整个过程圆满结束。从甲骨卜辞看,商代婚礼的最后一项仪式也为亲迎。下面记载可以为证。

---

① 《合集》21306。
② 《合集》24262。
③ 《合集》10084。
④ 《合集》23673。
⑤ 《合集》20801。
⑥ 《合集》10964。

庚午卜,㱿,贞呼肈王女来。①

甲辰卜,㱿,贞肈我妹。

贞肈我妹。②

以上三条,均有"肈王女"、"肈我妹"等语。肈字在说文中解释为"始"的意思,可引申为"开启"、"导引"之义。《说文·戈部》:"肈之字曰始。"并据段玉裁注,古有"肈"而无"肇"字。而后,俗乃从文作"肇"。③"肈"字先用于称战争中之先锋,故释义为"始也,先也"。后引申为在前面开启道路或导引的行为。故上述三条卜辞中,"肈王女"、"肈我妹",都有男方在结婚时在前导引新娘之意,即指男方来亲迎。又有"呼肈王女",女,可知为殷王室嫁女,"呼"男方来迎接新妇。这里显示殷王室地位高于男方。又有一些卜辞也同样反映类似情况。

贞呼㱿涂子媚来。

贞勿呼㱿途子媚来。④

这两条卜辞是一条卜辞的正反两句设问,是贞问是否呼男方㱿前来亲迎新妇。卜辞中的子媚是殷王室女子,㱿为娶亲的男方。"途"字指道途,在此处用作动词。

《诗·大雅·大明》记载周作为商的方国,文王娶商王帝乙之妹,这是方国娶大邦之女,文王不仅亲迎,而且仪式极隆重:

大邦有子,俔天之妹,文定厥祥。亲迎于渭,造舟为梁,不显其光。

另外,不仅是地位比殷王室低的诸侯要迎娶地位高的新妇,殷商王

---

① 《丙》66反。

② 《合集》19139甲、乙。

③ 《说文解字注》,629页。"肈"下段玉裁注,上海古籍出版社1981年10月第1版。又见徐中舒《甲骨文字典》,第1358页,"肈"下释义(1)始也,先也,四川辞书出版社1989年5月第1版,1993年5月第4次印刷。

④ 《合集》10579。

室娶女,也要亲迎,卜辞中常见。

　　癸亥卜,于丁巳夕往逆。

　　勾,逆女。

　　勾,逆姪。

　　逆炽。

　　逆娀。

　　先曰:逆娀。

　　使人。①

这是武丁时王室娶女逆迎婚礼的卜辞,它反映了亲迎的礼仪。卜辞中的"逆、屰"为一字,意思就是迎接。《说文》云:"逆,迎也。"其下段玉裁注认为"逆"、"迎"两字通用。并列例说明,如《禹贡》中"逆河"在今文尚书中便写为"迎河"。又被后人假借为表示"顺屰"的"屰"字②,故可知"逆"、"迎"二字也通用。那么,上述几条记载武丁时婚娶的卜辞中都反映了商时,已存在亲迎的婚礼仪式。又因为是王娶亲,所以不是"婿亲迎",而是王派遣使者前往迎亲,这样,在上述一组卜辞中便有了最后一条"使人"。

第三节　商代的继承法

关于商代的继承法,我们仅能考知王位的继承。从史学界的考证可知,商代的王位继承是多元化的,既有兄终弟及,又有父死子继,还有叔侄相传。自商汤至纣王,共17世,31王,因太丁"未立而卒",实传29王。其中兄终弟及者13王(祖丁与南庚为从兄弟相传),父死子继者

---

① 《合集》22246。

② 《说文解字注》,上海古籍出版社1981年版,第71页。

12王,叔侄相传者4王(其中南庚与阳甲为从叔侄相继)。① 因为商代王位继承的复杂现象,在史学界很有争议,其代表性的观点有以下几种。

其一,《史纪·殷本纪》的观点,商代传位有两种法制:一是父死子继,一是兄死弟及。太史公认为,父死子继为正统的做法,而兄终弟及是一种变异,且引起商代社会的动荡不安。"自中丁以来,废嫡而更立诸弟子,弟子或争相代立,比九世乱,于是诸侯莫朝。"②太史公如是说。看来,太史公不仅认为商王位继承法的正统应是父死子继,且应是嫡长子继承王位。然而,近世史学家对此观点又有了很大的改变。陈梦家先生在《殷墟卜辞综述》中通过卜辞考证认为"就卜辞材料而言,商人有长幼之分而无嫡庶之别,所以殷本纪'中丁(应作大丁)以来废嫡而立诸弟'一语是不正确的"。③

其二,王国维的看法认为"商的继统法以弟及为主而以子继辅之,无弟然后传子。……商人……是未尝有嫡庶之别也"④。

其三,陈梦家的观点:"(1)子继与弟及是并用的,并无主辅之分;(2)传兄之子与传弟之子是并用的,并无主辅之分;(3)兄弟同礼而有长幼之别,兄弟及位以长幼为序;(4)虽无嫡庶之分,而凡子及王位者其父得为直系。"⑤

其四,胡厚宣先生的观点,则认为殷人有立嫡之制。他说:"所以知殷代或已有立嫡之制者,卜辞中有大子之称,当即长嫡之意。又有称小王者,疑即指此种嫡长继立之王也。"⑥他并且根据《吕氏春秋》和《史

---

① 见郑宏卫:"商代主位继承之实质——立壮",载《殷都学刊》1991年第4期。
② 《史记·殷本纪》。
③ 前引《殷墟卜辞综述》,第373页。
④ 王国维:《观堂集林》,第十卷。
⑤ 前引《殷墟卜辞综述》,第370页。
⑥ 胡厚宣:《殷代婚姻家族宗法生育制度考》,载《甲骨学商史论丛初集》,第1册。

记·殷本纪》所述,对卜辞作了佐证:"《吕氏春秋·当务》篇云'纣母之生微子启与仲衍也,尚为妾,已而为妻而生纣,纣故为后'。《殷本纪》曰:'帝乙长子为微子启,启母贱不得嗣;少子辛,辛母正后,故立辛为嗣。'两说不同,然其以商末已有立嫡之制则一也。"①他并且否定了王国维先生的殷人不立嫡无宗法的观点,说:"然则王国维殷周制度论所谓周人制度之大异于商者,曰立子立嫡之制,由是而生宗法,并由是而生封建子弟之制,曰女子称姓同姓不婚之制者,乃弗然矣。"②

其五,近年来比较有影响的看法是"子继为常,弟及为变"。首先提出此观点者为李学勤先生,他像胡厚宣先生一样,根据文献和卜辞有太子、小王等记载,肯定了殷代的立储制度,否定了王国维先生"弟及为主"和陈梦家先生的"弟及子继并用"的主张,提出了"子继为常,弟及为变"的观点。之后史学界的赵锡元、裘锡圭、杨升南等学者也都相继著文,肯定了商代王位继承制度的实质是父死子继,并且有嫡庶之分和宗法制度③。吴浩坤在同意了这种观点之后,又作了补充论证,指出"商朝后期传子制绝对地占了上风,且有不可逆转之势","自康丁以后连续五世传子而不再传弟"。出现这种现象的原因,其一是卜辞有立储之制,其二是以子继为主。在"一般情况下,一世之中至多一、二兄弟相继即位,等子辈已及青壮年时,必传位于下一代"。并分析了《殷本纪》的记载:"汤崩,太子太丁未立而卒,于是乃立太丁之弟外丙,是为帝外丙。帝外丙接位三年,崩,立外丙之弟中壬,是为帝中壬。帝中壬即位四年,崩,伊尹乃立太丁之子太甲。太甲,成汤嫡长孙也。"指出,太丁未立而

---

① 胡厚宣:《殷代婚姻家族宗法生育制度考》,载《甲骨学商史论丛初集》第1册。
② 胡厚宣:《殷代婚姻家族宗法生育制度考》,载《甲骨学商史论丛初集》第1册。
③ 参见赵锡元:"论商代的继承制度",《中国史研究》1980年第4期;裘锡圭:"关于商代宗法组织与贵族和平民两个阶级的初步研究",《文史》第17辑;杨升南:"从殷墟卜辞的'示'、'宗'说到商代的宗法制度",《中国史研究》1985年第3期。

卒,其时太丁之子可能尚未成年,比及外丙、仲壬相继及位七年后太丁之子太甲已成年,故王位复归于汤的嫡长孙。所以,弟及是子继的变异。再从文化渊源上看,夏、商、周三族同处黄河中、下游,文化上有共同的渊源,夏、周两代均是父子相传,商应与之差异不大。所以,孔子说:"殷因于夏礼,所损益可知也;周因于殷礼,所损益可知也。"①

至于为什么会出现"兄终弟及"的变异,吴浩坤认为一是母权制的遗迹。从甲骨卜辞看,殷的统治阶级中,一大批妇女活跃在政治舞台上,卜辞中"妇好"、"妇妌"等武丁时卜辞常见的名称均为女子,她们生前可参加祭祀和重要活动,可领兵打仗,有大量私有领地和私有经济;死后被厚葬、享受特有的隆重祭祀,有独立的宗庙。所以兄终弟及的母系社会旧传统的孑遗存在。另外,是游牧族的传统。商在前期自契至汤八迁,自汤至盘庚又五迁,至少说明商人秉承的游牧族习性是较深的。兄终弟及也是游牧族的习性,这原因是游牧族需要强有力的领袖。商王朝初立时,方国林立,《吕氏春秋·用民》说:"至于汤而三千余国"。卜辞所见武丁时的方国就有四十余个,②甲骨文中,王字早期作"A",也是表示主要有指挥征战的能力③。郑宏卫在谈到商的继承制时,提出"立壮"的观点,其实也是从商初诸侯林立,商王未成"诸侯之君"④,当时"国之不服者五十三"⑤,商王必须有军事才干,而这必得是成年之人才有可能达到。故如商王去世,子未成年,便会出现兄终弟及的变异⑥,吴浩坤的文章⑦可以说比较全面地总结出史学界一种主流观点,

---

① 《论语·为政》。
② 前引《殷墟卜辞综述》,第269—298页。
③ 林三沄:"说王",《考古》1965年第6期。
④ 王国维:《殷周制度论》,《观堂集林》卷十。
⑤ 《韩非子·十过》。
⑥ 郑宏卫:"商代王位继承之实质——立壮",《殷都学刊》1991年第4期。
⑦ 吴浩坤:《商朝王位继承制度论略》。

即商代王位继承以子继为主、弟继为辅。

第四节 商代的物权法

一、不动产土地的所有权与占有权

商是中国第二个统一王朝,作为农业国家,商代最主要的物权制度,反映在(其对土地的所有权)占有权制度上。

马克思和恩格斯在研究古代东方国家的特性时都强调指出东方国家的关键是不存在土地的私有制。恩格斯说:"没有土地私有制的存在,这确是了解全东方情况的关键。政治史和宗教史的根源都在这里。可是东方何以没有进到私有制,……我以为主要原因是在于气候,且与土壤的性质有关系,尤其是与广阔的沙漠地带有关系,有些沙漠,从非洲撒哈拉起,经过阿拉伯、波斯、印度与蒙古,绵延到亚洲最高的高原。这里的农业,主要的是建立在人工灌溉的基础上的,而这种灌溉却已经是村社、地方当局或中央政府的事情。"[①]马克思同样有过相同的论述[②]。中国不是例外,而是很典型的亚洲古代国家,也同样因为气候与土壤的原因而形成东方大农业国家。河南偃师商城、郑州商城都处于北纬34°7′,地理的气候条件十分适宜农业发展,傍依洛河,地势平坦,植被未被破坏,土壤肥沃,即使今时也是粮食高产区。殷墟王都,地处北纬36°,在豫北洹水之滨,有卫、漳、洹、滏四条黄河支流穿流而过,土壤湿润,富含腐殖质,土地肥沃,又有丰富的煤炭、铜矿资源和良好的森林植被,是发展大农业的得天独厚的地处。建立在人工灌溉基础上的

---

① 《马克思恩格斯全集》,第 21 卷,"恩格斯 1893 年 6 月 6 日复马克思的信"。
② 《马克思恩格斯全集》,第 9 卷,《英国在印度的统治》。

土地的所有制与之相适应的土地所有权都是属于中央政府的事,因此,商代的土地基本是一种国有制,也就是说全国土地从理论上讲是国王所有。

1.国王对土地的所有权。

表现在以下几个方面。

第一,国王根据需要,可以任意派遣人到全国各地开辟土地,即垦田。卜辞中记载有:

戊辰卜,㕢,贞令派垦田于齿。①

……派垦田于齿。②

癸卯卜,宾,贞令禽裒田于京。③

戊子卜,宾,贞令犬延族裒田于虎。④

戊寅卜,宾,贞王往致从黍于冏。⑤

癸亥,贞王令多伊垦田于西,受禾。⑥

这6条卜辞,基本上是同一格式,前面是占卜的时间,中间是占卜的贞人,末尾是占卜的内容。内容均是占卜国王要派遣商的官吏或贵族去垦田,禽、犬延、多伊均是这些贵族的名字,王派遣他们去垦田,故多使用"令"字,是表示王发布命令。其中第5条为王亲自率众从事种黍,该"黍"字为名词动化,表示种黍之意。京、虎、冏、西、齿都是商王属地。3、4两条卜辞未使用"垦田"一词,而使用"裒田"一词,张政烺先生解释也是垦荒造田之意。⑦ 商王命令官员去垦辟荒地,开垦出的土地,

---

① 《前》2.37.6。
② 《前》4.10.3。
③ 《合集》9473。
④ 《合集》9479。
⑤ 《合集》710。
⑥ 《京人》2363。
⑦ 张政烺:"卜辞裒田及其相关问题",《考古学报》1973年第1期。

即为王室土地,收获归国王所有。例如卜辞中还见到记载垦辟地农作物成熟时,商王亲自或遣令臣下收获之事。

庚辰卜,宾,贞惟王采南冏黍。十月。①

……贞登冏黍祖乙。②

己酉卜,贞令吴省在南廪,十月。③

己亥卜、贞惟井令省在南廪。④

癸亥,贞王令多伊垦田于西,受禾。⑤

这几条卜辞中所提到的冏、西等地,均为王畿内之地,上文已述。冏地大约在商王室之南,故称为"南冏"、"南廪"之称。上段第2条卜辞说明商王收获后以冏地的黍祭祀祖先。⑥

商王除直接派人在王畿内垦田、收获外,还可派人到诸侯、方国中去占田、收获。如卜辞有:

贞令曼衷田于先侯。十二月。⑦

贞王令黍侯受黍年。十二月。⑧

贞王令多(尹入)羊方衷田。⑨

贞令众人取(趋)入羊衷田。⑩

先侯、黍侯、羊方均是商的诸侯国与方国。故以上卜辞是商王命人到诸侯国、方国垦地造田的记载。王也可直接在诸侯的土地上获得收

---

① 《合集》9547。
② 《合集》1599。
③ 《合集》9638。
④ 《合集》9639。
⑤ 《京人》2363。
⑥ 见杨升南:《商代的土地制度》,《中国史研究》1991年第4期。
⑦ 《合集》9468。
⑧ 《合集》9934 正。
⑨ 《合集》33212。
⑩ 《合集》6。

成,上段第1条卜辞就是证明。

故据以上所引的甲骨卜辞可知,商王对全国的土地拥有完全所有权,可以在他控制的任何领土内垦田、收获。

第二,商王对诸侯、方国及贵族所占有的土地拥有处分权。这种处分权最明显地表现在两个方面,即一为王可任意下令从他们的土地上取走封邑,二可以册封的形式将土地授予贵族。

卜辞中记载商王任意取走对诸侯贵族封邑的有:

贞呼从奠(郑)取烁甫鄙三邑。①

[呼]取三十邑[于]彭、龙。②

贞勿令师般取……于彭、龙。③

[贞]勿呼□取右邑。④

贞行致右师暨右邑。⑤

贞呼亶归田。⑥

令望乘归田。⑦

以上卜辞中称"取…邑",邑与田在古代是紧密相连的。邑是居民聚居之地,田在邑外,是邑中居民生存的条件。上段第1条卜辞是商王从自己的诸侯子郑的封国中取走三邑的记载。第2、3条卜辞中记载要从贵族彭和方国龙方取走土地,或不取。第4、5条卜辞记载王令臣下取邑,或贵族们亲自将邑送于王室,故用"致…右邑",致是送的意思。⑧第6、7条卜辞记载王直接令贵族亶、望乘将占田"归"于王。

---

① 《合集》7074。
② 《合集》7073。
③ 《合集》8283。
④ 《合集》7072。
⑤ 《合集》8987。
⑥ 《合集》9504。
⑦ 《合集》665。
⑧ 《说文》:"致,送诣也。"

卜辞中记载商王册封诸侯贵族,并予之授田的也不少见,如:

  呼从臣沚又册二十邑。①

此条卜辞中的"沚"是商代武丁时的一个诸侯,又担任王室的臣,故称"从臣"。"册"字在此处是动词,有"册封"之意。这条卜辞大意是说商王让沚将三十邑书于典册,封给某一贵族。

以上多条卜辞说明商王有权在全国各地包括王畿和方国任意垦田、收获,取走对贵族的封邑或给贵族册封土田。这一切证明,从理论上看,商王(代表国家)拥有实际土地所有权。

2.贵族的土地占有权。

贵族对国王册封的土地,仅享受一种占有权,如前述,因为土地的最高处分权掌握在王的手里。但占有权也是有法律保证的。其表现为:

第一,册封有凭证,前引卜辞"册三十邑",册是书之于典册之上,即在王室登记,表明该贵族的占有权。

第二,当贵族的占有权被他人侵犯后,国家依法保护原占有人,会令侵权人将侵权所得的他人占有权归还。卜辞:"丁丑,贞王令阁归侯以田。"②即是贵族阁侯侵占了另一诸侯的封地,纠纷在商王处解决,王下令让侵权者将所非法占田归还。

第三,取得合法占有权的贵族,称被占有的土地为"我田",以表明自己的权益。如:

  右妻竹告曰:土方侵我田十人。③

  长友角告曰:邛方侵我示至田七十人五。④

---

① 《合集》707 正。
② 《屯南》2273。
③ 《合集》6057 反。
④ 《合集》6057。

长友化呼告曰：邛方征于我奠丰。[1]

受封者以"我田"、"我奠（甸）"或"我鄙"来称封邑。说明对土地已因分封而具有占有关系。胡厚宣先生说："对殷王而自称我某人之田，则土地已为封建侯伯所有可知。"[2]

3.邑人即公社社员的份地使用权。

邑人是居住在邑中的人，实际上是商代的平民阶层。甲骨文中的邑作为地域范围，可包括以下几种。

第一，指商王王畿都邑，如卜辞中称的"大邑"[3]、"大邑商"[4]等。商代王邑遗址，已发现有偃师商城、郑州商城、安阳殷墟三座。

第二，指方国、诸侯或贵族的封地，如卜辞中的"妇好邑"[5]、"望乘邑"[6]等。"妇好"是武丁之妻，有封地，称"妇好邑"；"望乘"是武丁时的大将，有封地。

第三，指商王室或方国内的次等政治中心，如"西邑"[7]、"左邑"[8]等。

第四，指一般居民聚居点。

甲骨文中的邑的材料约有200多条，邑的规模有大邑、小邑之分。大邑当是规模大者，如商王都，卜辞有"大邑商"即是，有时也称"天邑商"[9]或直称"王邑"[10]。当然诸侯封地、方国封地规模大者也称大邑，如

---

[1] 《合集》6068。
[2] 胡厚宣：《卜辞中所见之殷代农业》，《甲骨学商史论丛》二集上。
[3] 《合集》32716,33240,33241。
[4] 《合集》36482,36501。
[5] 《合集》32761。
[6] 《合集》7071。
[7] 《合集》6165,7863。
[8] 《合集》6336。
[9] 《英》2529。
[10] 《英》344。

"方其敦大邑"(《合集》6783)、"贞非大邑于唐土"①等。大邑是王国的重镇。

小邑,卜辞也常见。大体是分布于各地的小规模邑聚。卜辞有:

戊寅小邑示二屯,岳。②

邑的人口有多少,没有确切记载,然而甲骨文有:

……其多兹……十邑……而入执……鬲千……③

鬲千即指十邑有千户,平均当一邑为一百鬲(户)。文献记载有"十室之邑"④、"三十家为邑"⑤、"邑人三百户"⑥、"千室之邑"⑦。《尚书大传》以三百六十家为一邑。郑玄注《大传》云:"此盖虞夏之数也。"

邑是居民聚居的小村落,故人数可多可少,犹如今时一样。《释名·释州国》:"邑,犹邑也,邑人聚会之称也。"邑也是一种行政建制,《周礼地官·小司徒》云:"九夫为井,四井为邑,四邑为丘,四丘为甸,四甸为县,四县为都。"显然,县的行政建制至少在战国以后,但邑的存在称谓则早,郑玄注云:"邑方二里"。《小司徒》又说:"九夫为井,四井为邑",则一邑为三十六家。但不论邑内人数的多寡,邑是农村公社内居民聚居点无疑。邑与"九夫为井"的井田制有关。这种井田制正是土地公社所有权的反映,因之邑人对公社土地享有的是份地的使用权,邑人所耕种的土地要定期分配、更换。

在专制主义的古代东方,公社所有的土地从理论上仍应属国家所有权,即国王所有权。因此,卜辞所见商王将邑赐予贵族、官员则不足

---

① 《英》1105。
② 《合集》17574。
③ 《合集》28098。
④ 《荀子·大略》。
⑤ 《国语·齐语》。
⑥ 《易·讼九二》。
⑦ 《论语·公冶长》。

为怪,而国王还有将邑再收归王室和重新赏赐的权利。邑人是定居于邑内的,当国王将邑赐封时是连同邑人一起赐封的。然而邑人是对国家承担义务的。在甲骨文中看,其主要义务是服兵役。卜辞载"邑人其见(献)方俘"①就是例证。在武丁甲骨文中常见有"登"(征调)邑人三千、五千出征的记载②。因此邑人和文献中所称的"众"是一致的③,也十分类似《汉谟拉比法典》中的自由民中承担军役而领有伊尔库份地之自由民。他们享有对土地的承袭性的长期的使用权,但使用权是附有对国家的义务的。土地的所有权为国有。

二、动产的私有权

动产的私有权归个人,由于身份等级的不同,个人所拥有的动产数量、质量差别极大。宋镇豪的《夏商社会生活史》中从商代墓葬中随葬的酒器、礼器分析了其等级制。自商王以下能享有酒器者列为八等:第一是王室最上层权贵和受宠王妃,能享有 50 套以上青铜酒器随葬;第二是商王朝的高级权贵或军事统师及各地方国君主,能享 10 套之多;第三是王室或地方的上层贵显,能享有 6 套殉葬酒器;第四为商王朝受有封地的贵族或方国高级官员,能享有 5 套;第五,是商王的近卫侍从,地方强族方国高级军事将领,享有 4 套;第六为中等权贵,一般享有 3 套;第七为一般贵族,可享有 2 套;第八是末流贵族与中上层自由平民,享有一套酒器。在此八等之下者是广大下层平民,包括奴隶,最多在他们的墓葬中有几件陶酒器。因为商代"庶群自酒"④,故平民,包括家内奴隶的墓葬中也可有酒器,但陶制品与青铜器制品的价值等级自然是

---

① 《合集》799。
② 杨升南:"略论商代的军队",载《甲骨探史录》,三联书店 1982 年版。
③ 《尚书·汤诰》、《尚书·盘庚》。
④ 《尚书·酒诰》。

极其有别的。①

殉葬品不仅显示了商代的等级法,也体现了"动产所有权归个人"精神的物权法。

第五节　商代的债法

商族的商业交易活动,一直比较活跃,据说后来把做生意买卖的人称为"商人",就与商族人善于从事商业交易有关。② 史传在夏代时,商人的祖先便"胲作服牛"③。又说"王亥托于有易,河伯仆牛,有易杀王亥,取仆牛"④。《尚书·酒诰》称殷人"肇牵车牛远服贾"。都是记载从商人的祖先王亥时就懂得到远地进行牛羊贩卖之事。

考古发掘也提供了可靠的资料。

首先,1975年考古工作者在河南偃师二里头遗址第二期(相当于夏朝后期)的文化中发现了二十枚海贝。

其次,历年安阳出土的文物中,40％—50％的墓葬中都殉葬有贝;不仅大墓中有多达数千枚的贝,就是一般小墓,甚至奴隶身上,也带有一、两枚贝。1976年"妇好墓"一次就出土了近七千枚之多;山东北部益都地区,在一座商墓中出土过3790枚贝。

第三,1953年安阳大司空村发现过成堆地放在车舆中的贝正是对《尚书·酒诰》商人"肇牵牛车远服贾"的注释。

第四,出现了以赚取贝为职业的商贾之民。在商代晚期的墓中,有一种不大的墓葬,殉葬物中,仅有一、两件小的青铜器,但贝的殉葬却特

---

① 参见宋镇豪:《夏商社会生活史》,第284—303页。
② 彭邦炯:《商史探微》,重庆出版社1988年版,第259页。
③ 《世本·作篇》。
④ 《山海经·大荒东经》。

别多。如1958年在大司空村发掘的34号墓,墓内仅二件玉器,四件陶器,贝却有83枚①。又如殷墟西区的墓中,也有类似情况。其272号墓,只有两件小铜器,但却有350枚贝。②这被史学界认为有一种经营商业的阶层产生。③

第五,商代不仅有实物货币海贝,还出现了原始的铸币铜贝。

第六,甲骨文中大量有赐贝,或有关贝的记载,并用"朋",表示贝的计量,如称"五朋"、"七朋"、……"五十朋"、"七十朋"等④。

从以上史籍及考古发掘中说明商代的商品交易活动已较为发达,债法中不仅产生了交换关系也出现了买卖关系,作为买卖中计价的货币——贝币已经产生。

可以作为这种商品关系发展的又一佐证是商代的牛车和平民阶层的人力推拉小车已广泛使用。武乙时的甲骨文有记载:

丁亥卜,品其五十牵。⑤

□丑卜,品其五十牵。戊子卜,品其九十牵。⑥

□□□,□其百又五十牵。⑦

这些牛车的动用动辄就是五十、九十乃至百五十之数,当然是战争中的大量军事运输之用。但牛车之广泛为平民家庭所有也是事实,平民也可用牛车以代劳动和远途运输与交易活动。考古发掘中又发现人力推拉的小车,甚至有双轮小车与独轮车的不同分类。⑧ 这些平民所

---

① "1958年河南安阳大司空村殷代墓葬发掘简报",《考古通讯》1958年第10期。
② "1969—1977年殷墟西区墓葬发掘报告",《考古学报》1977年第1期。
③ 彭邦炯:《商史探微》,第264页。
④ 杨升南:"殷契'七十朋'的释读及其意义",《中国史研究》1988年第8期。
⑤ 《合集》34677。
⑥ 《合集》34675。
⑦ 《合集》34674。
⑧ 中国社会科学院考古研究所安阳工作队:"1986—1987年安阳花园庄南地发掘报告",《考古学报》1992年第1期。

用之车亦可用于较远道途的商品交易中运输之用,因为商代的交通已经颇为发展了。① 它有常设性的军事据点"羕陮",还有旅舍"羁"、驿传制度。这种交通设置不仅有利于商王与天下诸侯方国的联系,即使在平时也可以促进商业交易往来。

---

① 参见宋镇豪:《夏商社会生活史》,第四章第三节。

第二章 西周的民事经济法律制度

第一节 西周社会各阶层的民事法律地位

西周是等级制社会,在这个社会里,社会各阶层因其法律地位不同而享受民事权利的能力和具有的民事行为能力亦不同。国家法律制度的特征之一,就是公开确认这种人和人之间不平等的法律地位。

一、社会各阶层的法律地位

西周社会的基本等级为奴隶主贵族等级、自由民等级和奴隶等级。

西周初期,政治上实行分封制,即所谓封土建邦。据文献记载,周初共分封七十一国。武王、成王之后,分封仍在实行,直到平王东迁时还在关中分封了秦国。这样,在奴隶主贵族内部,周天子与被他分封的诸侯之间,便形成了上下不同的等级。诸侯在封国内再分封,实行采邑制,受他们分封的人称为卿大夫。采邑地内也如封国一样形成了阶梯式的政治组织和上下等级关系。分封制与采邑制形成了奴隶主贵族内鲜明的等级划分。正如《礼记·礼运》所说:

　　天子有田以处其子孙,诸侯有国以处其子孙,大夫有采以处其子孙,是谓制度也。

卿大夫还在自己的采邑内设立职官"宰",那是一种更细微的奴隶主内部等级制。周初又实行世卿制,即天子或诸侯之下的大贵族世袭享有卿的政治地位,这使得奴隶主内部的等级制被进一步地长期巩固下来。

(一)奴隶主内部的等级制

奴隶主内部的等级制分为五等爵和六等爵两种。在王朝内部,周天子之下分为五等爵。《礼记·王制》记载,天子以下有公、侯、伯、子、男五等贵族。《孟子·万章下》却说:"天子一位,公一位,侯一位,伯一位,子男同一位,凡五等也。"诸侯国内实行六等爵制,即:"君一位,卿一位,大夫一位,上士一位,中士一位,下士一位,凡六等。"①

这种封爵等级制,金文和其他典籍均有记载。关于公一级的,有周公,见于《周书》各篇、《矢令彝》;毛公,见于《顾命》、《毛公鼎》;召公,见于《顾命》②、《诗·江汉·召旻》;毕公,见于《顾命》;丁公,见于《矢令簋》;虢公,见于《班簋》等。

关于侯的记载,有卫侯、齐侯、吕侯,见于《顾命》;韩侯,见于《诗·韩奕》;噩侯,见于《噩侯鼎》、《成鼎》;邢侯,见于《麦鼎》等。另外,战国时的曾侯乙,也证明了侯一级爵位的存在。我们在现存于武汉市的湖北省博物馆中可以形象地看到曾侯乙墓出土的侯一级贵族使用的九鼎八簋待遇的各种礼器。因为西周时的人仍认为是"视死如生"的,以为逝者只是转移到另一世界生活罢了。③

关于伯的记载,有芮伯、彤伯,见于《顾命》;申伯,见于《诗·崧高》;召伯,见于《诗·崧高》、《琱生簋》;羌伯、益伯,见于《羌伯簋》;烊伯,见于《卯簋》;楚伯,见于《矢令簋》;吴伯、毛伯、吕伯,见于《班簋》等。

关于子的记载,有录子,见于《太保簋》;及子,见于《宗周钟》。

关于男的记载,有许男,见于《许男鼎》。

---

① 《孟子·万章下》。
② 召公即《顾命》中的太保奭。
③ 《曾侯乙墓》是战国时墓,但据西周并不遥远,侯一级的礼遇仍沿袭西周礼制的规定。

(二)自由民等级

自由民为社会上最广泛、人数最多的劳动者阶层,他们包括自由农民、自由牧民、自由商人及其家属。其中最大量的是自由农民,他们在冬月农闲季节也可充当自由牧民或猎人,或自带一点手工产品进行商品交换和买卖。文献中称自由民为庶人和农夫。他们的身份地位远远低于公、大夫、士,但因"庶人食力"①,就是说他们能够自食其力,所以是有自由身份的人。

《诗·豳风·七月》是一首著名的反映西周自由民生活的诗篇,诗中称自由民为农夫。根据《七月》的描述,我们可以看出当时自由民"食力"的状况。

当时的自由民主要从事农业生产,是农业劳动的主力军。周代是农业国家,农业生产为国家头等大事。每年正月,周天子要亲自象征性地组织大规模的农业生产活动,叫作"藉田"。《礼记·月令》载:

> 是月也,天子乃以元日,祈答于上帝。乃择元辰,天子亲载耒耜,措之于参保介之御间。帅三公、九卿、诸侯、大夫、躬耕帝藉。天子三推,三公五推,卿诸侯九推。②

就是说,正月里,春气萌动,严冬已去,天子便选择一个吉日,到南郊去祈求上帝赐给一个好收成。这是组织农事的开始。这天,天子乘坐御车出发,并把农具放在车子右方守卫武士和御车人的中间,自己坐在左方。天子率领三公九卿、诸侯大夫,躬耕帝藉,举行"藉田"仪式:天子推三下,三公推五下,卿诸侯推九下。仪式举行完毕,周王下令布置农事。接着,春耕生产便开始了。古代农业国里,"藉田"被认为是最重要的大事之一,如果天子不躬耕帝藉,就不是好国君,要受到臣民的劝

---

① 《国语·晋语》。
② 《十三经注疏》,上册,中华书局1979年影印版,第1356页。

谏和非议。金文中也有天子藉田①和天子命令司徒管理藉田活动②的记载。

天子藉田是象征性的仪式,真正从事农业生产的则是广大的自由农民。根据《七月》诗的描述,他们一年十二个月都要拼命地去劳动,向国家纳贡、服役,苦度生活。

"三之日于耜"。正月里,天子藉田之后,农夫们赶忙修理农具,准备下田。"四之日举趾"。二月里,农夫们举足到郊外去耕种。"同我妇子,馌彼南亩"。紧张的劳动,迫使农家举家出动,连老婆孩子都到田头去送饭。"田畯至喜"。田官到地头来督促、检查。当田官来到地头时,农夫们还要摆设酒饭款待他们。

"四月莠葽,五月鸣蜩,八月其获,十月陨萚。"四月里播下的谷子秀成了穗,五月里蝉儿鸣叫,天气变暖,八月里庄稼成熟收割忙,十月里已经落叶遍地黄。这时节,地里的农活便要收拾完了。"九月筑场圃,十月纳禾稼。"九月里开始碾场打谷,十月里粮食都要入仓。

在长达十月之久的农事劳动中,农夫们又是怎样生活的呢?"六月食郁及薁,七月亨葵及菽。八月剥枣,十月获稻;为此春酒,以介眉寿!七月食瓜,八月断壶,九月叔苴。采荼薪樗,食我农夫!"六月里梅子、李子、山葡萄熟了,便采些来吃;七月里冬葵豆角结成了,也采来充饥;八月里枣子成熟了,打枣儿吃;十月稻禾熟了,便收稻禾,酿醇酒,祝须眉老人长寿。可是,一般的农夫,七月吃瓜菜,八月吃葫芦,九月捡麻子,一旦断粮,便采苦菜充饥。

十个月的农事刚一结束,农夫们又要从事其他劳动。首先要修葺公私房屋,准备度过严冬:"嗟我农夫!我稼既同,上入执宫功;昼尔于

---

① 《令彝》。
② 《䘚簋》。

茅,宵尔索绹。亟其乘屋,其始播百谷!"此外,农夫们还要在冬月岁末农闲之时,上山打猎,坏的兽皮留给自己御寒,好的献给贵族老爷作皮裘,他们还要随贵族们打猎练武,获得的小兽不中吃,留给自己,大的也要献给贵族。这就是《七月》所说的"一之日于貉,取彼狐狸,为公子裘;二之日其同,载缵武功,言私其豵,献豜于公"。

自由民的妻女要从事家庭手工业,纺麻,织帛。"春日载阳,有鸣仓庚。女执懿筐,遵彼微行,爰求柔桑";"蚕月条桑,取彼斧斨,以伐远扬,猗彼女桑。七月鸣鵙,八月载绩;载玄载黄,我朱孔阳,为公子裳"。妻女们从养蚕、结茧、抽丝、纺帛、染色到成衣,全是手工劳动。它占去农家妇女一年中的大部分时间。织出的麻布,只能织成毛边的褐,供农夫和家人穿戴;而织出的丝帛,染上鲜亮的朱红色,作成祭祀用的礼服,专门献给贵族。

从《七月》所反映的自由民的生活来看,他们的人身是自由的,有自己独立的小家庭,有茅草的家室庐舍,有自己的农具和纺织工具。男的从事农业生产,女的从事家庭副业,辛勤劳动,艰苦度日。但是,在土地国有的西周,他们必须向国家承担缴纳贡赋和服力役、兵役的义务。

贡赋,指各诸侯国对周王、自由农民对诸侯大夫的无偿献纳。《七月》所载农夫、农妇向贵族进献的兽、皮、帛、衣实际上就是贡赋。金文中也有不少诸侯国和被征服的四方邦国向周王室缴纳贡赋的记载。《兮甲盘》称贡赋为"积",是委积的意思,包括进献奴隶(劳力)、赋税和其他贡物。《毛公鼎》称贡赋为"楚赋"。铭文记载着周王对毛公厝的训诫辞,命令他"执小大楚赋",就是说要管理好贡赋的征收。"楚",指徒役;"赋",即贡献、田赋,两者合在一起,叫作"楚赋"。《尚书·多方》又称贡赋为"胥伯"。

  王曰:呜呼!猷,告尔有方多士暨殷多士,今尔奔走,臣我监五祀。越惟有胥伯小大多正,尔罔不克臬。

这是周公替成王发布的诰令,大意是:"成王说,告诉你们四方诸侯和殷的长官们,现在你们臣服我们周国并为我们效劳已经五年了。我向你们征用力役,征收田赋,数量的大小多寡,完全合乎法律规定,你们不要不遵守法规。"可见,文中"胥伯"就是指力役和田赋。因此,《尚书大传》引此文时,把"胥伯"写作"胥赋"。总之,金文中的"积"、"楚赋",《周书》中的"胥伯"和《尚书·大传》中的"胥赋"是一回事,都是指庶民向国家承担的包括力役和田赋的贡赋。

贡赋的种类很多,据《周礼·太宰》记载,有"九贡"之称。"九",泛指多数,指贡赋种类之多。大抵说,有金玉布帛和各地土特产两大类。《夰伯簋》记载的少数民族邦国向周天子献的"賨",就是金玉布帛之类;《诗·大雅·韩奕》说的韩侯朝觐时"献其貔皮、赤豹黄罴",即土特产之类。种类繁多的贡赋,统统压在自由民身上,使他们负担沉重。因此,周王室如《毛公鼎》说的那样,才告诫官吏们不敢过分地勒索庶民,以致逼得庶民铤而走险,从而激化社会矛盾。尽管如此,由于贡赋是周王室的重要财源,因而周王对贡赋的征收十分重视。《颂鼎》详细地记载了周王举行盛大的册命仪式,任命一个叫颂的贵族主管贡赋,负责成周地区贡赋的征收。周初营建洛邑,其重要原因之一,在于洛邑地处"天下之中,四方入贡道里均"①。

力役负担也很繁重。妇女们给诸侯贵族织帛染锦制礼服,农夫们修公房、田猎,实际上都是力役。另外,《诗·王风·君子于役》对农夫承担的力役及在繁重力役压榨下经受的苦难作了详尽的描述:

  君子于役,不知其期。曷至哉?鸡栖于埘;日之夕矣,羊牛下来。君子于役,如之何勿思?

  君子于役,不日不月,曷其有佸?鸡栖于桀;日之夕矣,牛羊下

---

① 《史记·周本纪》。

括。君子于役,苟无饥渴。

这首诗反映的是平王时的社会生活,讥讽当时官府对自由农民的劳役盘剥。平王时西周刚刚结束,而其许多制度仍承袭西周,故诗中描写的情景,能反映西周自由农民承担劳役的社会现实。诗篇借农家妇女之口,淳朴、真切、沉痛地唱出了劳役之苦。诗中称男主人公为"君子",可知是指自由农民。诗的大意是:男人被抓去服役,不知何时是归期?鸡上了架,日已落西;牛羊都已返回,服役的人却遥遥无期。男人去服役,怎能叫人不思念呢?男人去服役,没日没月,不知何时能相会?鸡儿归了窝,太阳落了坡;羊下了坡,牛下了坡,服役的人无归落。男人被抓去干活,千万别受饥渴!

兵役带给人民的负担更为沉重。西周时期,经常要和四边各少数民族作战,对狎狁、荆蛮、徐国,对南淮夷,对东夷,对鬼方,战争几乎连年不断。即使在不发生战争的年月,也派大量兵民去戍边。连年的战争,使得每个年轻力壮的男子都成了服役的对象。《诗经》中反映自由农民被抓去服兵役并饱受征战之苦的诗篇很多,如《小雅》的《出车》、《六月》、《采薇》、《采芑》、《渐渐之后》;《大雅》的《江汉》、《棫朴》、《常武》等篇都是。《采薇》诗中说:

> 曰归曰归,岁亦莫止。靡室靡家,玁狁之故。不遑启居,玁狁之故。昔我往矣,杨柳依依。今我来思,雨雪霏霏。行道迟迟,载渴载饥。

战争是没有限期的。出征的人儿思念家乡,总盼着归去吧,归去吧,已经到了年终,还是不见归期。一个好端端的家庭,现在变得无家无室,家人不能团聚,这都是与"玁狁"作战的缘故。即使是刚刚归家,还来不及待上几日,又得出征,这不还是与"玁狁"作战的缘故……想想当初到边疆参战时,正是杨柳依人的春天,而今却雨雪纷飞,还不得转回。在战场上,行路艰难,饥渴难忍啊!诗篇把"岁亦莫止"的兵役加在自由民身上的苦难,描写得淋漓尽致。

金文中有关力役、兵役的记载也能经常见到。铜器铭文把力役叫作"其进人"①,把兵役叫作"从王征"②,即替周王出征卖命。总之,自由民是贡赋、力役、兵役剥削、役使的主要对象,是周统治者能够生存,周政权能够巩固的主要支撑者。

自由民的人身地位是自由的,但是,西周法律赋予他们的人身自由,却不像原始公社时期的那种人身自由,也不和封建制时代农民的自由一样。"普天之下,莫非王土;率土之滨,莫非王臣。"③在西周,最高土地所有权属于周王,只有周王,才有权任意处分土地。所以,他们虽是自由人,然而对周天子来说,又都是王臣:他们对自己从事农业生产的土地,仅仅有使用权,而无处分权。当周王对诸侯贵族分封土地时,自然便无法将土地上原居住的自由民一律迁走,而是将他们随土地一起分封给诸侯贵族。自由民虽然常常以这种形式成为被封赐的对象,但他们还是自由人,不同于同时封赐的奴隶,不能任意杀戮、买卖;他们也不同于后世的农奴,因为他们与王、诸侯的法律关系,不是建立在地租剥削基础之上的领主与农奴、地主与农民的关系。他们缴纳的贡赋,不是地租,而是自由农民在土地国有制下向国家所尽的义务。事实上,不唯西周的自由农民如此,所有东方奴隶制国家的自由农民都如此。由于土地国有制的限制,他们的人身在某种程度上都须依附于国有土地:脱离了国有土地,他们就会立刻丧失自由民的法律地位。《汉谟拉比法典》规定,自由民如离开公社土地逃亡,将丧失家室妻子,就是说他们将被公社所抛弃④。古印度的《阿帕斯檀跋法经》规定,领取田地而

---

① 《兮甲盘》。
② 《师旅鼎》。
③ 《诗·小雅·北山》。
④ 《汉谟拉比法典》,第36条。

不耕作的农夫要向国家预交收成价值,或对不努力从事农业、牧业的自由民处以鞭刑及剥夺财产刑①。这些都说明自由民的人身地位受国有土地的制约。《阿帕斯檀跋法经》还规定,自由民如无继承人,其财产则由国王继承②。这一法律规定进一步说明,在古印度,自由民是王的臣民,其人身地位、财产都要依附于国王。由此可见,古代东方,中国、印度和其他国家,土地国有制决定了自由民的法律地位不完全如同西方的希腊、罗马那样自由,这就是金文中为什么会出现庶民被天子封赐给贵族的原因。《大盂鼎》载:

易(锡)汝邦司四伯,人鬲自御至于庶人六百又五十九夫。

这是康王对大臣盂的赏赐,其中有"庶人"。庶人,亦即庶民,自由民。《诗·大雅·灵台》:"庶民攻之,不日成之。"王既可以赏赐庶民于诸侯大臣,也有权从诸侯那里削地削民,把庶民和土地一起再从诸侯那里夺回来。《诗·大雅·瞻卬》:"人有土田,女反有之;人有民人,女复夺之。"诗中把土田和民人放在一起,削地时连同土地上耕作的庶民一起削掉了。以上记载说明,西周自由民的法律地位没有越出古代东方奴隶制国家自由民社会地位的范畴,他们的人身和土地国有紧紧连接在一起。

(三)奴隶阶级

奴隶阶级是西周社会中地位最低贱的阶层。他们无人身权和财产权,可以被任意虐待、买卖和杀戮。奴隶们有的来源于战俘,有的靠买卖取得。奴隶名称很多,较常见的有臣、妾、鬲、众、仆等。臣是男奴,多用于农业生产,故以家来计算数量。妾是女奴。"鬲"与"隶"同音,奴隶之称谓。"仆",指家内奴隶。众为农业奴隶。反映奴隶人身地位的记

---

① 《阿帕斯檀跋法经》Ⅱ,11,28:1—4条。
② 《阿帕斯檀跋法经》Ⅱ,6,14:5条。

载,累见于文献和金文。

《尚书·费誓》"马牛其风,臣妾逋逃,勿敢越逐";"窃马牛,诱臣妾,汝则有常刑",把臣妾与马牛并列在一起列为奴隶主的私有物,如其逃失,任何人不得据为己有,否则,以刑罚惩处。

《诗·小雅·正月》"民之无辜,并其臣仆",指西周末年,政治失道,王对无辜之民,滥用刑罚,甚至没收其财产臣仆。诗中臣仆也是以奴隶身份作为民的私财提出的。

《麦尊》:"侯易(锡)赭讥臣二百家剂。"这是康王一次赏赐给一个大贵族二百家赭衣踝跣臣的券书。此外,《不嬰簋》有赐臣五家的记载,《靜簋》有赐夷臣十家的记载,《大克鼎》有赐田及妾的记载,《耳尊》有赐臣十家的记载,《大盂鼎》有"赐尸司王臣十又三伯、人鬲千又五十夫"的记载,《令簋》有赐贝十朋、臣十家、鬲百人的记载,《曶鼎》中把众作为侵权行为赔偿的对象。

这些记载都说明奴隶视为物,他们没有独立人格;不是法律上的权利主体,和其他物处于均等地位,与牛、马、贝同列。他们可以被残酷虐待,赭衣踝跣,身着囚服,赤脚行走,随时以罪犯身份被杀戮处死。奴隶被杀戮的记载尚不多见,而受酷刑或因酷刑致死的倒有不少实例。扶风出土的《它盘》、《刖刑奴隶守门鬲》和岐山出土的刖刑奴隶骨架,以血淋淋的事实,再现了奴隶被处以酷刑和因酷刑致死的情景。奴隶可以被买卖,只是由于当时劳动力缺乏,其卖价不低而已。

二、社会各阶层的民事权利能力和行为能力

民事权利能力,指在法律上享有民事权利、承担民事义务的资格。只有具有法律上的人格,才能具有权利能力。享有民事权利能力者,必然具有民事权利主体的资格。上古社会,在法律上享有独立人格,具有权利主体资格的只是奴隶主贵族和自由民,奴隶被视为物,自然不能成

为权利主体。在上古社会里,国家法律所赋予的民事权利又往往与所要求履行的民事义务相分离,所以,有时非权利主体却要承担民事义务。

西周社会各阶层的法律地位不平等,因此,各阶层享有的民事权利迥然不同。

周天子是奴隶主贵族中最高等级,因而享有完全财产权,有权任意处分、封赐或收回土地、奴隶和臣民,享受各地诸侯给他进献的贡赋。在政治上,他居于最高统治者的地位,掌握最高立法权、审判权、军事权和其他政治权力。他个人的至尊地位、个人的人身、名誉及其家属的地位,均神圣不可侵犯。天子的地位、权力是世袭的。

诸侯中的公、侯、伯、子、男及诸侯国内的卿、大夫、士,依其不同的社会地位,分别享有不完全的财产所有权。即他们在自己的封地内拥有对土地、奴隶和其他财产的所有权,拥有对人民的管辖权、收取贡赋权。但是,他们的这种所有权又要受制于天子或上级奴隶主贵族。当天子收回他们的封地、奴隶和人民时,他们便丧失了这些权利。他们的贵族地位、人身权利都特别受法律保护,但又受辖于天子。天子既可对他们"授民授疆土",又可撤销他们的封地、封民以至进行军事法律制裁。他们所享受的权利和应尽的义务是联系在一起的。

奴隶主贵族各等级间的权利和义务的关系是:上下级之间是君臣关系,人身隶属关系,上级对下级有封赐的权利,下级则有享受这些封赐物所带来的经济上、政治上、人身上利益的权利,但必须履行义务。诸侯对天子要履行朝聘、贡献的义务。《礼记·王制》:"诸侯之于天子也,比年一小聘,三年一大聘,五年一朝。"朝聘不仅表现了天子与诸侯间的上下君臣关系,也表现了诸侯对天子的人身隶属关系。这种人身隶属关系,包括纳贡赋,随天子出征、狩猎,为天子治理封地人民。不履行朝聘义务,就意味着诸侯闹独立,企图摆脱这种人身隶属关系,或不承认君臣关系。这时,天子便要对其进行法律制裁:"一不朝则贬其爵,再不朝则削其地,三不朝则六帅移之。"[1]金文中记载不纳贡赋的诸侯邦国,受到周王室兵刑扑伐的记载更是比比可见。《伯簋》记载共王时边远邦国眉敖不纳贡献,王命益公征伐之,眉敖只好重新朝聘天子,并献了帛。《驹父盨》记载南淮夷被军事征讨之后,不敢不敬畏周天子,于是缴纳贡献。南淮夷拒纳贡赋遭到警告或惩罚的铭文还有《兮甲盘》、《帅寰簋》等。除邦国少数民族要朝聘、纳贡外,内地诸侯同样要朝聘天子,缴纳贡赋。《诗·大雅·韩奕》所载"献其貔皮,赤豹、黄罴"即是。

除朝聘、贡赋外,诸侯还要担负随天子出征或替天子出征的义务,接受诸侯封赐的卿大夫及更下级的士,有向诸侯贡赋和出征的义务。逃避军役或抗拒出征要受罚。[2]

为了区分社会各阶层权利能力的差异,西周法律依据等级界限,在朝聘、祭祀、丧葬、衣服、车马、宫室、器物、乐舞、田猎等各方面,均规定了各阶层所能享受的权利,违犯规定,就是僭礼越位,要受到礼制的制裁直至刑罚惩处。例如,祭祀祖宗的家庙,天子有七庙,诸侯五庙,大夫二庙,士一庙,庶人则无,只能在居室祭祀。宫室修建规格也不同,天子之堂九尺,诸侯七尺,大夫五尺,士三尺。古人以高为贵,故等级身份不同,宫室建筑的高度亦不同。礼服穿着上也有明显区别,以示等级差异。天子着绣有龙卷曲花纹的丝帛礼服,诸侯则着绣有黑白相间的斧形花纹礼服,大夫着黑青色相间的亚字花纹礼服,士着无花纹礼服,用黑红色帛作上衣,绛色帛制裳。庶民只能穿青麻织成的毛边褐衣。凡此种种,都是为了区别社会各等级的身份地位。

广大的自由民是社会主要劳动阶层。他们有人身权,但又不是完

---

[1] 《孟子·告子下》。
[2] 《师旅鼎》。

全的人身权,因为他们可以随国有土地被王封赐给诸侯,但他们不像奴隶那样被任意买卖、租赁、赠予。所以,除对土地有一定依附关系外,他们的人身是自由的。因此,在权利能力上,他们有独立的人格,有自己的家室儿女,也有财产权。但在西周中期以前,这种财产权不包括对土地的所有权。他们在民事上有独立行为能力:在职业上,可以从事农业、牧业、商业以及家庭副业。他们是自食其力者。自由民的民事权利能力和行为能力除前引《七月》之外,《易经》中有不少自由民"肇牵车牛远服贾"①,车运、肩挑、牛驮、船载经营商业,养活妻儿老小的记载。仅此一例,就可说明他们有独立的人格,能独立行使自己的权利,并且成为民事诉讼的主体。《诗·召南·行露》所载一位坚强的女子,为反抗一个有家室的男人强迫成婚,她在法庭上慷慨陈词,抨击恶棍,为捍卫她独立的人格和自由而斗争的行为,就是自由民有独立权利能力和行为能力的最好证明。

  奴隶是物,自然不可能成为民事权利的主体,其人身可以被其主人任意处分。由于奴隶社会民事权利和民事义务的分离,奴隶虽无权利,却须尽其义务。他们要为奴隶主无偿劳动服役(包括兵役),当奴隶主贵族随其上级出征时,他们是当然的随征者。因为西周家内奴隶占很大比重,有的奴隶主也派奴隶替自己经商。奴隶参与商业,并不意味着他们有行使此种民事权利的能力,他们只是奴隶主行使自己权利的工具。奴隶无权利能力,就不可能成为诉讼的主体,即使因奴隶的行为触犯了刑律,奴隶也不可能成为诉讼的主体,被告、原告,只能由其主人充当。《曶鼎》中的匡季寇攘案,抢劫他人禾谷的直接肇事者是"众仆"——匡季的奴仆,但因奴隶不能成为诉讼的主体,所以,受害人控告的对象,不是"众仆"而是"众仆"的主人匡季。诉讼结束,受罚的也不是

---

① 《尚书·酒诰篇》。

"众仆"而是匡季。

第二节 西周的物权法

民法研究的主要对象,是民事法律关系中的主体、内容和客体。民事法律关系的主体,指参与民事关系的当事人。民事法律关系的内容,即民事法律关系参与人的权利和义务,西周社会民事法律关系的主体和内容,即社会各阶层的法律地位及其权利义务。这点,上节已叙述。

民事法律关系的客体,是权利和义务所指向的事物。民事法律调整的对象,主要是以物质资料的占有、交换为基础的社会关系。所以,物权法是民法研究的一个重要方面。西周民事法规,虽然还看不出物权法的明确概念,然而,也有不少有关物权法的规定。

一、物的概念

西周法中所谓的物,是指可供人力支配利用的有经济价值的生产资料和消费资料。它包括自然物、劳动创造物、有固定形状物、无固定形状物等。换句话说,不仅包括物质,也包括行为。这种物,必然能用金钱作为衡量价值的尺度。所以,奴隶不能被看作是法律上的人,而是一种物:奴隶主对奴隶的所有权和使用权属于物权。

二、物的分类

为了促进和保障社会经济的发展,繁荣和调节商品经济,下面从不同的角度,将西周时期的物做以下几个方面的分类。

1.流通物和限制流通物。

流通物,是国家允许在权利主体之间依照民事程序自由流转的物。限制流通物,指依据国家法律规定在民事流转范围、程度方面受限制的物。西周时期的限制流通物,就是那些"不鬻于市"即不能在市场上出卖的物,反之,允许"鬻于市"即能在市场上出卖的物,称之为流通物。限制流通物主要有以下几种。

(1)国家专有的自然资源。法律明文规定,山林、川泽、矿藏为国家所有,国家设立专门机构负责管理。山虞掌山林之政令,林衡掌巡林麓之禁令,川衡掌巡川泽之禁令,卝人、职金掌金玉锡石之地而禁守之。所有这些管理山林、川泽、矿藏的职官,金文中几乎都有记载①。对于自然资源,自由民可以根据法律规定享有一定使用权,但任何人不能转移这些物的所有权。

(2)土地。土地是上古时期农业国最重要的生产资料。西周中期以前,土地所有权属国有,禁止买卖流通,史书上称作"田里不鬻,墓地不请"②。这说明田地不能据为私有,充当买卖的对象;墓地的大小也有常法规定,民众不得私下扩大或购置。中期以后,奴隶主贵族有的驱使奴隶去开荒,有的私下交换、买卖田土,私田出现了。这部分私田可以交易甚至出卖,但在形式上,它仍然受国家法律的限制。西周中后期出现的私田,其数量还不很多,大量的土地和周初一样为禁止或限制流通物。

(3)贵族身份标记的特有物。为了防止普通老百姓僭越等级地位,凡圭璧金璋、命服命车之类的贵族特有物不得流通③。

(4)神法物。宗庙之器、祭祀牺牲供献之物,非一般庶民能使用,禁止流通④。

---

① 《免簋》。
② 《礼记·王制》。
③ 《礼记·王制》。
④ 《礼记·王制》。

(5)兵器。为防止人民反抗,兵器严禁流通。①

(6)不合规定的手工产品。凡用器、布帛的精粗、宽窄、长短不合法度的禁止买卖。例如,布匹的法定宽度为二尺二寸,帛的宽度为三尺四寸②,不足此限的,不许上市。凡不成熟的农、林、水产品,一律不准流通也禁止买卖③。这是为防止滥伐山林、过度捕捉鱼鳖和把不能食用的农产品推入市场而规定的。

2. 动产和不动产。

现代民法将物分为动产和不动产。动产指可以移动的物,并且,物的移动不损害该物的价值者,如牛、马、布帛;不动产指不能移动或移动就会损失经济价值的物,如土地、房屋。西周民法固然没有动产和不动产的概念,而类似的概念在周人头脑中已经形成。周人称动产为"财"、"货"或"货财"、"器"等等。如《礼记》中规定,子妇不得有私货、私畜、私器、私财④。这里的货、畜、器、财均指动产。不动产中,土地称作"田"、"土",房屋称为"宫室"、"室"、"庙"。家庭关系建立时,动产为次,不动产为主。例如,继父和继子的亲属关系的确定,要看其是否同居共财,也就是说继父是否以自己的财货为继子筑宫庙,使之有居室和祭祀的地方。如果继父为继子以货财筑宫庙,亲属关系即被确定,否则,则两人的关系如路人⑤。可见,不动产是最重要的物。西周中期以前,不动产禁止买卖,不仅土地,房屋也一样。中期以后,情况才有所改变。奴隶、牛马、弓矢等为动产。

---

① 据《礼记·王制》,戎器在禁售之列,而《周礼·地官·质人》却说允许流通,后说有讹。
② 《礼记·王制》孔疏。
③ 《礼记·王制》。
④ 《礼记·内则》。
⑤ 《礼记·丧服小记·继父同居》。

3.可有物和不可有物。

可有物指可以为个人所有之物,或可以为个人占有之物。不可有物指非经法律允许不得为个人占有使用之物。不可有物均不得流通于市。不可有物中,又分神用物和贵族特用物两种。宗庙之器和牺牲之物,都是祭祀神灵祖宗所用的神用物,不仅一般庶民不能保存,贵族中也只有宗子才有保存权、使用权。另外,标志贵族官爵身份等级的圭璧金璋、命服命车,均按国家法律规定,由天子赐予,为贵族特有物。这两种物,称作"尊物","非民所宜",一般人不允许使用,故禁止流通。

4.原物和孳息。

原物是产生收益之物,孳息是由原物所产生的收益。关于孳息所有权归属问题,西周时期的规定比较特殊。原物为国家所有的,孳息物所有权一般归国家。如山林川泽为国家,则山林、川泽孳息的林木、水产、矿藏也为国家所有。但是,西周法律规定,在法律允许范围内,人民也可以得到一定的孳息权。例如,春秋季节,经国家法律许可,"斩木不入禁";反之,不在春秋两季,"凡窃木者,有刑罚"①,如果原物为私人所有,则孳息所有权就归私人了。如《九年卫鼎》记载裘卫和矩伯的交易活动时,矩伯"乃舍裘卫林𪒠里",就是说矩伯把一块林地的所有权转让给了裘卫,转让林地所有权时,连同林地上的孳息物——林木一起转让了。《蒞鼎》记载,王姜把"田三"和待收割的禾苗均赏赐给贵族,这也是原物与孳息物所有权一并转移的例证。

5.有主物与无主物。

有主物是已经为人所有之物,无主物是所有权尚未被人取得之物。"无妄之灾,或系之牛,行人之得,邑人之灾"②是说邑人不慎发生火灾,

---

① 《周礼·地官》、《山虞》、《林衡》。
② 《易·无妄六三》。

他的牛受惊而逃,被路人牵走,邑人(牛主人)认了倒霉,所以称作"邑人之灾"。在这里,逃失的牛已变成无主之物,行人发现无主之物,可以根据先占原则据为己有。《礼记》、《周礼》也都提到对无主物、货贿、奴隶、家畜的取得方法[①]。

6. 有价证券。

它是设定并证明某种财产权利的文书,是一种特殊物。《麦尊》所载的周王赏赐给井侯的那份记录着赏赐内容的"剂",就是有价证券。这份"剂"能起到证明井侯对所赐之物享有所有权的作用。

三、西周的所有权制度

所有权是物权最重要的组成部分,是一切财产权利的核心和基础。所有权和所有制密切相关,是一定历史时期所有制形式在法律上的表现。因此,不同的所有制形式就决定了不同的所有权形式。在西周社会,奴隶主阶级的所有权是建立在奴隶主私有制基础上的。西周社会,所有权的最基本的表现形式,是对土地的所有权。

(一)所有权的种类

所有权的内容,包括权利和义务两个方面。就权利而言,指所有人在法律规定的范围内对其财产的占有、使用、处分权。

西周的所有权,分为完全所有权和不完全所有权两种。

1. 完全所有权。

这种所有权是指所有人对其财产包括动产和不动产有完全的占有、使用和处分权。这种所有权,其实就是建立在土地国有制基础之上的国家所有权。从严格意义上来说,这种所有权人,只能是以周天子为代表的国家,或周天子一人,其他任何人不能享有这种完全所有权。

---

① 《礼记·月令·仲冬之月》和《周礼·秋官·朝士》。

这种完全所有权的主体,是周王代表的国家,其客体,包括动产(奴隶、牛马、财物)和不动产土地、房屋等。任何农业国家,对土地的所有权是所有权中最重要的一方面。古代东方农业国家,土地是国家的命脉。国王的权力,最早就是从管理农业土地开始的,中国也不例外。古文献和金文中关于西周土地国有即王有的记载很多,如:

《尚书·梓材》:皇天既付中国民,越厥疆土于先王肆;

《大盂鼎》:丕显文王,受天有大命,在武王嗣文作邦,辟厥匿,匍有四方,畯正厥民;

《师訇簋》:丕显文武,畯受天命,奕则殷民。

这些记载,都强调了一个共同思想,那就是:周天子治理中国臣民是上天交付的大命,因而,土地、臣民都应属以天子为代表的国家;周天子可以任意开拓自己的疆土,四方疆土自然属天子为代表的国家所有。

周天子对土地拥有完全所有权,即通常所说的土地公有权或王有权。周天子对土地的完全所有权,其最主要的表现特征,就是对土地的处分权。因为在所有权的诸要素中,处分权为最重要的权利。西周的土地国有制,使土地成为禁止流通物,因而,王对土地的处分权不是表现在土地的买卖上,而是表现在对土地的封赐上。周王封赐土地,常常连同土地上的居民一起封赐,这在文献上叫作"封邦建国"或"封诸侯,建藩卫",金文称作"授民授疆土"①或"仆庸土田"②。周王赐田,一般是赐给三种对象。

第一,诸侯或勤政有功的贵族。周王分封诸侯,就是把土地、臣民和统治权力分割给大小诸侯。《诗·大雅·崧高》:"王命申伯,式是南

---

① 《大盂鼎》。
② 《㖬生簋》。

邦,因是谢人,以作尔庸。王命召伯,彻申伯土田,王命傅御,迁其私人。"这首诗讲的是周宣王为了嘉奖有功的申伯,另赐了他封土。王对申伯说,封你去治理南邦,先在那里给你修建起谢邑作为邦国国都。接着又命令大贵族召伯替王前去给申伯划定土田范围,又命令臣子傅御帮助把申伯的私人臣仆迁到新的封国去。《诗经》还有不少篇章也记载周宣王分封诸侯土地的事。如《韩奕》篇,说:"王锡韩侯,其追其貊。奄受北国,因以其伯。"韩侯的祖先曾接受过分封,后来衰败了,现在韩侯因得到宣王的欢心,便重新封赐给他王畿以北的北国,让他继受祖先的荣光。

1954年江苏丹徒烟墩山出土的《宜侯夨簋》,是周王徙封诸侯的记载。本来,虞侯地处西部地区,后来,周王又把他改封在东部的宜国,因而称作宜侯。改封时给他赐了"川三百"、"宅邑卅又五",即包括土地上的河流三百余条,以及供居民居住的城邑。据分析,该封邑的居民约达3300多家[①]。此外,《中鼎》有周王分封土地于大贵族中,"作乃采"的记载;《趞尊》有周王"锡趞采"的记载;《鄂簋》有周王"命女(汝)作邑"的记载。这些铭文把分封的土地称作"采"、"邑",和史籍所载的封国采邑完全吻合。

《蔡簋》是对勤政有功的贵族赏赐的典型例子。该簋是夷王时器,讲的是夷王赏赐勤政有功的内宰蔡的事。夷王命令蔡说:"过去,先王已经任命你任内宰一职,管理王室事务。现在我任命你分掌王室内外事务,你不敢不报告各种情况。你管理百工,一定要听从王后命令。你不敢不效忠王后,不要让你的下属胡作非为。因此,现在我赏赐你玄色礼服、礼器,希望你恭恭敬敬,昼夜小心勤政,千万不可废弃我的命令!"此外,《师晨鼎》、《伯晨鼎》、《谏簋》、《扬簋》、《单伯钟》等,均为此类

---

① 李学勤:"宜侯夨簋与吴国",《文物》1985年第7期。

赐封。

第二，立有战功者。《敔簋》载有军事将领敔，在与南淮夷作战中，斩敌首一百，俘敌四百，执讯敌人四十，立了战功，被周王赏赐一百田的经过。《大保簋》记载成王时，诸侯录子造反，成王命召公奭前去平叛。随召公出征的贵族休，因立战功而"锡休佘土"，就是在佘国赐给休土田。

第三，地位显赫的贵族。据《蒶鼎》记载，王姜代周王赏赐三个田及其待收稻禾。此人受王姜赐田时，同时还接受了另一位地位很高的大贵族师栌的厚赠①。师栌地位几乎与王后同列，蒶能从他手中得到赠品，可知其地位之显赫了。

除封赐权外，周王对土地的处分权，还表现在收回封地上。《大簋》中，周王把封赐给贵族䵼的土地改封给大，当䵼听到这一王命时，不但不敢反抗，反而恭顺地说："我不敢贪婪"。接着，他又亲自和周王派来的官员一起勘察了封地田界，办理了移交手续。《大克鼎》中周王赐给克的田地中，其中一块就是原先赐给井家的封地，现在也收回来转赐给克。

封赐土地，仅仅是周王表现其完全所有权的一个方面；另一方面，其他物，如贵族使用的尊物、金璋璧圭、命服命车、奴隶、货币、马牛、武器以及贵族精神标志的特权，也在封赐之列。从金文资料看，土田的封赐反而不大多见，大量的、俯首可见的封赐物，不是不动产土地、房屋，而是前列动产物。郭沫若《两周金文辞大系》所收铭文，从武王至共王共收83铭，其中反映周王分封的有45铭。在这45铭中，土田封赐仅4例，其余全为动产封赐。就在那4例不动产田土封赐中，大都还同时带有动产封赐。

---

① 郭沫若："关于眉县大鼎铭辞考释"，《文物》1972年第7期。

动产封赐,首先是贵族尊物。前已叙述,尊物是贵族身份等级的标志。周代礼制,详尽地规定了各级贵族使用尊物礼器的差别。尊物为非流通物,贵族们不可能从市场上获得,得到尊物的主要来源,除西周中后期奴隶主贵族内部的交换外,便是周王的赏赐。周王赏赐,是贵族得到尊物礼器的最主要的来源。金文中,凡贵族任职或立功受奖,大都要进行尊物赏赐。赏赐的尊物,有贵族使用的朝服、朝靴、礼服、佩戴物,有贵族乘坐的命车及车上不同等级使用的各种车饰,有贵族专用的玉圭金璋等礼器。如《大盂鼎》记载有朝服、朝靴和车马的赏赐;《师遽彝》记载有圆形玉圭和玉璇璋的赏赐;《庚嬴鼎》、《献彝》、《令彝》记载有鬯金小牛、酒尊、瓒璋的赏赐;《颂鼎》、《师虎簋》、《吴彝》、《牧簋》、《师毛父簋》、《豆闭簋》、《走簋》、《望簋》、《麦尊》等器记载有礼服、绿旗、金车及车马器的赏赐。值得注意的是,尊物赏赐中,不仅有有形物,还包括无形物,即权利和特权。这说明周人关于物的概念的外延比较大,把法律关系中的权利也包括进去了。譬如,《大盂鼎》中周王对盂的赏赐,其中一项内容,就是允许盂在自己氏族旗帜上画兽纹①。金文中,贵族均有自己宗族的族徽或族旗,这是一个宗族精神特权的标志。盂得到周王认可,在本族族旗上再画兽纹,是获得更大特权的凭证。这种精神特权的物,不是一般概念的物,其法律效力远远超出实体特权物——有形尊物。当然,所有尊物,包括有形的、无形的,它们在法律上的价值均高出生产资料土田、奴隶、牛马。所以,周王赏赐时,尊物总要放在土田之前。

其次是武器。武器为禁止流通物,但可以用作动产赏赐。赏赐的对象,一是军功将领,二是随王出征的贵族。《小盂鼎》记载,康王时,贵族盂受命攻克鬼方,他前后发动过两次大战役,规模都很大,仅第一次

---

① 《两周金文辞大系考释》。

战役就俘虏敌兵一万三千零八十一人,并生擒了敌军酋首。战争结束后,为了表彰盂的战功,康王在周庙举行盛大庆功仪式,赏赐盂一只弓,矢百束,还有甲胄、干、戈等。《虢季子白盘》上也记载有因子白抗击狎狁有功,赐之弓彤、箭彤。随王出猎赏赐弓矢等武器的事例,还见于《趞曹鼎》和《师汤父鼎》。

其他动产赏赐还有奴隶、货币、牛马等等。奴隶作为一种物是西周最重要的生产工具,常常和其他生产工具马、牛一起充当周王对贵族的赏赐物。《大盂鼎》记载,周王一次赐给盂各种奴隶千人以上。《令簋》中记载王后代王赐给令人鬲百人以上和五家臣。《麦尊》上铭文记载赐臣二百家。《周公簋》上铭文记载"赐臣三品",就是把被征服的三个部落的人全部沦为奴隶赏赐给贵族。西周货币主要是贝币。《献彝》、《小臣静彝》、《庚嬴鼎》、《吕鼎》、《刺鼎》、《令簋》、《禽簋》等铭文均有赏赐货币的记载。这些货币中,多为贝币,也有金(铜)①。1980年陕西长安出土的《多友鼎》,宣王时器,铭文记载多友因战功卓著一次被赏赐的动产中仅铜就有"百钧",即三千斤。赐马的记载有《作册大鼎》、《牧簋》、《吴彝》、《小臣宅簋》、《虢季子白盘》等。西周中期以后,除赐马外又出现赐牛的记载。如《卯簋》赐卯的有马十匹、牛十头。《大鼎》上铭文记载赐大的有骊白杂毛的牡马三十二匹。

从实际意义上说,诸侯、贵族也是完全所有权人。诸侯贵族在法律关系上对周王封赐给自己的土地只有占有权、使用权,而无处分权。然而,这种占有实际上是占有人对物有事实上的管领力,即对物的实际控制权力。"私有财产的真正基础,即占有,是一个事实,是不可解释的事实,而不是权利。只是由于社会赋予实际占有以法律的规定,实际占有

---

① 《献彝》、《禽簋》。

才具有合法的性质,才具有私有财产的性质。"①西周社会特别重视占有这个事实,并从法律上保护实际占有,使它变成所有权的一种职能。中期以后,随着奴隶制商品经济的发展,诸侯贵族的这种占有权,逐渐扩大以至和所有权几乎无多大差异了。

诸侯贵族对土地占有权的逐渐扩大,便是对土地的实际处分权。其表现主要有两个方面:一是诸侯贵族可以把自己的封地再赐给他的部下;二是可以私扩土地,并进行土地交易。

懿王时期的《卯簋》上的铭文显示,诸侯熒伯的封邑在丰京附近。他命令自己的部下卯主管丰宫、丰京人民。这是一个十分重要的官职,所以他对卯进行了赏赐,共赏赐包括四块四百亩的田地。《不娶簋》是夷王时器,记载不娶因战功受赏的经过。而给他赏赐的人就是称公的大诸侯虢季子白。夷王时,国力较弱,猃狁入侵,夷王便命虢季子白统率六师之众前往抵抗。当虢公出征抵达太原时,猃狁又窜至高陵。不娶以偏师歼敌,表现得勇武非常,结果擒敌众多而制胜。战后,虢公受到周王大赏,而虢公又对他的部下不娶进行了赏赐。虢公受赐的全是动产,但他对不娶的赏赐物中却有"田十田"即一千亩田。这说明虢公把自己的受封之地又转给了部下。

中期以后出现的私田,有的为开荒取得,有的是交换、买卖所得。私田非周王所赐,其所有权自然属于私田主人。1975年陕西岐山董家村出土的共王时三器《卫盉》、《五祀卫鼎》、《九年卫鼎》的器主裘卫,是个主管裘皮的官员,本人又兼营工商业,为工商奴隶主大贵族。他三次与人交换田地。《卫盉》上记载的是裘卫与矩伯进行买卖交易。矩伯原是庶人出身,缺少朝觐用的朝服礼器,于是,他以"田十田"、"田三田"共一千三百亩田地作代价,买得裘卫的朝服礼器。《五祀卫鼎》、《九年卫

---

① 《马克思恩格斯全集》,第1卷,第382页。

鼎》上记载的也是田土交易,田土能够交易,其自身已带有私田性质。

贵族对动产更拥有无限制私有权,这在周初金文中已大量出现。贵族给自己的臣下和作战有功者赏赐动产或贵族把受封于周王的动产再转赐于他的部下,都说明动产是允许任意处分、转移的。动产所有权转移的标志,周初为武器、奴隶、马牛、铜、贝、车;中期以后,尊物也在其内。动产转移,无限制私有,在铭文中到处可见。此外,动产中的青铜器钟、鼎、盘盂,也常常作为陪嫁品转移其所有权。

2. 不完全所有权。

这种所有权指对土地仅有占有使用权,而无事实上的处分权。西周不完全所有权的权利主体是庶民。从先秦文献和金文资料看,他们是社会上最大的劳动阶层,享有基本政治权利,对国家土地拥有占有权、使用权。《诗·小雅·信南山》:"信彼南山,维禹甸之。畇畇原隰,曾孙田之。我疆我理,南东其亩。"又《小雅·甫田》:"倬彼甫田,岁取十千。我取其陈,食我农夫,自古有年。"诗中说,广大的南山田土是大禹修治好的。田地分为高地低地,成王时分给农户。每户农夫的田地有田界,都在田亩之中。国家把土地分给农夫,每年再征收贡赋力役。生产出的谷物,黍是珍贵物,供士大夫享用,农夫们自己吃陈稷。这样的生活自古如此。从这两首诗的片段可以看出,农夫耕种的土地是国家分配的,他们耕种国家分配的土地,要向国家负担赋税和力役。他们对这些土地没有处分权,不能转让赠予,更不能买卖,也不能作为遗产留给子孙。因为土地授给之后,每三年还要重新分配一次[①]。农夫们对国家授予之田只有占有权、使用权和收益权,所以说是一种不完全的土地所有权。

西周中期以后,私有土地出现,但从目前见到的金文资料看,私有

---

① 《左传·宣公十五年》何休注。

土地仅掌握在奴隶主贵族手中。农夫由于人力和劳动工具的限制,不可能也没能力去开荒占有私田,和贵族一样去取得对私田的完全所有权。不过,这时由于私田的出现,土地国有制和建立在土地国有制基础上的土地定期分配制度开始遭到破坏。"三岁更耕之,自爰其处"①就是说国家给农夫分配土地之后,不再定期重新分配了,而由各家根据土地的脊肥,自行调整份地的种植和休耕。土地定期分配制度的破坏,说明庶民对土地的私有权有所扩大,然而,它仍非完全所有权。

庶民对自己的动产却有完全所有权。有的"贩夫贩妇",实际上就是出卖自己剩余农产品和手工产品的庶民,这说明庶民对自己的动产农产品和手工产品在法定范围内有处分权,他们是这些动产的主人,是这些动产的完全所有者。

(二)所有权的取得

现代民法规定,所有权的取得有两种途径,即原始取得和继受取得。原始取得,指一个人取得对物的所有权要符合法律规定,而不是以原所有人的所有权和意志为转移。如对物的改造、添附、收益、先占等,就是此类情况。继受取得是指一个人通过某种法律行为从他人处进行财产转移而取得所有权,如根据买卖、赠予、继受取得的所有权属于此类情况。

西周民事法规中,关于所有权的取得也有类似的规定。现摘要陈述如下。

1. 分封。即诸侯贵族依法律规定从周天子或上级贵族那里取得对分封土地的实际控制能力、占有权和对动产的完全所有权。这是贵族土地占有权获得的最主要的办法。

2. 先占。指一个人因占有无主物、委弃物、战利品的行为而取得对

---

① 《汉书·食货志》。

物的所有权。先占原则是要看谁对那些可以私有之物的第一个占有。现就战利品、无主物和委弃物的占有分述如下。

（1）对占利品的占有。西周法律规定，战利品，首先是战争中获得的战俘，其所有权归国家。"出征执有罪，反释奠于学，以讯馘告。"[1]凡战争俘虏，一律要带回交周天子处置，还要在周庙向周天子禀告俘敌和斩敌情况。《小盂鼎》上记载康王时贵族盂征伐鬼方获胜归周后在周庙向周天子汇报战果的经过：第一次战役，生擒敌酋三人，杀敌三千八百多人，俘敌一万三千零八十一人，俘马若干匹，俘车十辆，俘牛三百五十五头，羊二十八只。第二次战役，又擒敌酋一人，杀敌一百三十七个，俘敌若干，俘马一百零四匹，俘车百余辆。盂当场将四个敌军首领进献于康王。这说明战利品，无论俘虏或车、马、牛、羊，其所有权均归国家。类似记载，金文中比比可见。如《虢季子白盘》有"子白献馘于王"的记载；《不嬰簋》有"余来归献禽"的记载；《敔簋》有"告禽"的记载，如此等等，都说明主要战利品所有权归国家。

但是，从金文资料看，小额量的战利品如贝或金（铜），往往归第一个先占有人。《雪鼎》上记载的小贵族，受命随其上司出征东夷。他在战斗中掠获了贝，战后便用此贝作价给自己铸了宝鼎。《员卣》上记载的员，在战斗中掠获了金，战后也用此金为自己铸了宝器。这些军事小将领用来做器的贝或铜，铭文大都写作"俘贝，用作……宝器"或"俘金，用作……宝器"。从文体上分析，不像军功赏赐。因为有的铭文，直接写成"有得，用作宝器"[2]，很显然，这是占为己有。这个"有得"，不仅指贝、铜，其他有可能成为私有物的小战利品，均可以先占原则，取得对该物的所有权。

---

[1] 《礼记·王制》。

[2] 《抚骏簋》。

(2)无主物的占有。无主物指没有所有人或所有人不明的财产。譬如,野兽就属于这种物。西周时期,对野兽所有权的取得,是以先占为原则的。但因当时的狩猎,一般都是大规模的集体行动,农民要在贵族带领和驱使下集体出猎,因而,猎取之物,大的要交公,用作祭祀,或作为农夫对贵族的贡献品。只有小的猎取物,才能归个人占有。正如《周礼·夏官·大司马》所说:"大兽公之,小禽私之……致禽馌兽于郊,入,献禽以享烝。"类似记载还见于《诗经·伐檀》篇:"不狩不猎,胡瞻尔庭有悬貆兮!……不狩不猎,胡瞻尔庭有悬特兮!……不狩不猎,胡瞻尔庭有悬鹑兮!"特,即三岁的野猪,这些大的猎取物均交给了贵族或公家,农夫自己不得占有。《七月》篇说:"言私其豵。""豵",指一岁以下的小野猪。小野猪的所有权可以先占方式归之于私。

(3)委弃物的占有。委弃物指被所有人遗弃之物,也包括他人走失的饲养动物。拾得委弃物,原则上要交公,待无人认领时,大的归国家,小物成为先占的标的。《周礼·秋官·朝士》:"凡得获货贿、人民、家畜者,委于朝,告于士,旬而举之,大而公之,小者庶民私之。"就是说,当拾到他人委弃的货币,走失的奴隶、家畜,都要缴到外朝,报告朝士。十日以后无人认领,便加以没收,大的东西充公,小的归拾得者私人所有。又据《礼记·月令·仲冬之月》:"是月也,农有不收藏聚积者,马牛畜兽有放佚者,取之不诘。"就是说,在仲冬这个月,庄稼粮食早该收聚起来,不能弃置在外,马牛六畜也应圈起,如果将应收藏好的谷物没有收藏起来而弃置在外,或任凭马牛走失,任何人可依先占原则取得对该委弃物的所有权,法律不追究占有者的责任。反过来说,假使委弃物的拾得不在仲冬之月,则应交公或归还失主。《易·无妄六三》中记载"无妄之灾,或系之牛,行人之得,邑人之灾"也是先占原则在无主物牛上的体现。

3.收益。收益是指由生息物中生产出来的孳息,包括天然孳息和法定孳息两种。

(1)天然孳息,指原物中自然产生的孳息物,如林木、幼畜等。周制规定,山林、川泽属国家所有,所以,这些原物上的孳息物,如山林中的林木,川泽里出产的皮角珠贝,所有权也属国家。但在特定条件下,人民也可取得对这些孳息物的所有权。如《周礼·地官·山虞》规定:"令万民时斩材,有期日";《地官·泽虞》:"以时入之于玉府,颁其余于万民"。就是说,国家的法令允许百姓们十月份开始入山砍伐木材,但有具体日期规定。换句话说,在法定日期内,百姓们能取得对砍伐的木材的所有权;限定日期之外入山砍木,则以盗罪论处。泽虞是负责川泽政令的职官,他命令国泽地的人们要守护泽中财物,按时向国家缴纳一定量的皮角珠贝,剩余部分归庶民所有。这说明川泽地的百姓能取得川泽中天然孳息物的一定所有权。

(2)法定孳息,指合法利息。按周制,泉府是国家市场税收官员,也兼管贷款业务。凡从泉府那里借贷货物或金财时,要按规定交纳利息。对放贷者泉府来说,他取得了法定利息的收益权。

4.买卖。是继受取得的方法之一。西周专设质人管理市场奴隶、牛马、车辇用器以及四时所产珍奇稀有食物的买卖。据金文记载,自中期以后,不仅动产,就是不动产土地,也能通过买卖取得对买来之物的所有权。前述《卫盉》、《格伯簋》等即是。

5.继承。也是继受取得的方法之一。西周实行嫡长子继承制,嫡长子便能通过继承取得对财产的所有权。西周铜器大都在铭文结尾要刻铸"其子子孙孙永宝用"之类的话,这句话的含义,一方面在于确认该器及其铭文所记载的关于田土、马牛、官爵、荣誉的所有权人,更重要的还在于确认这些财产和荣誉的继承人。"其子子孙孙永宝用",即嫡长子或所有权人所指定的继承人永远继承、使用。

6.赠送。这还是继受取得所有权的一种方式。周人制作青铜器的原因很多,其中一种原因,是有的贵族当接受别人馈赠之后,为了表示馈赠物所有权已经归己,因而铸器刻铭,书写馈赠经过,以表示其所有权已具法律效力。如《史颂簋》上铭文所说,周王命令颂去看望穌,穌便和颂一起来到成周游玩,并赠送颂一块玉璋、四匹马,还有吉金。颂接受赠品之后,便铸了这个簋,镌刻了赠送经过,以表示这些物的所有权已转移到自己手中。《大簋》、《芮鼎》等均有类似记载。陪嫁物也是一种特殊的馈赠品。陪嫁的青铜器即媵器上,都要说明此媵器送给那个出嫁的姑娘,以表示其物权归于新娘及其子孙。如"宗妇鼎"、"番匊生壶"等器便是娘家为嫁女做的媵器。

(三)所有权的消灭

现代民法中,所有权的消灭,是指通过某种法律事实,而使所有权丧失或与所有人脱离的一种法律现象。西周民事法规中,引起所有权消灭的原因,大致有如下几种。

1.所有物的丧失。所有权人因某种原因丢失或丧失自己的所有物时,他对该物的所有权亦即丧失。《易·无妄六三》中记载"无妄之灾,或系之牛,行人之得,邑人之灾",牛因火灾受惊跑失,被行人得到,对行人来说,意味着他得到了失牛的所有权,对邑人来说,是一场灾祸,意味着他丧失了对牛的所有权。这则卦辞说明,自然灾害中,随所有物的丧失,所有权人对该物的所有权亦即丧失。类似卦辞在《易经》中还有不少。《震六二》中记载有:

震来厉,亿丧贝,跻于九陵,勿逐,七日得。

大意是,暴雷击来,迅猛异常,货币主人因惊慌失措,丢失了贝币。于是他登上九陵占卦,卦象告诉他不要去追逐丢失的钱币了,七天之后自然会得到。卦辞当然是带有迷信色彩的,但它说明,所有权人丧失了自己的物,一般是追寻不回来的,所以说"勿逐"。"勿逐"表示所有权已随物的丧失而丧失。《巽上九》中记载有:

> 巽在床下,丧其资斧。

意思是,盗贼入室行盗,所有权人吓得伏于床下,结果钱财被盗。这个所有权人对钱财的所有权,随"资斧"——财物与货币的丧失而丧失。《旅九三》中记载有:

> 旅焚其次,丧其童仆。

这是说商旅居于旅舍,旅舍被焚,其童仆丧失。这些童仆可能逃亡,也可能丧生。如果童仆丧生于火海,就意味着所有权客体的灭失,其所有权自然也就消灭了。

2.所有权的转让。所有权人根据自己的意志,把财产转让给他人,其所有权立即消灭,而受让人却对该财产取得了所有权。西周时期所有权的转让有买卖、交换、赠送、陪嫁等多种形式。

买卖行为造成的所有权转让,前已述及。据《周礼》记载,为了确认因买卖行为造成的所有权转让的法律效力,西周专设司市、质人等职官,负责买卖契约的签订,"大市以质,小市以剂"①,"以质剂结信而止讼"。②

交换,指双方所有权人互换自己的所有权,这也是转让所有权的一种形式。《五祀卫鼎》上记载的即是这种交换所有权的例证。

赠送,是所有权人自愿将自己的所有物赠予受让人,使受让人获得对赠物的所有权。除前述金文资料外,《易经》中也有反映。《遁九四》中记载:"好遁,君子吉,小人否",是说馈赠给别人的小猪,如受让人是君子,这种馈赠就会大吉大利,合乎礼制;如受让人是小人,赠予人便将大丧其财。这从一个侧面说明,馈赠之后,赠予人对物的所有权随之转给受让人一方。

---

① 《周礼·地官·质人》。
② 《周礼·地官·司市》。

3.所有权的抛弃。西周法律规定,所有权人如抛弃所有物,其所有权也就随之丧失。前引《周礼·朝士》和《礼记·月令·仲冬之月》的规定,均可说明这点。仲冬之月,农夫不收藏积聚,或任凭马、牛牲畜走失,这是原所有权人自动抛弃所有物的表现。抛弃所有物,就是对该物所有权的丧失。即使不在仲冬之月,对抛弃物的处理,"大而公之,小者庶民私之",对原所有权人来说,也是丧失了对物的所有权。

4.所有权因强制手段被消灭。这是指国家行政机关或司法机关依法强制所有权人转移其对物的所有权。周王对贵族撤销封赐,就是用强制手段消灭其所有权。如《大簋》、《大克鼎》铭文记载,贵族封地的被收回,表明这些贵族因此而丧失了对封地的占有权、使用权。《散氏盘》等铭文记录侵权一方在官府监督下用土地、奴隶进行损害赔偿,一旦订立赔偿券书,负责损害赔偿的一方,便丧失了对这些土地、奴隶的所有权。

5.所有权主体的消灭。所有权主体的消灭,是指所有权人的死亡。换句话说,所有权人一旦死亡,其所有权便立即转移。这种所有权的转移,在西周最明显的表现是家庭中家父死亡后实行的嫡长子继承制。父亲死亡,所有权便落入嫡长子手中;如无嫡长子,则依法律规定转移其归宿。继父与继子之间也适用这种所有权关系的转移规定。

(四)所有权的保护

为了对奴隶主贵族的所有权进行充分保护,西周奴隶制法规定,当所有权人的财产受到侵害时,所有权人有权向国家机关或司法机关提起诉讼请求保护。

1.请求确认所有权之诉。这是指当所有权或占有权的归属问题发生争执时,当事人可向有关机关提起诉讼,请求确认所有权。

在不动产物权方面,西周法律规定,诸侯贵族及自由农民对土地只有占有权、使用权,而无所有权。但是,无论哪种形式的占有,国家都要对诸侯贵族及自由农民占有的土地按照法定手续，勘查土地疆界，并绘制地界图。地界图一式两份，一份存放官府，一份在占有人手中。如果土地占有权或私田所有权需要转移，则地界图要随土地一并转移。公田的转移还须官方代表亲临现场再次查核地界。《大簋》铭文记载当封赐给贵族㝬的土地被收回转赐给大的时候，周王便派王室官吏膳夫豕首先把这一决定通知给㝬，然后，他们一起到现场去勘查了那块转封土地的地界。《格伯簋》、《散氏盘》、《卫盉》、《五祀卫鼎》、《九年卫鼎》等器物上的铭文均有田土转移时政府官员勘查田界的记载。有的铭文还详细地描述、记录了田界经过的具体路线、起点和终点。有的铭文记录着交付地界图的隆重仪式。当土地占有权或土地疆界出现争执时，要向小司徒或司法机关提起诉讼，进行请求确认土地所有权的诉讼。有关机关裁决此种诉讼的根据，就是官府保存的那一份地界图。即《周礼·地官·小司徒》的"地讼，以图正之"。

对动产物权的确认，也是通过当事人提起请求确认所有权之诉后再由司法机关裁决的。如《𠈑匜》判例，就是一起请求确认动产物权之诉的判决。原告小贵族牧牛，为五名奴隶的所有权归属和被告大贵族𠈑发生了争执。为了得到那五名奴隶，牧牛把𠈑告到司法官吏伯扬父那里，请求司法机关依法作出判决，以确认自己对五名奴隶的所有权。这场诉讼，是请求确认所有权之诉。

2.请求返还原物之诉。所有人的财产被他人非法占有时，财产所有人有权提起诉讼，请求司法机关责令不法占有人返还原物。能够返还原物的，必须返还原物；不能返还原物的，可用其他物代替；假如原物已经灭失，可以请求赔偿损失。《曶鼎》上记载的第二判例就是典型的请求返还原物之诉。当匡季指使其二十名奴隶抢占了曶的"禾十秭"后，曶向司法机关东宫提起诉讼。匡季原先试图用五田四夫（五百亩田和四个奴隶）进行损害赔偿，但曶却坚持"必唯朕禾是偿"，就是说非返还原禾不可。而原禾因时隔已久已经灭失,因此,东宫判决为增加赔偿数量,使其尽量接近原物损失。东宫的判决是:"偿召禾十秭,遗十秭,为二十秭","偿十秭",与匡季抢劫的原禾数量相等,再"遗十秭",即再加十秭,应看作是原禾被窃后的那段时间里原禾应得的孳息数。这样判决,使赔偿数比抢劫数增加一倍,为的是求得赔偿数与原物数能得到实际的均等。判决辞还说,如果到第二年没有还清二十秭禾的赔偿数,则再加一倍,要偿还四十秭,即以二十秭为原物递增成倍孳息。

3. 请求损害赔偿之诉。所有人的财产因他人不法侵害而遭到灭失或损坏时,在无法返还原物或恢复原状的情况下,所有人可以请求赔偿损失。《散氏盘》上记载的就属于这种请求损害赔偿的判例。铭文一开头便说"用矢扑散邑,乃即散用田"。就是说因为矢氏侵犯了散氏的田邑,致其田邑遭到破坏,于是矢氏愿意用自己的田邑给散氏进行损害赔偿。铭文接着详细地记述了矢氏用两块田给散氏作赔偿的经过,最后又让那两块田的田官在司法官面前宣誓,保证履行誓言,进行赔偿。如果发现爽约现象,造成多大损失,便罚多少,甚至可以进行刑罚惩处。可见,这一赔偿是受害人向司法机关提起诉讼之后,由司法机关强制侵害人进行损害赔偿的。

以上几种诉讼方式,是西周民事法规中保护所有权的方法。这种所有权保护法,一般为损害赔偿,但有时也有例外。如《僳匜》记载的判例,其诉讼除民事外,还涉及刑事诬告罪。对这种民事与刑事混杂的诉讼,便不能单一地采用损害赔偿的方法,可以给以刑事制裁,也可以把民事赔偿和刑事制裁结合使用。《散氏盘》上记载,田官宣誓时以人身作担保,说什么如果不遵守誓言,愿受刑罚惩处,也包含这种意思。即除民事赔偿外,还将受到刑事惩罚。

第三节　西周的债法

一、债的称谓

民事法规调节的财产关系，主要是所有权关系和债的关系。债的称谓在西周时已经出现，叫作"责"。《周礼·秋官·朝士》："凡有责（债）者，有判书以治，则听。"就是说，凡有债务纠纷的，必须附有契约券书，官方才能受理。这说明"责"（债）的内涵已包括债权、债务两方面的内容。类似记载还见于其他篇章。《天官·小宰》："听称责（债）以傅别"；《秋官·朝士》："凡属责（债）者，以其地傅而听其辞"。前句意为有借贷债务纠纷的，根据契约借券而听断。后句为凡受死友的委托，向债务人追讨债务，如因债务人抵赖而发生诉讼，要传唤知其债务的邻里人来做证。

西周债的发生主要由两种原因所引起，一是因侵权行为所发生的债，一是因契约关系所发生的债。后一种情况是债产生的主要原因。

二、因侵权行为所发生的债

侵权行为指不法侵害他人人身或财产权的行为。受害人有权请求赔偿损失，而加害人必须承担因侵权造成的债务，主要是补偿受害人的损失。

前引《曶鼎》铭首"昔馑岁，匡众厥臣二十夫寇曶禾十秭，以匡季告东宫"，是交代引起诉讼的原因：一个荒年里，匡季指使其众和臣抢劫了曶的禾十秭，这是一种不法侵害并非法占有他人财产的行为，故受害人曶依法提起诉讼，请求赔偿损失："必唯朕禾是偿"。尽管，由于匡季是个在东宫任职的大贵族，司法官试图通过匡季向受害人曶叩头赔情以了结此案,匡季也主动提出愿以五田四夫作代价进行赔偿损失,但因曶坚持返还原物,所以司法官不得不依法作出判决:"偿禾十秭,遗十秭,为二十秭。如来岁弗偿,则付四十秭"。责令被告赔偿十秭,再加孳息一倍,如果到第二年未付清债务,则要赔偿原物的四倍。这一判例说明,只要是因侵权行为引起的诉讼,司法机关必须用强制手段使侵权人承担因侵权行为造成的债务,即补偿受害人的损失为结案的前提。不过,此类案件,西周法律也允许双方当事人私下了结。当司法官判决之后,匡季和曶并未执行判决,而是私下达成了协议:匡季愿意在原先答应赔偿五田四夫基础上,再增加二田一夫,总共赔偿七田五夫。曶也就同意了匡季的请求,愿意在赔偿七田五夫和二秭的情况下,免去交付三十秭的孳息,而解决了这场争纷。

《散氏盘》上的记载更是一则因侵权行为所发生的债的典型资料。"用矢扑散邑,乃即散用田",是侵权之诉引起的原因。因为矢氏不法侵害的散氏的财产权——对邑的财产权,因而构成争讼,散氏请求加害人赔偿损失。加害人"乃即散用田",就是说用自己田邑进行赔偿损失,履行因侵权而造成的债务。接下来,铭文详尽地记述了加害人用眉田和井邑田两块田地进行赔偿的过程。在官方主持下,双方各派大批田官和其他政务官员,矢氏一方有十五人,散氏一方有十人,对眉田和井邑田的田界进行了勘查,并绘制了田界图,签订了契约券书,加害一方的代表在司法官面前宣了誓,最后办理了田土移交手续,这场因侵权行为引起的诉讼,以加害人做了损害赔偿而结束。

三、因契约关系构成之债

因契约关系构成的债,是西周最主要的债。契约在西周称作"傅别"、"书契"、"质剂"、"判书"和"约剂"等。最常见的契约有如下几种。

(一)交换契约

这是商品交换早期的契约形式。基本上是以物易物,即一方用金钱以外的财产与他方的另一种财物相互交换。这种契约是双务性、承诺性和有偿性的。其法律后果是双方当事人转移交换财产的所有权。金文中这种契约经常见到,《五祀卫鼎》、《九年卫鼎》、《鬲从盨》等的铭文为典型材料。

《五祀卫鼎》,西周中期共王时器,其上铭文记载裘卫和邦君厉之间的一桩土地交换活动。铭文记载:

> 惟正月初吉庚戌,卫以邦君厉告于井伯、伯邑父、定伯、琼伯、伯俗父,曰厉曰:"余执共王恤工,于昭太室东逆,营二川。"曰:"余舍汝田五田。"

这段话的大意是:正月上旬庚戌那天,裘卫把邦君厉带到执政大臣井伯等人面前进行交易。他对邦君厉说:"我执掌共王勤政的事务,在昭王的太室东北,要经营两条河流。"又说:"我给你五田作交换。"这是要约人裘卫陈述交换土地的理由。由于交换的土地原先为公田,因此,交换活动要在执政大臣面前进行,以得到国家的认可。裘卫是个管理皮裘的官员,又是一个工商奴隶主。生产皮革制品离不开水,所以,他才看中了邦君厉所占有的位于昭太室东北的田地。那儿有两条流水,利于经营皮毛加工,因而愿意以自己的"五田"(五百亩田)交换邦君厉的一块四百亩的田地。官员们询问邦君厉:"你愿意换田吗?"当"厉乃许"之后,这桩土地交换契约便在双方协议的基础上达成了。裘卫用自己的五田去交换邦君厉的四田。从数量上看,交换是不等价的,然而,邦君厉的四田当中却有二川流动,水利收益将会弥补田数的差额,所以交换基本上是均等的。这便是裘卫不顾田土数量之差而以要约人身份首先请求交换的原因,也是邦君厉能够以允约人身份允诺契约达成的理由。契约签订之后,双方均承担义务,要按契约规定交付对方所换的田地。裘卫为了使自己对交换得来的土地享有永久占有权,因而铸造这件大鼎,详细记述在官方参与下勘查四田田界的经过和邦君厉现场交付裘卫田土的交接仪式。

《九年卫鼎》也是共王时器,器主仍为裘卫。铭文记载共王九年矩伯用自己的私田交换裘卫车马器的立契过程。铭文分以下几层意思。

第一,交代交换行为产生的原因。共王九年正月,周王在周驹宫,又到宗庙里。这时,眉敖的使者前来朝见,周王举行盛大接待礼。矩伯被任命为接待使者的卿。为了接待礼的急需,他要向裘卫换取一辆好车。

第二,叙述双方的交换物。矩伯向裘卫取了一辆好车,并带有车旁的钩子,车前横木中有装饰的把手、虎皮罩子、长毛狸皮的车幌、彩画的车套子、鞭子、大皮索、四套白色缰绳、铜马嚼口等。裘卫为了交换的顺利进行,给矩伯妻子贿赂了十二丈帛。矩伯用来交换的物是一块林晋里,即林地。

第三,交代裘卫与矩伯交易活动中的另一次小交易。矩伯给裘卫的林地中,其林木的收益权,早被矩伯分赐给小奴隶主颜氏了。矩伯、裘卫之间的交易一旦成功,就意味着颜氏也将丧失对林木的收益权。因此,裘卫又给颜氏两匹大马,给颜氏之妻一件青黑色衣服,给颜家管事寿商一件貉皮袍子和罩巾,作为交换林木收益权的代价。

第四,契约达成之后,矩伯给裘卫交付田地。当裘卫给颜氏管家交换物后,矩伯便命令寿商和裘卫一起去勘查土地,立起田界,举行换田交接仪式。

第五,裘卫铸鼎,镌刻"卫其万年永宝用",确定自己对这块林地的所有权。

十分清楚,这是一个交换契约成立的全过程。要约人为矩伯,受约人为裘卫,契约以双方交换物权而成立。这个契约还是一个主从契约,裘卫与矩伯的交换契约为主契约,裘卫与颜氏的交易为主契约引起的从契约。从契约以主契约的存在为前提,随主契约的成立而成立。尤为引人注目的是,这次交易和《五祀卫鼎》记载的交易存在着很大的差别。《五祀卫鼎》记载,用以交易的土地为公田,因此,整个交易活动要在官方参与下进行。而这次交易中矩伯用以交易的土田,为他的私田。私田交易,无须官方执政大臣参与,也不举行官方主持下的宣誓仪式。契约的成立完全取决于立契双方的意愿。这次交易,敢于在周王举行盛典时公开进行,说明私田交易在西周中期已较为普遍。私田交易首先从山林地开始,说明山林地最容易被奴隶主开荒利用,变成自己的私田。

"鬲从盨"是西周晚期厉王时器,器主鬲从为受约人。该器铭文所载的契约是一种混合契约,即交换契约混杂着租借契约。不过,铭文主要反映的是交换契约。有两个要约人同一天与受约人鬲从分别签订了以耕作奴隶交换田土的契约。鬲从为了确认自己得到的奴隶的合法性和所有权,便铸造了这件宝鼎,镌刻铭文,详记契约签订的过程。

鬲从是个大奴隶主贵族,在王畿之内拥有大片土地。和他进行交易的第一个人是章氏。章氏派遣自己的部下用耕作奴隶去交换鬲从的土地。章氏出了三名奴隶换取鬲从的田地。交易过程中,章氏一方又馈赠了两名奴隶给对方,总共用了五名奴隶。交易中,要约人给受约人馈赠物品,表面上是为了促成契约的尽快完成,其实,馈赠物也是一种变相的折价办法,这点,《九年卫鼎》的铭文中已有反映。契约以受约人的允诺而成立,随即进行了田、奴交接仪式。第二个和鬲从交易的人叫昌氏,他也派遣自己的部下用耕作奴隶来换田。昌氏除租借给鬲从三名耕作奴隶外,又将五名奴隶作为交换对象换取鬲从的田地。这次交换,同样以受约人鬲从的允诺而成立,双方签订了契约,办理了交接手续。这则契约中又混杂了一则租借契约,通过两则契约,鬲从一日内用土地换到十三名奴隶。从交换标的全是耕作奴隶而且其数字相当可观这点来看，说明鬲从肯定是个大土地奴隶主。奴隶虽是动产，但在当时其价格是比较昂贵的。"匹马束丝"才能买到五名奴隶，所以鬲从对这次交易颇为重视。为了使自己的契约有法律保障，他将两则要物交换契约的制定情况均报告给周王。大概由于王畿之内要物的交易，周王是要亲自过问的，因此，铭文开头便记载了在周厉王二十五年七月的一天，王在永地的师田宫听取了这两则契约签订经过的汇报，并作了认可。周王还命令一个叫成的小官吏迎来内史和大史，让他们把契约的副本登录在官府的记录中，并存档保管。之后，鬲从铸了器，以表明自己对那十三名奴隶的所有权。要物契约必须是书面契约，立契之后，将契约中分为二，由官府和债权人各存一半。《鬲从盨》铭文的结尾是"厥右鬲从善夫克"，就是说，契约的右侧归鬲从保管。由于交换契约是双方契约，就鬲从一方来说，在确定自己对交换得来物的所有权时，他是债权人，因而，要保存契约右侧。这点，和《周礼》等先秦古籍记载完全符合。善夫克是立契中介人。善夫，官名；克，人名。契约铭刻中介人姓名，在于索取旁证。两次立契活动均使用了同一个象形文字"&"，此字被郭沫若在《两周金文辞大系考释》中释为"钧"的象形文，意为"取，交易"。提到对方付给鬲从奴隶时，两次使用"复贿"一词，即还付的意思。就是说拿到田，就要还付奴隶。[①]

仅上述两件铭文，足以看出交换契约在西周已普遍存在。这是一种以物易物的交易活动，交换标的有土地、奴隶、车马及贵重物品。公田交换要报告官方，以保证国家对契约的干预。私田及非重要动产交换，自行其事。要物交换要写成书面契约。交换契约是双务性的，立约双方均可成为债权人，亦对对方负有债务。交换契约以标的物的交换而成立，交换之后，所有权人的所有权亦发生变革。交换契约也可以是

---

① 详见冯卓慧："鬲从盨反映的西周契约关系"，《考古与文物》1985年6期。

混合契约或主从式契约。

(二)买卖契约

买卖契约是出卖人一方将财产交给买受人一方所有,而买受人接受此项财产并支付价款的协议。买卖契约的成立,必须注明买卖的标的和价格。西周时期,买卖的标的是有形物。出卖人的义务是将标的物及其所有权转移给买受人,而买受人的义务,是按契约规定支付价款。交付时间亦有规定,可与标的物的交付同时进行,也可按契约规定时间另行交付。无论买受人或出卖人违反契约规定不交付价款或不交付标的物,另一方有权依法向司法机关提起诉讼,请求保护权利。买卖契约与交换契约的最大区别是,前者以钱买物,或对物的价格作出明确的折算办法,后者是以物易物。西周中期以后,买卖契约已不少见,但它还处在买卖契约的初期阶段,不少买卖契约带有从交换契约转变而来的特点。《周礼·地官·质人》中有"凡买卖者质剂焉,大市以质,小市以剂",可以反映西周市场贸易中买卖契约的活跃。《格伯簋》、《卫盉》、《曶鼎》的铭文中均有买卖契约的规定。

"格伯簋",共王时器,铭文记载买受人格伯以良马四匹折价,购买倗生三十田的一次交易活动。达成的书面契约是:

惟正月初吉癸巳,王在成周。格白(伯)殳良马乘于倗生,厥贾(价)卅田,则析。

契约首先交代立契时间和地点。周王某年正月初吉癸巳那一天,王在成周处理政务,他俩签订了这件买卖契约。契约接着记载了交易内容:买受人格伯要买出卖人倗生的土地,便交付给倗生四匹良马,这四匹良马的价值是三十田,因此,使用四匹良马折价买田,契约签订后,写在木简上,然后中破为两半,叫作"析",官府存一半,买受人执一半。买受人是债权人,所以要保存契约的一半,以证明对买受物的所有权;另一半存入官府,以备以后一旦发生债务纠纷,即可作为凭证。契约的后一部分主要书写勘查田地的经过并记录田地四至,以及佣生的守约誓词。

很明显,这是一则买卖契约,买卖标的是三十田,价格是作了价的四匹良马。那四匹良马不是交换物,而是折了价的实物,用来支付田价,所以这则契约已变成了买卖性质的契约。尽管如此,它还是早期的买卖契约,是从交换契约演变而来的一种买卖契约形式。交换契约是早期商品经济的产物。随商品经济的发展,简单的以物易物的交换已无法调节复杂的商品关系,于是,货币的作用便日益重要起来。货币作为商品流通市场,将会促进商品经济的进一步发展。《格伯簋》记载的例子中虽未直接使用货币,但却使用了"厥贾(价)"这个字眼,意为"它的价格"是用四匹良马作价的。可以看出,马匹在这儿起到了货币的作用。马克思说:"货币结晶是交换过程的必然产物。"[①]恩格斯说:"牲畜变成了一切商品都用它来估价并且到处乐于同它交换的商品——一句话,牲畜获得了货币的职能,在这个阶段上,就已经当货币用了。"[②]西周的情况也不例外,货币成为商品,流入市场,但初期货币数量不够多时,贵重牲畜马匹也起了货币的作用。

"卫盉"也是共王时器,器主仍是前述交换契约中提到的大工商奴隶主裘卫。铭文是一则买卖契约。买受人为矩伯,买卖标的是朝觐用的玉器和贵重皮衣等物。出卖人为裘卫。裘卫从买卖中得到的价款依然不是货币,而是折价了的田地。

铭文大意是:共王三年三月壬寅日那一天,周王在丰邑大朝诸侯。矩伯为了朝觐的需要,向裘卫取了朝觐礼器玉璋。玉璋价值贝八十朋,根据这一价款,他给了裘卫一千亩田来折价。矩伯又从裘卫那里取了

---

① 《资本论》,第1卷,《马克思恩格斯全集》,第23卷,第105页。
② 《马克思恩格斯全集》,第21卷,第183—184页。

两张赤色虎皮,也是朝觐之物,及两件鹿皮披肩、一件杂色椭圆裙。这些东西的价值为贝二十朋,矩伯用三百亩田折价付给了裘卫。因为这些作了价的田地原为公田,所以还是依规定把契约签订情况一一告知伯邑父等大臣。大臣们命令三有司——司徒、司马、司空到现场参加了田地交付仪式。

这则契约的买卖性质比《格伯簋》铭文记载的更为显明,因为它直接用货币——贝作为衡量价值的尺度。尽管买受人付给出卖人裘卫的价款不是货币,而他两次给予裘卫的一千三百亩田,契约明文按一百朋作了价。这种交易,真正起作用的已经不是田地,而是货币贝,所以,它是一桩买卖契约性质的交易。《卫盉》再次表明,西周时期,早期的买卖契约,是从交换契约转化而来的。

"曶鼎",孝王时器,其上所记载的是所有买卖契约中最典型的铭文。该铭文第二段记述一场因买卖奴隶而酿成的诉讼案,诉讼案对买卖契约签订的全过程,描写得淋漓尽致。诉讼是因奴隶出卖人限两次违约引起的。买受人把限告到司法官井叔那里后,他的诉讼代理人在公堂上陈述了起诉理由。诉辞中详细介绍了两次立契约经过和限悔约的原委。

铭文开头说,曶用"匹马束丝","买汝五夫",即买了限的五名奴隶,中介人叫效父。这是第一次交易。铭文直呼其"买",说明"匹马束丝"已是作了价当作货币使用的实物。契约应属买卖性质,只不过其形式是口头契约罢了。契约以出卖人限的承诺而成立,曶已交付了马和丝。但是,限在收到价款后又悔了约,他不但没有交付买受人标的物"五夫",反而让他的部下和中介人分别退回"匹马束丝",但又提出要在王参门地方改签用金属货币购买那五名奴隶的书面契约。经曶同意后,双方签订了书面契约,达成了用铜百锊"买兹五夫"的交易。当曶交了铜后,限又一次悔约,让他的部下前来"退金"。在出卖人限两次违约不交付买卖标的的情况下,买受人为了保证自己的合法权利,才不得不将限控告到司法机关,寻求法律对自己正当权益的保护。司法官对此案作了判决,责令限应遵守前约,不许再有二言。限只好服从判决,交付了五名奴隶。

《曶鼎》铭文记载的判例说明,西周买卖契约有口头和书面两种形式,无论哪种形式均须具备中介人。契约成立的基础是协商。买卖标的和卖价要在契约上书写清楚。契约一旦达成,即具备法律效力,任何一方无权违反。如因一方违约发生诉讼,法律将制裁违约者,并保证契约的正常履行。"凡以财狱讼者,正之以傅别约剂。"① 这就是说对因货财而引起的诉讼,则按契约傅别、约剂规定裁决。《曶鼎》的铭文对文献记载做了佐证。

(三)租赁契约

租赁是商品经济发展之后出现的一种新的财产权利流转形式。西周时期,已经产生租赁和租赁契约。租赁契约是出租人将出租财产交付承租人使用,承租人向出租人支付租金,并在租赁关系终止时返还所租财产的协议。它也是双务性、有偿性、诺成性的契约。租赁契约并不产生所有权的转移,而仅仅是双方当事人商定对租赁物的有偿使用。租赁关系终止时,承租人必须返还原物。西周时期租赁的标的尚处在土地范围之内。因为从中期开始,土地交换买卖不断出现,有时甚至是大面积的交易,这必将引起土地的相对集中。大奴隶主不断扩大自己占有的土地,小奴隶主被迫丧失土地,不得不承租他人土地,从而促进租赁关系的发展。另外,也有一些奴隶主,通过土地的承租和转租,企图从中渔利,这都是租赁关系发达的原因。世传青铜器鬲攸从鼎上的铭文就反映了这种租赁契约。

---

① 《周礼·秋官·士师》。

鬲攸从鼎,西周晚期周厉王时器,其上的铭文记载的是一起因承租人攸卫牧违反契约规定,拒绝缴纳租金而引起的一场民事诉讼案,其中反映了当时的土地租赁和租赁契约情况。铭文开头说:"女觅我田牧,弗能许鬲从。"意为:你攸卫牧租种我的土地,但不付我租金。这是原告鬲从提起诉讼的理由。从讼词看,鬲从是出租人,攸卫牧为承租人,他俩曾立过租赁契约。诉讼提起后,周王命令两造到司法官虢旅那里接受审判。经虢旅审理,判决攸卫牧败诉,应承担违约责任,并在法庭上让他宣誓:"我弗具付鬲从其且(租),谢分田邑,则放。"就是说,我如果再不全部付给租金,那就收回我所承租的田地,我也愿受流放刑罚的惩处。

从攸卫牧的誓词看,攸卫牧并非完全没有交付租金,只是没有交齐。这也许是由于收成不佳,或是其他原因。不论如何,不按期付清租金,承租人便有被收回承租土地的危险,出租人有提起诉讼的权利。土地租赁一般要有几年的期限,因为土壤改造不可能短期完成。鬲从起先没有收回租地,肯定是租期未到,所以他只好诉诸司法机关,要求司法机关依法保护出租人的利益。攸卫牧愿以人身作担保起誓,说明西周法律是保护出租人权利的,也可看出租赁契约在西周所具有的法律效力。

(四)租借契约

租借契约是租赁契约的一种分支形态,根据对租赁物的使用是否取得孳息来划分。租赁和租借不同,前者需缴纳租金,取得孳息,定期使用,其标的为田地;后者亦缴纳租金,但不取孳息,定期使用,其标的物为房屋、奴隶或其他动产。西周时期,以耕作奴隶为租赁标的的契约,称作租借契约。《鬲从盨》铭文就载有这种契约形式。

前已提及,该器所载一件混合契约,却是由交换契约和租借契约混合而成的。租借的标的为三名耕作奴隶。铭文记载是:虘氏派遣自己的经济代理人小宫,取了舄从的田地,用三名耕作奴隶附以期限地租借给曶从,作为交换的代价。租借一词铭文写作"限赊",郭沫若解释为"附以期限地租借"①。租借自然是有期限的,到期后,承租人将归还租借标的。这则契约的租借标的是三名奴隶。契约对三名奴隶的姓名一一清楚地写了出来,并写明是租借("限赊")。不过没有写明租借日期,可能是因为租借在此混合契约中不太重要的缘故,或许立契时对租借日期已作过口头规定。奴隶作为租借标的是很值得注意的一种社会现象。古代发达的国家,如希腊、罗马,都以奴隶为租借标的。古代东方其他国家还未见到这一现象。西周晚期以耕作奴隶为租借标的,是土地私有化迅速发展的表现。西周中期以后,土地开始向私有化转化。《五祀卫鼎》铭文记载土地交易量达500亩,约合今156亩,数量相当可观。随土地私有量的逐步增多,奴隶主对土地上直接从事农业劳动的耕作奴隶的需求量自然要增大。奴隶从何而来?购买是一条途径,但不是唯一途径。因为"匹马束丝"才能购到五名奴隶,价格是比较昂贵的。《格伯簋》铭文中记载四匹马的价值为三十田即3000亩,一匹马价值为750亩,合今240亩。"匹马束丝"买5名奴隶,即使除去"束丝"的价值,1名奴隶也要付出150亩土地的价值,相当今48亩农田的价值。所以,购买,不会成为奴隶主解决奴隶来源的唯一途径。于是,另一解决奴隶来源的途径——租借便应时而出现了。奴隶作为租借标的,既可消除需求关系的矛盾,又可使奴隶主免付购买奴隶的巨额资财。定期租借耕作奴隶,还能适应农业季节性的特点,农忙多租,农闲少租或不租。总之,以奴隶作为标的物的租借契约的出现,不仅对奴隶主阶级有利可图,对调整西周民事经济关系,促进社会经济的发展,都有着重要作用。

---

① 《西周金文辞大系考释》。

(五)借贷契约

和前几种契约一样，它也是商品经济的产物，是人类社会最早出现的契约之一。在先秦文献中，西周的借贷契约与买卖契约并列为两大重要契约。西周借贷契约的特点是，出借人把货币或实物交付借用人所有，借用人在一定期限内除返还一定数量的钱物外，并附加一定限额的利息。违反契约规定，不按时交付利息者，要受刑罚制裁。借贷在先秦文献中称作"取予"、"同货财"或"责"。"凡有责者，有判书以治，则听。"[1]其中的"责"，专指借贷债务。是说因借贷债务发生的纠纷，必须附有契约券书，然后才能受理。"凡民同货财者，令以国法行之，犯令者，刑罚之。"[2]"同货财"，指赊贷钱物。是说民间赊贷钱物，应该按照国家法令规定的利息支付，违背规定的，处以刑罚。"听取予以书契。"[3]"取予"即借贷款物。是说因贷款发生的争执，按借贷书契听断。如果债权人已经死亡，其遗嘱委托人代替死者向债务人讨取借贷债务，史书称作"属责"。"凡属责者，以其地傅而听其辞。"[4]就是说，受已故朋友委托向债务人讨取借贷债务，如因抵赖而发生诉讼，要传唤居住在附近的居民来做证。

从上述有关借贷契约的规定可知：

第一，西周借贷的标的为钱财，既可为物，亦可是钱；

第二，借贷是一种协议、诺成，因此必须签订判书或书契；

第三，借贷契约有口头和书面两种形式。判书、书契多为书面契约。从"以其地傅而听其辞"分析，与书面契约同时存在着的还有口头承诺契约，否则，就无须传唤邻人做证而只要拿出书面契约便是了。

---

[1] 《周礼·秋官·朝士》。
[2] 《周礼·秋官·朝士》。
[3] 《周礼·天官·小宰》。
[4] 《周礼·秋官·朝士》。

第四，无论借贷标的是钱或是物，均按国家法定利率支付利息。这说明法律规定了最高利率，以之调节经济关系。

第五，借贷人必须如期返还与借贷钱物等量并加有利息的钱或物。

第六，法律保护债权人用遗嘱委托他人讨取债务的权利。

第七，借贷契约受法律保护，借贷纠纷可以提起民事诉讼。

(六)委托保管契约

委托保管契约是寄托人把需要保管的物品交给保管人保管，保管人在一定期限内返还保管物的协议。依保管契约，寄托人把需要保管之物交付保管人，仅转移占有权，并不丧失所有权，故保管人应按约于一定期限内将保管物返还寄托人。保管契约是实物契约，既要双方为保管的要约和承诺，又要有寄托人交付保管的行为，契约方能成立。保管契约可以是有偿性的，也可以是无偿性的。保管契约是双务契约。这种契约是适应商品生产与交换的需要而产生的，是在商品经济日趋复杂的条件下出现的。

过去，许多国内外法学家以为保管契约仅在《汉谟拉比法典》或罗马法等法律制度中才列入契约种类。殊不如，在中国西周的法律中，它也被列入契约种类。《周礼·地官·廛人》中的"廛布"贾公彦疏为："廛布者，货贿诸物邸舍之税者。谓在行肆，官有邸舍，人有置货物于中，使之出税，故云廛布也。"也就是说，廛布是一种因保管物品而得税收的称谓。这说明，西周有保管契约存在。这种保管契约中，寄托人是一般的商贾，保管人是官方，官方在市场上专门设立邸舍，受商贾委托，为之保管货物。保管的标的是"货贿诸物"，就是各种各样的货物。西周的保管契约是有偿性的，保管人为寄托人保管货物，到期返还原保管物，要寄托人支付一定的保管费。因为西周保管事业是官方经营，所以保管费以税收形式交付保管人，称为"廛布"。

西周保管契约有如下特征。

第一,它是在西周商品交换更进一步发展的基础上产生的。当时市场上从事商业活动的已不限于附近的小商贩,常有大量远道而来的商贾。他们牵牛拉畜,运来许多货物,一时销售不完,便可保存于邸舍中。或者,当商贾们要离开此地,到外地经营时,一时不想带走的货物,也可存于邸舍,只需缴纳一定数额保管税,归来时,货物又可当即取出销售。所以说,西周委托保管契约的产生是适应当时商品经营范围的扩大、远处商队增多的具体情况,它更进一步促进了商品经济的繁荣。

第二,西周的保管契约是以"格式契约"的形式出现的。"格式契约"也称"标准契约",它是一种专断式契约,由一方提出契约条款建议,另一方如选用该契约,只能按契约条款履行义务,表示诺成,再无协商之权。西周的保管契约即由国家提出保管条件,规定保管费用,寄托人只能决定选用或不选用此契约,无另行协议权。西周的邸舍设于市场,就地从事保管业,这种保管契约必然是大量出现的,而且官方又是保管人,所以国家选用"格式契约"的形式规定之。这也反映西周契约法律制度的发达。

四、契约形式和成立的要件

西周的契约分口头和书面两种形式。

（一）口头契约

用口头交谈进行意思表示而订立的契约,叫口头契约。西周时期,口头契约主要用于即时清偿的契约关系。例如,《曶鼎》铭文所述第一次与限进行的5名奴隶的买卖,即以口头许诺而成立。曶当即交付了"匹马束丝",如果限也能立即交付奴隶,这桩契约就会告成。只是因限违约,才发生了纠纷。口头契约有时也用于借贷和其他非即时清结的契约关系,可以独立行使,也可与书面契约混杂在一起使用。《鬲从盨》铭文中记载书面契约中未注明租借期限,这个具体借期就是和租借书面契约混杂在一起的口头契约。口头契约简便、迅速、易行,但发生纠纷后较难取证,不易分清责任。鉴于此,西周时期的土地、奴隶等要物交易,大都采用书面契约。

(二)书面契约

用文书形式进行意思表示而订立的契约,叫书面契约。这种契约因有据可查,有利于契约纠纷中分清责任。西周时期,书面契约称作"傅别"、"质剂"、"判书"和"书契"等。严格地讲,有"傅别"、"质剂"两种。

"傅",就是"傅著约束于文书",也就是说把契约写在竹(木)简上。"别",即"别为两,两家各得一也",就是把契约分为两半,债权人与官府,或立契双方各执一半。"傅别"的书写格式,"为大手书于一札,中字别之"。就是说在一支木简或竹简上,中间写字,然后将其从中间破而为二,双方各执一半。一旦发生契约纠纷,官府便开府拿出库存契约之左侧与债权人执掌的右侧验合,断决是非。"质剂","谓两书一札,同而别之,长曰质,短曰剂"。就是说,"质剂"是在一支札上的左右两方书写同一内容的契约,然后,中分两半,右侧归债权人掌握,左侧存入官府,发生纠纷,开府验对,以断曲直。"质剂"有长短之分。长券叫"质",短券叫"剂"。凡奴隶、马牛、土地等要物交易用长券,珍奇异物等动产交易用短券。

书面契约一般写在木(竹)札上,如果发生了争讼,纠纷解决后,债权人为了进一步确定自己对转移得来物的所有权,常常要铸造宝器,镌刻契约内容或诉讼(一般情况下为胜诉一方)的经过。刻在铜器上的契约实际上也有法律效力。

(三)契约成立的要件

从金文资料看,无论口头契约或书面契约,均由双方协议达成。契约成立,一般具备以下一些要件。

第一，口头、书面契约都须注明契约标的和债权、债务关系。

第二，契约签订过程中要说固定的套语。如《五祀卫鼎》铭文中记载土地交易契约的签订时，立约之一方和主持立约的执政大臣进行了如下的套语问答：

执政大臣问："你要交换土地吗？"

受约人邦君厉回答："我确实要交换对方的500亩田地。"

第三，要物尤其是土地交易达成协议时，权利转让人要在司法官面前立誓，以表示愿意承担契约义务。"五祀卫鼎"、"格伯簋"等铜器上的铭文均有反映。

第四，口头、书面契约签订都要有中介人，即证人。《曶鼎》铭文中的中介人叫效父，《鬲从盨》铭文中的中介人叫善（膳）夫克。

第五，土地交易，要绘制田界四至图，并将田土四至详细写在契约上。《格伯簋》、《散氏盘》等铭文中均有记载。

第六，有的契约，尤其是经过争讼之后的契约，如土地租赁，承租人（或败诉者）要以人身作担保，以保证契约的履行。

第四节　西周的婚姻、家庭与继承法

一、西周的婚姻法

周人从婚姻、家庭和统治权三者之间的相因关系出发，对婚姻、家庭问题及其他与此相关的立法活动十分重视。在周人眼里，婚姻是家庭组成的前提，而家庭则是整个社会的最小但又是不可缺少的细胞。一个家庭，犹如一个国家的小缩影，没有绝对的家庭主权人，没有长幼尊卑之间的等级关系，家庭不能安定，社会秩序也要遭到破坏。反之，婚姻、家庭如果合乎礼的规定，不仅社会秩序稳定，周的统治权也能巩固。正如《易序卦》所说："有天地,然后有万物;有万物,然后有男女;有男女,然后有夫妇;有夫妇然后有父子;有父子,然后有君臣;有君臣,然后有上下;有上下,然后礼义有所错。"周统治者为了确保婚姻、家庭在礼制基础上的相对稳定,对婚姻原则、婚姻成立的条件和中止以及婚姻形式、夫妻地位等均做了相应的法律规定。

(一)同姓不婚的婚姻原则

作为上古发达时期的西周,不仅要求理论上的一夫一妻制(当然是对男性而言),而且要求每个家庭繁衍子孙,人丁兴旺,产业后继有人。于是周人在总结千百年历史经验基础上,进一步懂得了"男女同姓,其生不蕃"[①]的道理,并将同姓不婚作为一条重要的法定婚姻原则恪守不移。《礼记·曲礼》："取妻不取同姓,故买妾不知其姓则卜之。"《礼记·大传》："百世而婚姻不通者,周道也。"这说明周人娶妻不能同姓,买妾也一样,首先必须询问清楚其姓,然后才能通婚。同姓不婚也无年代界限,同姓之人,即使传过百代都不准为婚。正因为西周严格执行这一法定婚姻原则,所以,凡铜器铭文中有关婚姻的记载没有不是异姓为婚的。例如,《克盨》铭文记录着克与师尹两家达成的婚约。"番匊生壶"是滕器,其上铭文记录番匊生长女嫁孟氏家为妻。该器是厉王时器,铭文道:

佳廿又六年十月初吉己卯,番匊生铸滕壶,用滕厥元子孟妃乖,子子孙孙永宝用。

这是说番匊生的长女出嫁给孟家,这桩婚事是番、孟两家达成婚媾。"皇父簋"也是厉王时器,是函国的皇父为其女儿出嫁所造滕器。皇父之女姓娟,嫁与周室,铭文称为周娟。周为姬姓,这件婚姻是姬、娟两姓通婚。《叔姬簋》铭文记载姬姓女子嫁与黄邦作妻,楚国女子邛嬭

---

① 《左传·僖公二十三年》。

作陪媵之事。宣王时的《苏伯簋》铭文中有"孝倗友,与百诸婚媾"语,也就是说苏伯与边远地区的少数民族达成婚媾,以便宴好朋友,与异族结为亲密关系。"宗妇鼎"是幽王时器,记载远在蜀地的郜国媪姓女子嫁与姬姓的周室一事,是媪、姬两姓通婚。《矢王簋盖》铭文记载矢氏为自己的爱妃(郑国的姜姓女子)作礼器,这是矢、姜二姓通婚。

先秦文献中这类记载也屡见不鲜。《诗经·召南·何彼秾矣》是一篇赞美周平王的孙女下嫁给齐侯之子的诗篇。齐为姜姓,周为姬姓,这是姜、姬两姓联姻。《左传·昭公九年》记载郑公子与陈侯联姻,郑为周王室后代,姬姓;陈为虞舜后代,妫姓。这是姬、妫两姓结为婚约。

姓氏是代表有共同血缘关系,出自同一氏族的人的一种称号。顾炎武《日知录》记载,根据《春秋》,可以考出秦汉以前的二十二姓。许多古姓都从女旁,例如,周天子为姬姓,其所封的同姓伯叔兄弟的封国也都是姬姓。夏人后裔越国是姒姓。虞舜的后裔陈国是妫姓。这说明古老的姓与我们祖先经历过母系氏族社会有关。同姓之人,在远古时曾是同一氏族的人,有一定血缘关系。

周人从数千年人类社会的发展中科学地总结了同姓相婚的弊害。《国语·晋语四》说:"同姓不婚,恶不殖也。"子孙的繁衍是周人确立婚姻关系的最重要的目的,立国者要考虑江山有后代可继承,立家者要考虑宗祧家业有子孙可传宗,因此,周人确立了同姓不婚这一重要的婚姻原则。周人不娶同姓而娶异姓,也还有政治上的需要,那就是通过异姓联姻起到对远邦的安抚作用,以维护周的一统天下。《礼记·郊特牲》说:"娶于异姓,附远厚别也。"《国语·晋语四》"异姓则异德,……男女相及,以生及民;同姓则同德,同德则同心,同心则同志,同志虽远,男女不相及,畏黩故也。黩则生怨,怨则毓灾,灾毓灭姓。是故娶妻避同姓,畏乱灾也。"也就是说,异姓相婚可以使边远地方的异族归附,使别姓与自己亲厚,这是有利于国计民生的,而同姓相婚,可能为了争色缘故,导致到上下、辈分、亲属间轻慢不敬,最终产生怨恨,致使内乱发生,灭姓灭族,不利于巩固奴隶主阶级的宗法制统治。

周人的同姓不婚原则不能完全和今人的优生学说相提并论,然而在距今三千年前,我们的祖先已经懂得了"同姓相婚,其生不蕃"的道理,这不能不说是人类婚姻发展史上的一大进步。这种科学的观点是其他上古国家,包括罗马在内,其婚姻法中所没有的,它显示了我国古代文明的发达。

(二)婚姻种类

周人的婚姻种类主要有掠夺婚、买卖婚、自由婚三种形式。

1. 掠夺婚。

是以强力手段"劫掠"成婚的一种婚姻形式。恩格斯在《家庭、私有制和国家的起源》中认为,人类社会之初处于杂婚、群婚时代,一个女子可以和许多男子构成结合关系,因此,那时没有体现出女性的不足,也就不会出现掠夺婚。从母权制过渡到父权制,婚姻关系随之从群婚走向对偶婚和一夫一妻制,氏族成员也由"随母居"转向"随夫居",此刻,才感到女子的不足。为了确立男权制家庭的夫妻关系、继承关系和父母子女关系,丈夫要求要有明确的子嗣,男子要求女子绝对服从自己,守节于自己,掠夺婚便在这种形势下应时而生了。

中国也不例外。早在原始社会,我们的祖先"聚生群处,知母不知父,无亲戚、兄弟、夫妇男女之别"[1],过着杂婚、群婚的生活。这种群婚制至殷人、周人始祖时还未改变。传说殷人的始祖叫契,当时人们不知生育的原因是男女交合,而归之于他们的女祖宗受某一动物的感应而生子女,因而便编造一个简狄吞食玄鸟卵,因孕生契的故事。周人也说他们的生母叫姜原,而他们的父亲却无法知道。据《诗·大雅·生民》

---

[1] 《吕氏春秋》。

和《史记·周本纪》记载,最初生出周族男始祖的人是姜原。她本来不怀孕,于是到野外去祭祀上天,乞求赐福于她。姜原在郊外祭天时,见到大神的脚印,便踩了上去,一直踩到大神脚印的拇指之处,身体有了感应,不久便生了个儿子叫弃。周人为了美化自己的男始祖,说什么是受上帝感应而生的,这和西方基督诞生的故事几乎是异曲同工。神话传说留给我们最为可信的证据,是说明中国古代经历过漫长的群婚时代,人们只知其母而不知其父。

自从男子在社会经济生活中取得主宰地位后,掠夺婚才出现了。掠夺婚大约产生于夏代。《易·睽上九》:"睽孤见豕负涂,载鬼一车,先张之弧,后说之弧,匪寇婚媾。往遇雨则吉。"这是一则描写掠夺婚的爻辞。爻辞前部分是个古代故事,说睽孤这个人傍晚行路时,见到一豕伏在地上,又见到满载着鬼的一辆车。睽弧起先想张弓射杀他们,后又弛下了弓。因为他仔细审视之后,发现车上坐的不是鬼,而是人。那么这些人为什么傍晚时要打扮得像鬼一样呢?原来他们不是前来抢劫财物的寇贼,而是些掳掠新娘的掠婚者。爻辞后一部分涉及卦,是说占卜者遇到这一爻辞,如果要往别的地方去,出发时遇雨则吉。因为睽弧见到此事适逢在大雨之时。爻辞从一个侧面为人们再现了掠夺婚的原貌。掠夺婚把时间放在傍晚,因为其时昏黑,对方不易察觉。睽孤最初把掠婚者误判为一车鬼,仔细审视后才发觉是人,这正是因为傍晚时分的缘故。男方参与掠婚者,往往是一个大家族的一群青年人。这些人傍晚出发,身着黑衣,蒙面或者面部涂染,女家是不易认出庐山真面目的。爻辞中的睽孤,有研究者认为是指夏少康[1],说明掠夺婚产生于夏代。西周的掠夺婚,是在夏商基础上发展而来的。

---

[1] 高亨:《周易古经今注》。

最初的掠夺婚是真正的掠夺。后来,随着社会的进步,掠夺只不过是一种形式罢了。那种掠夺,实际上是一种假掠真婚制。也就是说,在男女双方达成婚约之后,把假抢作为男方"亲迎"的一种取代仪式。假掠真婚的前提是买卖婚姻,因为买卖婚要求男家要为女家纳征行聘礼。如果纳征数额稍稍缺少一些,很容易出现女方毁约现象,那就需要用抢婚形式来解决婚姻争纷。贫穷也可能成为掠夺婚的一种原因,贫穷的家庭用掠婚形式解决自己财产的乏匮。《易·贲六五》载有一桩因女方索取聘金与男方发生争执,几乎使婚约被毁的故事。这一男方就有可能采用掠婚形式解决问题。因为婚约在前,即使真掠也不违法。

西周掠夺婚比较盛行,单是见于《易经》的就有:

屯如邅如,乘马班如,匪寇婚媾[1];

乘马班如,求婚媾[2];

乘马班如,泣血涟如[3];

贲如,皤如,白马翰如,匪寇婚媾[4]。

如此等等,都是描写掠夺婚的情景:一队队人群攒聚着,乘马而来了。马队行进着,又绕过山凹回旋而去。这是干什么呢?噢,原来他们不是寇贼,而是娶女婚媾的啊!那被掠的女子,泣血涟涟,哭声不止。被掠女子泣血涟涟,说明女方确系不愿意。周易屯卦上六的卦辞"乘马班如,泣血涟如"。原意是,掠婚之前,男方如果占卜到这种爻辞,就是凶象,即使勉强掠夺成婚,强行匹配,也没有好结果。一般情况是,卜到

---

[1] 《易·屯六二》,《十三经注疏·周易正义·卷一》,上册,中华书局1979年版,第19页。

[2] 《易·屯六四》,《十三经注疏·周易正义·卷一》,上册,中华书局1979年版,第20页。

[3] 《易·屯上六》,《十三经注疏·周易正义·卷一》,上册,中华书局1979年版,第20页。

[4] 《易·屯六四》,《十三经注疏·周易正义·卷一》,上册,中华书局1979年版,第38页。

此类爻辞,婚姻即告废止。从这种真掠夺会导致婚姻废止来看,西周存在的掠夺婚是假掠真婚,掠夺只是形式而已。

西周假掠真婚的形式,据《仪礼·士昏礼》记载,迎亲时,"主人爵弁,纁裳缁袘,从者玄端,乘墨车;从车二乘,执烛前马"。就是说,迎亲的时候,新郎要头戴赤黑色的帽子(爵弁),身穿红色衣裳(纁裳),腰系黑色带子(缁袘),陪同迎亲的人全身穿着黑衣礼服(玄端),大家乘坐黑色幔帐的车子,并带随从车两辆,在前边执烛作前驱。这一记载和爻辞所说的"载鬼一车"相吻合。有执烛者为之开导,说明时间必在晚间或傍黑。所有迎亲者大都身着黑衣,乘黑车,即使新郎身上还有点红色,这种红色在暗淡烛光下也会呈现黑色。一片黑色,俨然"载鬼一车"了。掠夺婚在我国历史上沿续的时间相当久远。曹树翘在《滇南杂志》中说,魏晋以后,我国彝族仍实行掠夺婚制:"婿及亲族,新衣黑面,乘马持械,鼓吹至女家,械而斗。"这种掠夺婚的形式和爻辞所载西周掠夺婚还很相似。

成婚为什么遇雨则吉呢?因为周人有了天的观念。他们把天、地看成人间男女一般,万事万物都是天地交合的产物。天地交合而生雨,雨润万物,故遇雨则吉[①]。"天上无云不下雨,地上无媒不成亲",是民间谚语成婚遇雨则吉的写照。虽是掠夺婚,古人也颇重视这种机象。

2.买卖婚。

这是西周婚姻的主要形式。买卖婚成立的要件为男方向女家缴纳聘金,周人称作"纳币"、"入币",在婚礼仪式中叫"纳征"或"纳聘"。因此,买卖婚通常称作聘娶婚。《周礼·地官·媒氏》:"凡嫁子娶妻,入币纯帛,无过五两。"《礼记·杂记下》:"纳币一束,束五两,两五寻。"这是指普通人家缴纳的聘金数。当时的帛,既是实物,也起货币作用,而向

[①] 《论衡·自然》。

女方缴纳的聘金,必须是纯帛(黑色缁帛),数量为五两。五两是指帛的长度单位。每两有两端,两端相向卷为一两。五两有十端,五和十之数又象征五行十日,取相辅相成之意。而每两有五寻,每寻长八尺,一两即四十尺,五两即二百尺。二百尺帛就是当时的聘金法定数额。男方不按此规定缴纳,即是违犯婚礼行为。违礼即违法,一旦酿成诉讼,违礼者败诉。周人用"五两"为聘金,取其"两"字之音,有象征夫妻匹配之义。二百尺的聘金价值有多大呢?大约比一个奴隶的买价要高一点①。买卖婚姻视女子为一种物,聘金缴纳不足,女家有权悔约。《易·贲六五》:"贲于丘园,束帛戋戋,吝,终吉。"是说纳征那一天,女家结彩装饰家园,男家送来聘金一束帛,女家嫌少,双方起了争议。大概由于一束帛符合法定数额,因此经媒氏及亲友们调解,女家不再坚持,双方又重归和好。

聘金的多寡,随妇女的身份不同而有差异。一般平民,聘金为束帛,士大夫阶层娶嫁门当户对的女子,身价要高一些。《仪礼·士昏礼》:"纳征玄束帛、俪皮。"玄为黑红包,俪皮为两张。这种聘金包括一束黑红色的帛,另加两张鹿皮,自然比束帛要高贵多了。天子的聘礼比士大夫还要再加一双白玉圭,诸侯多加一个玉器大璋②。皮革、玉器在当时也起货币作用,玉器是货币中的上等。

除帛、皮革、玉器外,青铜器也可用作聘礼,如《克盨》铭文记载,周王赏赐贵族克大批田土奴隶,并让内史登录了这件事。克为了颂扬周王恩德而制作了这件青铜器。同时,他也感谢内史,便和他联为儿女婚家,把这件盨献给趞,作为聘礼。

西周的买卖婚姻不仅要求男方要出聘金,女方也要有嫁妆。聘金

---

① "匹马丝束"的1/5可买一个奴隶,那么,一束帛即二百尺帛的价值肯定比买一个奴隶的价格要高。

② 《仪礼·士昏礼》贾疏。

有法定数额，而嫁妆则无，也不是必须要陪送，完全出于女家自愿。对男家来说，为了维护男权的尊严，对收取嫁妆也不甚重视。嫁妆往往是贵重的青铜器、生活用具，上面镌刻铭文，写明陪嫁人，叫作媵器。出土的西周媵器极多，如"叔姬簋"、"宗妇鼎"、"王方鼎"等都是。这些贵重的媵器是贵族或侯国给自己的女子的陪嫁物，一般庶民家庭作陪嫁，或是钱财，或是货物，不那么显贵隆重。《易·蒙六三》："勿用取女，见金夫不有躬，无攸利。"这里所说的"金"即陪嫁金。《诗·国风·氓》："以尔车来，以我贿迁。"意为一女子与相爱的男子商议结婚大事时，女子叮嘱男子要用车来娶自己，并带着自己的嫁妆一起去男家。诗中的"贿"即货，指女方的嫁妆。

买卖婚约的签订者，必须是双方的家长，而不是当事人自己。如"克盨"是克为自己的儿子联婚而制作的聘礼，婚约签订者为克和趑。"王方鼎"是诸侯王为嫁次女做的器，也是父亲为儿女订的婚约。"叔姬簋"是曾侯为嫁女做的媵器，婚约签订者也是父亲。此类铜器铭文甚多，它反映了贵族家的成婚，从诸侯王直至小贵族，均由家长——家父或宗子为儿女们缔结婚约。家长在，婚约缔结权在家长；家长不在，立约权下移宗子或世子。

《周易》和《诗经》也保留着这类记载。《易·蒙九二》："包蒙吉，纳妇吉，子克家。"是说父亲为儿子成婚作占卜。纳妇，指为儿子娶妻。《尔雅·释亲》："子之妻为妇。"子克家，即子成家，是父亲为儿子包办婚事。《诗·齐风·南山》："取妻如之何？必告父母。"《诗·郑风·将仲子》："岂敢爱之？畏我父母。仲可怀也，父母之言，亦可畏也！"都是说没有父母包办缔结婚约，儿女们是不敢成婚的。

在西周宗法制家族法下，父亲是民事权利的主体，严格地说，只有父亲才能为儿女订立婚约。至于母亲，仅仅是一种权利的象征。只有在父亲不在的情况下，母亲才有一定的缔结婚约权，而且，这种一定程度的立婚权还常常被长兄、宗子所剥夺。

3. 自由婚。

这是对买卖婚的一种补充形式。《周礼·媒氏》:"仲春之月,令会男女;于是时也,奔者不禁。"贾疏:"仲春,令会男女之无夫家者,于是时也,奔者不禁。"周人认为,仲春之月为万物复苏季节,农耕开始,种子下地,秋季将结硕果。婚姻也一样,仲春之月应当是婚礼已经办完到了祈子的时候,如果有人至此时还没有成婚配,必将影响传宗接代和宗祧继承,这和周人的婚姻观是相悖的。于是,国家的法律不禁私奔,这就意味着法律对自由婚的认可。国家专设媒氏官吏,主管婚姻事宜。"令会男女之无夫家者",说明媒氏不仅管理已到婚龄而尚未婚嫁的男女,也负责鳏寡之再娶再嫁者。

自由婚有时间、地点和其他条件的限制。时间必须在仲春之月,地点在水旁,前提是"无夫家"者。时间定在仲春,是为了和自然界的变化相合;地点选在水旁,取最高媒神(送子娘娘简狄)当初在水边行浴吞食玄鸟卵的故事。条件限定在"无夫家者",因这些人大都无力进行买卖婚姻。所以,自由婚实际上是买卖婚的补充形式。《诗经》中处处保留着自由婚的篇章:

> 溱与洧,方涣涣兮;士与女,方秉蕑兮。女曰:"观乎?"士曰:"既且!"且往观乎?洧之外,洵汙且乐!……维士与女,伊其相谑,赠之以芍药[①]。

这首诗的大意是,仲春之月,溱、洧二水之滨,正值春水桃花季节,男女青年,手持芳草,杂沓其间,互邀共游,狂欢至极。其时,男女戏谑,互馈芍药,以示定情。真是一幅青年男女倾吐爱情的热烈场面。又《诗·卫风·淇奥》也说:

---

① 《诗·郑风·溱洧》。

瞻彼淇奥,绿竹如簀。有匪君子,如金如锡,如圭如璧。宽兮绰兮,猗重较兮！善戏谑兮,不为虐兮！

这首诗叙述一位女子于仲春之月在荡荡水边对另一男子所表的恋情:淇水深处,绿竹掩映,有位男子,十分风采,神态贵如金锡,仪表似圭似玉,风度翩翩,举止不凡。他多么善于和姑娘们戏谑啊！这戏谑绝不是什么坏事！《诗·郑风·褰裳》从另一侧面表现了热恋女子的复杂心情:

子惠思我,褰裳涉溱;子不我思,岂无他人！狂童之狂也且！

诗的大意是,你若爱我,咱们就一起涉溱水去参加娘娘庙的祓禊;你如不爱我,难道再没别的男子了？你这个轻狂男子也太狂妄自大了吧！

自由恋爱婚男女能够相见,自由选择,情投意合后,方能达成婚约。这种婚姻比之于买卖婚,具有诸多便利和进步性。但是,在"聘则为妻,奔则为妾"①的西周,自由成婚,女子只能处于妾的地位,无法进入"聘则为妻"的行列。妾比奴仆地位高不出多少,婚后常常会成为丈夫的遗弃品。妾也无法阻止丈夫纳妾。这点正是女子对自由婚的疑虑,也是自由婚在西周无法取代买卖婚而只能充当买卖婚的辅助形式的根源。《诗·卫风·氓》说:

送子涉淇,至于顿丘。匪我愆期,子无良媒。将子无怒,秋以为期。

这是讲一对相恋在淇水边的男女,男子因女子拖延婚期而发怒,女子却忧心忡忡地说:"你没有媒氏啊！"无媒氏则无以聘娶为妻。一旦为妾,随时都有被丈夫遗弃的危险。果然,诗中的这位女子在男家为妾三年之后还是被抛弃了。"女也不爽,士贰其行。士也罔极,二三其德！"

---

① 《礼记·内则》。

女子并没有爽约,男子却变了心;你这个男子太可恶,衷情不一,三心二意。有的女子虽未被抛弃,恋爱成婚后却常受丈夫虐待:"有洸有溃,既诒我肆;不念昔者,伊余来。"当初水滨,春水荡荡,你赠我嫩枝作定情信物,今天你全不念过去的情分,只是对我发怒。有的诗歌,写女子早在水边相会时就已告诫男子:"遵彼汝坟,伐其条肄。既见君子,不我遐弃。"是说双方来到汝水边,砍下嫩枝作定情物。现在我见到你多么高兴,将来可千万不要抛弃我。

在西周社会,没有建立在经济基础——聘金之上的自由恋爱婚,其法律地位远远低于聘娶买卖婚。因此,这种婚姻只能流行于民间,贵族家庭很少见到自由婚的痕迹。封建社会,自由婚越来越受到法律的限制,其道理也在于此。

(三)婚姻成立的条件

1.婚龄。

西周法定婚龄是男三十,女二十。《周礼·媒氏》:"令男三十而娶,女二十而嫁。"《礼记·内则》记载与之相同:"男子二十而冠,始学礼;三十有室,始用男事。女子,……十有五年而笄,二十而嫁;有故,二十三而嫁。"古人认为,女子早于二十而嫁,"则上无以孝于舅姑,而下无以事夫养子"。不过,这里所说的男三十,女二十,均为虚龄,实际婚龄是男二十八岁,女十八岁。

以三十岁左右为男子婚龄期,古代东西方基本一致。希腊人认为,婚姻是"生产健康和有效的公民的手段"[①]。柏拉图认为男子的婚龄应定在三十至三十五岁之间。他主张对三十至三十五岁的未婚男子要强迫其成婚。亚里士多德进一步提出,法律在规定婚龄时,立法者应当考虑到男女之间的生殖能力能否同时终止,双方体力不至悬殊过大,父子

---

① 〔英〕狄金森:《希腊的生活观》,彭基相译,商务印书馆1934年3月初版,第117页。

年龄也不可相距过远。他说:"男子之生殖时期,大抵以七十岁为限;而女子之生殖机能,约至五十岁而绝,故男女配偶之开始,应与其生殖时期能相适应为要。……总之,妇女将届十八岁之际,应行结婚,而男子则以三十七岁为宜。"①

男三十、女二十是法定婚龄,现实生活中却常常出现低于法定婚龄的现象。不少男女,以男子行冠礼,女子及笄为男女成年的标志,此后即可成婚。至于统治阶级,为了立君立嗣的需要,结婚年龄则更早一些。正如《春秋公羊传·隐公七年》何休作注时说的那样:"妇人八岁备数,十五从嫡,二十承事君子。"

贫苦百姓由于经济拮据,无力娶嫁,独居至老的,不乏其人,因此,西周法律对这种人的结婚年龄不以常法过分强求。如《易·大过九二》载:"枯杨生稊,老夫得其女妻,无不利。"又《大过九五》:"枯杨生华,老妇得其士夫,无咎无誉。"这是两种畸形婚姻的写照。前一爻辞用枯杨生叶,比喻老夫得到少妻。爻辞肯定这种婚姻不会产生不利后果。因为夫虽老,只要不在七十以上,少妻亦能生子,就为法律所允许。后一爻辞用枯杨开花比喻老妇少夫,爻辞对这种婚姻,不加肯定,也不予否定。因为枯杨开花,易于脱落,老妇已无生育能力,得到年少丈夫,虽不算耻辱,也不是光荣,所以说"无咎无誉"。

2.父母主婚。

这是买卖婚约成立的必要要件之一。家父是家庭民事权利的主体,有完全民事权利能力,对子女有无限管辖权和任意处置权,因而必然是子女婚姻权的主婚人。西周法律规定,没有父母的同意,婚姻便不能成立。"取妻如之何?必告父母。"即使婚后的离异,亦以父母之命是从。"子甚宜其妻,父母不悦,出。子不宜其妻,父母曰:'是善事我'。

---

① 〔英〕狄金森:《希腊的生活观》,彭基相译,商务印书馆1934年3月初版,第117页。

子行夫归之礼焉,没身不衰。"①无论结婚、离婚,均取决于父母的意愿,这是家长制特权在西周婚姻关系中的充分反映。

失去父母的子女,因受兄长的监护,兄长也可充当他们的主婚人。"岂敢爱之?畏我父母。……岂敢爱之?畏我诸兄。"②兄长主婚,是家长制特权在婚姻关系中的扩展和延伸。值得注意的是,西周时期父母虽是儿女婚姻的包办人,但儿女仍可在一定程度上表达自己的意愿。《易·观六二》:"阚观,利女贞。"是说女方许嫁之前,允许其窥观男子,自决可否。阚观之后,才去占卜,依次进行缔约婚约的程序。女子阚观制度,是自由婚在买卖婚中的表现。大约自西汉以后尤其是宋元时期,婚姻中关于子女的意愿,才被完全禁锢起来。

3.媒氏认可。

这是买卖婚缔约的又一要件。国家设媒氏"掌万民之判"③。"判",就是耦合。媒氏管理上自天子,下至百姓的婚配,其做法是:"凡男女自成名以上,皆书年、月、日名焉。令男三十而娶,女二十而嫁。凡娶判妻入子者,皆书之。"出生三个月的婴儿,由父亲起名之后,即将其出生年、月、日和姓名,登记于媒氏官府。到达婚龄时,媒氏要督促双方写出书面婚约,登录在案。由此可见,婚姻关系的成立,以在政府机关登记认可为准。即使是自由婚配,也不能不到政府机关去登记。否则,媒氏将依法追究其责任,对"无故而不用令者,罚之"④。

西周法律非常重视媒妁的作用。"媒",《说文解字注》:"谋也,谋合二姓者也。"妁",酌也,斟酌二姓者也。"男女二姓只有经媒氏介绍才能相互知名。男子无媒不得其妻,女子无媒老而不嫁。不经媒氏介绍而

---

① 《礼记·内则》。
② 《诗·郑风·将仲子》。
③ 《周礼·地官·媒氏》。
④ 《周礼·地官·媒氏》。

自成婚姻的,被认为是非法而合。"娶妻如之何?匪媒不取。"①《史记·周本纪》记载,周共王出游泾上,密国诸侯康公随行。适逢"有三女奔之",康公高兴地纳了三女,而他的母亲却出面反对,说,私奔无媒,不合礼制,快把三女敬献于王。以媒妁之言定婚配的制度从西周开始,在中国历史上延续了几千年。春秋时期鲁桓公会于嬴,成婚于齐,齐侯送女,被人们讥为"非礼也"②。战国时的齐襄王,即位之前蒙难,曾匿名在莒国太史敫家做仆人。太史敫女与之私通,待襄王即位,便立为王后。尽管如此,太史敫还说:"女不取媒因自嫁,非吾种也,污吾世",遂终身不见王后③。秦汉之后,媒妁之制愈演愈烈,成为男女自由婚配的最大障碍之一。

西周的媒氏,据《周礼》记载,是官媒性质。有的学者认为,西周末年,私媒才开始出现。私媒与官媒不同,那是一种以媒为职业的人,多为老媪充任。西周的媒氏虽与后世的媒妁有所不同,但是,无论西周的官媒,或后世的私媒,使得"男不亲求,女不亲许",男女之间丧失了婚姻的自主权。

(四)禁止婚约成立的要件

西周法律关于禁止婚约成立要件的规定,主要有:

1.同姓不婚。

这是永久性的一种婚姻障碍。关于同姓不婚的范围,据《礼记·大传》记载,丧服到了四世,血缘关系已经疏远,只服缌麻。五世时,以袒免丧服表示血缘关系即将中断。六世以后,亲属关系已断,各家自为一族,不再共事高祖。祖宗在上有别,四从兄弟之后,各自为宗,互不尊敬,在下的血缘关系也已断绝。这时,殷代法律是允许通婚的,而周人

---

① 《诗·齐风·南山》。
② 《左传·桓公三年》。
③ 《史记·田敬仲完世家》。

却不同。他们认为,五世之后,虽从一个家族中分出了大宗、小宗,然而世系都有联系,不能有别;何况连缀的同族之人,共同聚族,饮食礼节也无差异。因此,只要是同出一族,即使百世之后,也不准通婚。同姓婚,是西周婚姻的永久性障碍,永远不能消除。

2.居尊亲丧不得嫁娶。

这是婚姻关系的暂时障碍。周人强调家庭内部的尊尊、亲亲关系,于是,在父母丧期之内,子女不准嫁娶,以示哀伤。《礼记·内则》:"女子二十而嫁,有故,二十三年而嫁。"郑注:"故,谓父母丧。"因此,"父必三年然后娶,达子之志也"。① 就是说,居父母丧期为三年,在此期间,不能嫁娶。此外,继父、出母的丧期也有不同规定,但凡居尊亲丧期,均不得为婚。但是,上述规定只对未嫁女子,或被弃出走后又归回父家的女子有法律效力,若是已嫁女子,无论妻、妾,在为丈夫居丧三年期间,均不准再婚。

3.等级身份不同,不得嫁娶。

这是婚姻关系的永久性障碍。奴隶主贵族为了维护自己的等级特权地位,不仅"礼不下庶人",就是嫁娶也只能在本阶级内进行;贵族与庶人之间绝无通婚的可能。《毛诗·韩奕》"韩侯取妻"注:"诸侯娶一国,则二国往媵之。"说明诸侯与诸侯之间才允许相互通婚。这是对娶妻而言的,而媵妾则为小于该诸侯国的小诸侯国。以此类推,士只能与士通婚,庶人只能与庶人通婚。至于天子,原则上是与诸侯国通婚的。这一制度,金文记载颇多。周王室与诸侯国联婚的铜器铭文,见于《宗妇鼎》、《秦公钟》、《秦公镈》等器;诸侯方国之间联婚的铜器铭文,见于《叔姬簋》、《番生壶》、《矢王簋》等器;贵族与贵族联婚的铭文,见于《克盨》等器。

---

① 《仪礼·丧服》。

4. 五不娶。

这是单方面永久性的婚姻障碍。凡女方具有以下五种情况之一种，即使女方持有异议，男方有权解除婚约。五不娶即："逆家子不取，乱家子不取，世有刑人不取，世有恶疾不取，丧妇长子不取。"[1]"逆"，指叛逆朝廷。不娶逆家女是为了保证奴隶主贵族及其国家的安全。"乱"，指淫乱。不娶淫乱家庭的女子，是为维护家庭伦理纲常。"刑人"，即因犯罪受刑之人。刑人家之女不娶，也是出于统治阶级的人身安全及其荣誉。"恶疾"，指哑、聋、盲、疠（麻风病）、秃、跛、伛（驼背）等疾病。家族内有恶疾史，直接关系着后代子孙的健康，故列为不娶之对象。丧妇长女被规定为不娶对象，因为这种人自幼便得不到家庭妇德的正规教育，缺少为妇的道德。所谓五不娶，带有明显的阶级烙印和男尊女卑的不平等思想，但其中也混杂有一定的合理成分。如有恶疾不娶，从优生优育角度看，在一定程度上是有好处的。当然，西周时期把恶疾的范围规定得太宽，这完全是出于贵族们的利益。五不娶作为婚姻障碍提出，其主要目的是为了使人们忠君、重家族和重祭祀，有浓厚的东方君权、族权色彩。同时，西周法律把这种限制只规定于女方，更显出在婚姻关系中男女不平权的男权主义思想。

(五) 婚姻仪式

凡正式婚约的成立，必须经过严格的婚姻仪式，即六礼：纳采、问名、纳吉、纳征、请期、亲迎。前四礼为订婚礼，是婚姻关系的主要程序。经此四礼，买卖婚约即告成立。后两礼为成婚礼。六礼称谓自周初开始，汉代袭为定制。宋以后因六礼过于繁琐而并为四礼：纳采、纳吉、纳征和亲迎。问名并在纳采之内，请期合在纳征之中。到了近代，又简化为订婚、结婚两仪。

---

[1]《大戴礼·本命》。

纳采，《仪礼·士昏礼》说："下达纳采，用雁。"是说男方通过媒氏把愿与女方结亲的意愿告知女家，女家如若允婚，男方便派人缴纳采择的礼品，因而叫作纳采。纳采礼品为一只大雁。用雁作为礼品，取的是阴阳往来之意。雁为随阳之鸟，秋风落叶之际，一齐南翔，冰融花开之春，又北向飞回。夫为阳，妇为阴，以雁为象征，是说妇要从夫。雁随季节时令南北，往返不失，暗喻着女子一旦成婚，必须贞节不二。

问名，几乎与纳采同时进行，即所谓"宾执雁，请问名"①之礼。问名，不是问女子的名字，而是问女方的姓氏及女子生母的姓氏。其目的，一是为了防止同姓为婚，二是男家问名之后好在宗庙占卜婚姻的吉凶。

纳吉，《仪礼·士昏礼》说："纳吉用雁，如纳采礼。"问名之后，如果占卜又求得吉兆，便将结果告知女家，谓之纳吉。纳吉也用大雁一只，礼节同于纳采。

纳征，《仪礼·士昏礼》说："玄束帛、俪皮，如纳吉礼。"即男家向女家缴纳聘金。"征"，成的意思，因而又叫作纳成。纳征是前四礼中最重要的一礼，只有纳征之后，婚约才能告成。此后，婚姻关系正式成立，女子则不得另聘于人了。

请期，《仪礼·士昏礼》说："请期用雁，主人辞，宾许告期，如纳征礼。"纳征之后，男家再行占卜，求得婚日吉时，然后，再派使者到女家告知占卜的婚期，请求女家允诺。请期礼节，仍带一只大雁，女家在家庙设宴招待使者，听取男方告知的婚期。

亲迎，《礼记·昏义》说："父亲醮子而命之迎，男先于女也。子承命以迎。主人筵几于庙，而拜迎于门外。婿执雁入，揖让升堂，再拜奠雁，盖亲受之于父母也。降出，御妇车，而婿授绥，御轮三周。先候于门外，妇至，婿揖妇以入，共牢而食，合卺而酳。所以合体，同尊卑，以亲之

---

① 《仪礼·士昏礼》。

也。"这段话的意思是,婚期那天,男方的父亲用酒醮儿子,让他去亲迎新妇。男方必须首先按父亲之命去迎接女方。新妇之家在祖庙内设筵待婿,并在祖庙门外拜迎女婿。女婿手执大雁拜奠女方祖先,以表示女子将脱离父家转入丈夫的管辖之下。之后,新妇出来立于父母之侧,接受父母训诫、遵循妇道的最后一次教育。女儿听完父母的教诲,新婿便亲自驾御新妇坐车,而自己先行至自家门外,等待新妇,共食牲牢,婚礼即告结束。这种隆重的亲迎仪式,犹如古罗马有夫权婚姻中的共食式婚仪。罗马的共食式婚仪包括女家送亲、男家亲迎和新人共食三道手续。隆重而繁琐的亲迎仪式,是为了使买卖聘娶更为严肃,更有法律效力。至此,婚姻仪式终结,婚姻关系正式确立。

《诗经》等其他古籍印证,《仪礼》、《礼记》的记载基本是可信的。《诗·卫风·氓》:"尔卜尔筮,体无咎言。"这是一首反映自由恋爱婚姻仪式的诗歌。意为男子在婚前进行了占卜,卦上没有看到凶象,于是男子将占卜结果告诉给女方,女方才说出了"尔卜尔筮,体无咎言"的话,以表示婚约完成时女子的高兴心情。这首诗反映出庶民之间的自由恋爱也要婚前占卜,和《仪礼》记载完全符合。《易·咸》卦也有婚前占卜的记载:"咸。亨。利贞。取女吉。"咸是卦名,亨即享。古人享祀,如遇此卦,遇事则吉。娶妻也一样,遇到此卦,娶妻则吉。

六礼仅是婚姻关系构成的礼制,作为一个出嫁女子,还必须经过成妇之礼,才能最后进入男方家族。所谓成妇,就是拜见公婆,中国古代称作舅姑。《仪礼·士昏礼》说:"夙兴,妇沐浴,缅笄宵衣,以俟见,质明,赞见妇于舅姑。"是说新妇在天不亮时起床,沐浴,扎起发髻,穿上助祭的服装,待到天亮时去拜见公婆。如果舅姑已逝,则要到三月之后入家庙时才能奠祭。此后,女子便正式称为妇。"三月而庙见,称来妇也。"[1]这种礼仪反映了西周的婚姻与宗族关系的密切。

---

[1] 《仪礼·士昏礼》。

（六）婚姻关系的中止

婚姻关系的中止有自然中止和人为中止之分。所谓婚姻关系的自然中止，是指配偶一方的死亡。但在西周，这种婚姻关系的中止却不被认为是婚姻关系的绝对消灭，因为原先夫与妻的名义在一定情况下还在保留。

男子前妻死后的再婚，周人不叫再娶，而叫继室。在名义上，男子无再娶的权利，必须永远保留前妻的元配正妻称号。《公羊传》说："诸侯一娶九女，诸侯不再娶。"《白虎通》也说："天子娶十二女，……必一娶何？防淫逸也；为其弃德嗜色，故一娶而已！人君无再娶之义也。"在重国位、重继嗣的西周，主张诸侯、天子多娶，而在夫妻名分上只能保留一个妻的地位，即使妻死，名分亦不丧失。这是西周法律调节一夫一妻多妾关系的一种规定。

女子因夫死而再婚，叫做再嫁。再嫁女和前夫之间的夫妻关系随再嫁而告终结。但是，西周礼制是反对女子再嫁的："一与之齐，终身不改，故夫死不再嫁。"①不过在现实生活中，夫死再嫁现象还是普遍存在的。《礼记·丧服小记》"继父不同居"疏："继父者，谓母后嫁之夫也。……夫死妻秩子幼，无大功之亲，随母适后夫。"《易·鼎初六》："得妾以其子，无咎。"这一爻辞是说买到一个妾时，妾还携带着前夫之子。可见夫死再嫁并未被礼制所禁绝。

所谓婚姻关系的人为中止，指的是离婚。西周时期的离婚有两种情况，一是男女双方自动离异或协议离婚。尽管这种离异大都由男方提出，但它终究不能算作休妻。离异原因甚多，有因社会动乱、荒年饥馑的，也有因男子重色、喜新厌旧的，等等。如《诗·王风·中谷有蓷》："中谷有蓷，闵周也。夫妇日以衰薄。凶年饥馑，室家相弃尔，……有女

---

① 《仪礼·士昏礼》。

仳离,慨其叹矣!"这是周平王时因社会不安定,民生艰难,夫妇之道日衰,加上凶荒饥馑,而造成的离婚事件。《诗·郑风·出其东门》是描写战乱之年,郑人因生活所迫弃妻离异的诗篇:"出其东门,闵乱也。公子五争,兵革不息,男女相弃,民人思保其室家焉。"这种离异完全出于社会所迫,所以,离异之后,夫妻双方"心不忍绝,眷恋不已"①,痛苦至极。男子喜新厌旧而离异的,见于《诗·邶风·谷风》。诗歌写一位被弃女子曾与丈夫同心同德,艰苦患难,共创家业,但到生活好转之后,无义丈夫却另有新欢,遗弃了妻子。

"七去"是另一种离婚方式。这种离婚,完全排除女方意愿,由男子单方面行使离婚权。"七去",又称"七出",俗称休妻。《仪礼·丧服》说:

七出者,无子一也,淫逸二也,不事舅姑三也,口舌四也,窃盗五也,妒忌六也,恶疾七也。天子、诸侯之妻,无子不出,唯有六出耳。

另外,《大戴礼·本命篇》也有类似记载,只是"七出"次序有所不同。一般情况下,妻子有"七出"行为之一者,丈夫则有权休弃之。西周法律给妇女所加的这七条罪名,均与宗法制家庭有关。所谓无子,指妻子不能给夫家生育承宗后代,这和周人的婚姻观"上以事宗庙,下以继后世"相悖,自然为宗法制所不容。淫逸,指女子不贞节。女子不贞,使子嗣身份不明,又易导致家族内部的辈分颠倒,族规混乱,自然也为宗法礼制所不许。不事舅姑,即不孝顺公婆。不孝顺公婆是违背尊尊、亲亲伦理道德的表现。只要子妇孝顺公婆,即使儿子不喜欢妻子,也不得离异;反之,得不到公婆的欢心,夫妻多么恩爱,也要休弃。西周礼制给子妇孝顺公婆做了极为繁杂的规定:鸡初鸣,立即起床,进行梳妆。之后,到公婆室外请安,问寒问暖,为之搔痒。公婆出入,敬而扶之,并伺

---

① 《诗·出其东门》郑笺。

侍洗漱,打扫寝室。公婆吃饭,必餐餐侍立,待其食毕,择其残羹而充饥。在公婆面前不可打嚏咳嗽,屈仰懒腰,乱吐口液。天寒时节也不准在公婆面前增添衣服。家庭事务,得不到公婆允许不能行动。凡此种种,不胜枚举。所谓盗窃,实际上是为了不使子妇有私产而妄加的一种罪名。按礼制规定,子妇不能有私货、私畜,甚至连母家赠送的财物都要归夫家所有。妇女对家族私有财产的占有权、处分权全被剥夺。在这种严格的家族私有观念下,女子盗窃必为法律所不容。女子多口舌,会引起家族内部的不和睦和不团结。妒忌也一样。恶疾,不但有传染他人或遗传后代之虞,患恶疾者,还不能进入家庙助祭。由此可见,"七出"离婚,无论哪一条要件,都是周统治者为了维护宗法制度而套在妇女身上的枷锁,通过这一规定,妇女做人的权利被剥夺殆尽了。

与"七出"相应,女子有所谓"三不去"。就是说,在具有下述三种情况之一者,男方要休弃其妻,妻子有权不离开男家。"三不去"即:"尝更三年丧不去,不忘恩也,贱取贵不去,不背德也;有所受,无所归不去;不穷穷也。"① 就是说妻子曾与丈夫一起为公婆服丧三年的,因尽过孝道,有权拒绝离婚。贱时娶,富贵时提出休妻,妻子有权拒绝。这仅仅是礼制上的规定,而在现实生活中,这一条早已被否定了。如《诗·小雅·谷风》用一个被弃妻子之口控诉了那种忘恩负义的丈夫。

> 习习谷风,维风及雨,将恐将惧,维予与女;习习谷风,维风及颓,将恐将惧,置于于怀。

在风雨如磐、生活飘摇的艰苦岁月里,妻子陪同丈夫苦度日月,丈夫也恩爱地将妻子抱在怀里。然而,生活好转富贵之后,情况却全然相反了:

> 将安将乐,女转弃予;将安将乐,弃予如遗。

---

① 《大戴礼·本命》。

丈夫背信弃义地抛弃妻子,出妻如同弃置破烂旧物一般。所谓"有所受,无所归",是指娶妻时女子娘家人在,如果待到娘家父兄俱无才提出离异,妻子有权不离去。因为弃妇已无归处了。

以上"三不去",有的为虚设,有的实存,但无论哪一规定,均非为了维护女权,而是借妇女之身,强化宗法家庭伦理道德。

(七)一夫一妻制与一夫一妻多妾制

周人在礼制上强调一夫一妻制。《周礼·媒氏》"掌万民之判"注:"判,半也。男女各为一半,得另一半,合为一。"这种所谓的判合制,反映了周人一夫一妻制的婚姻原则:

> 天子听男教,后听女顺;天子理阳道,后治阴德;天子听外治,后听内职;教顺成俗,外内和顺,国家治理,此谓盛德①。

这就是说,只有实行一夫一妻制,即使是天子与王后之间的夫妻关系,都能分工明确,各理其事,外内和顺,国家治理。庶民之间的一夫一妻制,叫作"匹夫匹妇"②,它是从贵族间的一夫一妻制转化而来的。

事实上,一夫一妻制,对夫而言确为一人,而妻之一人仅仅是名号上的一种称谓。天子之妻称后,诸侯称夫人,大夫称孺人,士称妇人,庶民称妻。庶民之妻称作妻,说明事实上的一夫一妻制只能在庶民中间推行,奴隶主贵族,尤其是天子则不受一夫一妻制的限制,实际上是一夫一妻多妾制。《礼记·昏义》:"古者天子后立六宫,三夫人,九嫔,二十七世妇,八十一御妻,以听天下之内治,以明章妇顺。"天子之妻,竟达一百二十一人之多。诸侯有夫人、世妇、妻、妾,也是一妻多妾制。周幽王的外甥女嫁于韩侯时,陪嫁的娣、媵,达到"祁祁如云"③的地步,这足以说明贵族之间根本无视一夫一妻制的限制。《易·归妹六三》:"归妹

---

① 《仪礼·昏义》。
② 《尚书·咸有一德》。
③ 《诗·韩奕》。

以须,反归以娣。"归妹,即嫁女。须是出嫁女的庶出姊,娣是庶出妹。女子出嫁,姊妹从嫁,从这一爻辞看,一般富有人家也实行从嫁为妾制。买妾,在西周是为法律允许的。

(八)夫妻关系地位

西周实行夫妻地位的公开不平等,其主要表现在以下几个方面。

第一,女子对丈夫绝对贞节,从一而终。《礼记·郊特牲》:"夫昏礼,……告之以直信。信,事人也;信,妇德也。一与之齐,终身不改,故夫死不嫁。"

第二,女子无独立人格,人身要依附于男子。《礼记·郊特牲》又说:"男帅女,女从男,夫妇之义,由此始也。妇人,从人者也,幼从父兄,嫁从夫,夫死从子。"男女之间的鸿沟永远不能逾越,妇女至死为从人之人,受人监护,受人欺凌,无一自由。妻在丈夫家的地位,实与子女不如。因此,丧礼规定,未嫁女有权为父服丧斩衰三年,而出嫁后,则取消对父服丧的资格,改为为夫服三年丧。妻子对丈夫,要敬若神明一般。"夫不在,敛枕箧簟席蜀器而藏之。"①所有上古东方国家,基本都是如此。《摩奴法典》规定,妻子"有如对天神般尊敬丈夫",和西周礼制,几乎同出一辙。妻子依附于丈夫,其荣誉地位,均由丈夫的荣誉地位而定其高低。"共牢而食,同尊卑也。故妇人无爵,从夫之爵,坐以夫之齿。"男子位尊则妻尊,位卑则妻卑。丈夫如有官爵,妻即随之享受一定待遇,夫荣则妻贵了。反之,如果丈夫地位低下,妻子也只能"嫁鸡随鸡,嫁狗随狗"。

西周妇女地位低下,并非完全无民事行为能力。在诉讼中,妇女可以成为民事诉讼的主体,甚至庶民妇女也有权亲自出庭。至于贵族女子更能成为诉讼的主体了。"命夫命妇不躬坐狱讼",从另一侧面说明

---

① 《礼记·郊特牲》。

贵族妇女有诉讼权。他们不亲自出庭,那是西周法律为贵妇人规定的一项特权。

第三,妻子无完全财产权,经济上不能独立。西周妇女无完全财产权,并不是说她们就没有任何财产了。西周妇女的财产,主要来源有三:其一,嫁资。这是最主要的财源。《诗·氓》:"以尔车来,以我贿迁。"贿,即财货,陪嫁物。《易·蒙六三》称女子嫁资为"金"(铜)。西周以青铜器作媵器就是以"金"为陪嫁物的。其二,婚后丈夫的赠予。"矢王簋"即是婚后夫对妻的赠品。其三,别人的馈赠。《琱生簋》铭文中琱生"献妇氏以壶",就是给宗妇送了一只壶作为馈品。壶也是一种财产。

西周妇女有一定的财产权,但绝无完全财产权。西周因婚姻受宗法制家庭制约,已嫁女的丈夫若为家庭中的他权人,根据妻随夫原则,妻子则没有独立财产权,一切归家族所有,包括该女子所获得的赠品在内。这种女子,不能对财产占有、收益和任意处分,她们只是在劳动需要情况下有财产使用权。

嫡长子继承制决定着妇女对不动产无继承权、所有权,即使是动产,出嫁女亦无所有权。《礼记·内则》载:

子妇无私货,无私畜,无私器,不敢私假,不敢私与。妇或赐之饮食、衣服、布帛、佩帨、茝兰,则受而献诸舅姑。舅姑受之则喜,如新受赐;若反赐之则辞。不得命,如更受赐,藏以待乏。妇若有私亲兄弟,将与之,则必复请其故赐,而后与之。

这说明在公婆面前,作为他权人的子妇不可能有私有财产,也不能将家中财物私借、私赠他人,甚至连娘家兄弟赠予的饮食、衣物都必须献于公婆。假若公婆再反赠给该女子,她也只能做此种财物的保管人。一旦家中需要,则拿出来归公使用。女子婚后接受的赠物,其实际享有权要大一些。

当已嫁女子的丈夫成为家庭中的自权人时,该女子有无实际财产所有权？礼制没有明确规定。但是,根据夫妻一体说,此财产的所有权应为丈夫所有。即使原属女子嫁妆的那部分财产,也为丈夫所有。而此女子的亲生后裔却有对母亲嫁妆的继承权。青铜媵器铭文结尾的"其子子孙孙永宝用",就是媵器物权归该嫁女子孙继承的凭证。从《宗妇鼎》铭文看,该女子的丈夫是自权人,那么,此鼎的继承者就当为该女子的子孙了。妇女被休时,法律允许带回一部分自己的财产。就像《易·归妹六三》说的那样,"归妹以须,反归以娣",娣被带回了娘家,姊还留在夫家。

第四,妻子在家庭中分管内务,充当家务劳动者,或家务代理人。据《礼记·内则》记载,女子出嫁前要受专门的家庭教育。大约从十岁时起,开始接受所谓"四德"——妇言、妇容、妇德、妇功的教育。妇言,即言谈教育;妇容,指容貌;妇德,指顺从;妇功,就是学习家务操作技能,包括纺麻、养蚕、纺织、缝衣以及助祭等活动。妇功是妇女日常的主要职责,因此,礼制对此规定得尤为详尽。到十五岁左右,女子基本能够操作家务了,即算是"四德"教育告一段落。直至女儿出嫁时,父母还要反复叮嘱不可忘记"四德",以便婚后能够辅助丈夫,料理好家务。

第五,丈夫有片面休妻权。丈夫的这一权利,前面已经叙述,《诗经》中比比可见。

第六,从礼制上讲,西周家庭关系还相对地注重夫妻间的互敬互爱、和睦相处、相互扶持。"夫也者,夫(扶)也;夫也者,以知帅人者也。"[①]是说丈夫是要妻子来扶持的,而丈夫又要以智慧去率领大家。

当然,周礼中强调的夫妻互敬互爱,是从家族和国家利益出发的,不能和今天的夫妻关系相等同。周人的家庭概念也与今日的家庭观不同。但是,周人已能认识到婚姻、家庭、国家三者的关系,并用礼制法律

---

① 《礼记·郊特牲》。

调节这三者之间的相互协调,同时,还强调夫妻间的互敬互爱,这不能不说是一种较为进步的思想。这还说明,西周时期,尚未形成后世那种绝对的男尊女卑观念。当然,在男女经济不平等、男权至上的西周,妇女在家庭中得到的敬爱也是微乎其微的。

二、西周的家庭与继承法

周人的家庭、继承制度均受宗法制度的制约,因而,要了解其家庭、继承制,必须首先了解宗法制。

(一)宗法制度

宗法制在西周以前已经萌芽,不过正式形成为一种严密的制度是在西周。《尚书尧典》:"克明俊德,以亲九族。"《尧典》是后人托古之作,或不可信,而殷墟卜辞中却常常见到族的称谓,如"王族"、"多子族"、"三族"、"五族"等等。这里的族,都涉及家族制度,可见殷人对于亲属间的亲疏关系已有所区别。周代建国以后形成的宗法家族制度,其内容已涉及祭祀范围、丧服的长久、土地继承、爵位继承、婚姻禁忌和收族等各个方面。

家族是社会的细胞。《白虎通》说:"族者,凑也,聚也,谓恩爱相依凑也。生相亲爱,死相哀痛,有会聚之道,故谓之族。"族,实际上是指有血缘关系的亲属,他们相聚在一起,同出于一个血统,因而才"生相亲爱,死相哀痛"。最初的族,即血族,由母系而成。以后,族的亲属,日益增多,不可能有偌大的血族共聚在一起,于是便在保留最基本的血族的基础上,将其余的血族分离出去,这就产生了宗。一族之中,要有先祖的直接继承人。先祖死后,他就成为此族的主要负责人,这就是大宗;先祖的其余后代,又各自分离,自立成宗,叫作小宗。所以,宗有大宗、小宗之分。最早的始祖的直接继承人,叫宗子,其余无继承权的受宗子抚养,叫宗人,宗人共同尊敬宗子。"宗者,尊也。为先祖主者,宗人之所尊也。"①周人就是这样由族分出宗,创建起宗法制的。

西周的宗法制,《礼记·大传》有过详细记载:"上治祖祢,尊尊也;下治子孙,亲亲也;旁治昆弟,合族以食,序以昭缪,制之以礼义,人道竭矣!"可以看出,宗法制的目的,一方面,以祖宗关系相制约,使同族人尊重始祖而不犯上作乱;另一方面,通过下治子孙,旁治兄弟,确定其长幼尊卑次序。西周的分封制就是在宗法制基础上进行的。周天子分封自己的同姓兄弟、子侄中非嫡子者为诸侯,称为君。君对一族人来说是至尊,全族不得侵犯其特殊地位。天子为大宗,诸侯对天子而言是小宗。诸侯在自己的封国内又用这种办法继续分封。"别子为祖,继别为宗,继祢者为小宗。有百世不迁之宗,有五世则迁之宗。百世不迁者,别子之后也。宗其继别子所自出者,百世不迁者也;宗其继高者,五世则迁者也。"②在诸侯的宗内,诸侯的嫡长子、嫡长孙,继承爵位、封国,所以世代为大宗。这个大宗是百世都不变的。诸侯的其他儿子从大宗中分出,立一宗,即小宗。这个小宗是相对诸侯的大宗而言的。别立一宗的那个儿子,他是自己这一小宗的始祖。这一小宗的继承人也是嫡长子、嫡长孙,对宗人称为大宗,百世不迁。而别子的其他儿子则又分离出去另立一小宗。大宗所继承的为此宗创立者的地位、爵位、土地、财产。小宗不能继承名分地位,只能继承父亲的产业。先父被称为"祢",所以说"继别为宗,继祢者为小宗"。周人的宗族集团是由一个继别的大宗和四个继祢的小宗组成的。四个继祢小宗包括继祢小宗、继祖小宗、继曾祖小宗和继高祖小宗。西周宗法制用图表示,即(见下图):

始祖　　高祖　　曾祖　　祖　　　父　　　兄
元世　　一世　　二世　　三世　　四世　　五世
大宗　　剔子▲－○－○－○－○－●

---

① 《白虎通义》。
② 《礼记·大传》。

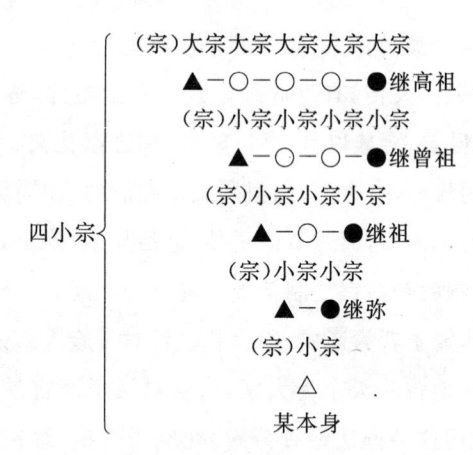

```
            ┌ (宗)大宗大宗大宗大宗大宗
            │      ▲—○—○—○—●继高祖
            │   (宗)小宗小宗小宗小宗
            │      ▲—○—○—●继曾祖
       四小宗│   (宗)小宗小宗小宗
            │      ▲—○—●继祖
            │   (宗)小宗小宗
            │      ▲—●继祢
            │   (宗)小宗
            └      △
                  某本身
```

这样的一个宗族,从直系血缘看,包括父、子、孙、曾孙、玄孙五代;从旁系血缘看,包括兄弟、从父兄弟、从祖兄弟、族兄弟,另外还包括伯、叔、从伯叔、族伯叔、族曾祖。这种亲疏关系,表现在丧服上,便形成了"五服":斩衰、齐衰、大功、小功、缌麻。到第六代,亲属关系便终止了。所以小宗"五世则迁"。"迁",迁宗,指迁徙出同宗,另立一宗。

(二)家庭制度

西周的家庭有广义与狭义之分,广义可包括宗族与家族,狭义仅指一个家族。

1.宗族内的关系。

一宗之内,大功以上的亲属有同财异居的关系,也就是说,堂兄弟之间,有同财关系,却各自分居。《仪礼·丧服》说:"昆弟之义无分,然而有分者,则辟子之私也。子不私其父,则不成为子。……异居而同财,有余则归之宗,不足则资之宗。"又说:"子无大功之亲,与之适人。"郑注说:"子无大功之亲,谓同财者也。"这些都说明大功以上亲属是异居同财关系。所谓异居,是各家族各自分家而过,所谓同财,是同宗大功以上亲属在经济上要有一定宗族共产,互相援助,并受宗族法规制约。

同财异居的宗族,其宗族大权归宗子掌握。从法律上说,宗子有如下权利。

第一,掌握宗族祭祀权。祭祀权是宗族与家族内最重要的权利,只有宗子、宗妇才能祭祀始祖,其余宗人只能在祭祀时,分别敬侍宗子。大宗宗子祭始祖时,群宗都来敬侍,小宗宗子祭祢时,宗人敬侍,宗人无权自己祭祀。《礼记·丧服小记》说:"庶子不祭祢者,明其宗也。"孔疏:"祢嫡,故得立祢庙,故祭祢。祢庶,不得立祢庙,故不得祭其祢。"又说:"谓宗至亦然。……若庶子是下士,宗子是庶人,此下士立庙于宗子之家,庶子共其牲物,宗子主其礼……若宗子为下士,是宗子自祭之,庶子不得祭也。"就是说,即使庶子政治地位高于宗子,也只能参与宗子祭祀,不能成为主祭人,若与宗子地位一样,则连祭祀之礼都不得参与。

第二,掌握全族共有财产权。《白虎通》说:"大宗能率小宗,小宗能率群弟,通其有无,所以统理族人者也。"前引《仪礼·丧服》说:"故昆弟之义无分,然而有分者,则辟子之私也。子不私其父,则不成为子。故有东宫,有西宫,有南宫,有北宫。异居而同财,有余则归之宗,不足则资之宗。"就是说,兄弟如手足在父的两旁,本不应分开,然而为什么要使兄弟分居呢?因为兄弟的儿子要尊敬自己的父亲,不分居便不能使他们尽子孙的孝道,因此,居住处所有分别。然而虽分居却财产共一,因此,各家生活有余的,应缴于宗族,不足的,应由宗族支援。另外,宗子还有收族的责任。所谓收族,是指资助同族中的贫穷无力者。这样,宗子便掌握宗族的共有财产。

第三,宗子是宗族内的"法官"。《贺氏丧服谱》说:"奉宗加于常礼,平居即每事咨告。凡告宗之例,宗内祭祀、嫁女、娶妻、死亡、子生、行来、改易名字皆告。"也就是说宗族内日常事务的最后裁决权和干预权都由宗子垄断,俨然是宗族内的司法官。

第四,宗子在宗族内的至高地位不得被他人僭越。《礼记·内则》

规定:"适子、庶子,只事宗子宗妇。虽富贵,不敢以贵富入宗子之家;虽众车徒,舍于外,以寡约入。子弟犹归器、衣服、裘衾、车马,则必献其上,而后敢服用其次也。若非所献,则不敢以入于宗子之门,不敢以贵富加于父兄宗族。若富,则具二牲,献其贤者于宗子,夫妇皆齐而宗敬焉。终事而后敢私祭。"就是讲小宗对大宗,宗人对宗子要尊敬至极,即使自己生活富裕,优越于宗子之家,也不敢在居用上超越宗子之上。由于自己有功劳,受到政府嘉奖,被额外馈赠了衣服、器具、车马、裘衾的,都必须把其中好的献给宗子,自己服用其次,不能使自己的富贵超越父、兄家族。如果自己富贵了,一定要备好祭祀二牲,将好的献给宗子,当宗子祭祖时,这富贵夫妇斋戒后才能去参加助祭。祭宗祠的活动结束后,才能在自己家内祭自己的祢。这样,从西周开始,中国就形成宗族权。宗子掌握宗族权,这个宗子就是民间俗称的族长,在宗族法规中,他们是最高的掌权者,他们可以借助于祭祀始祖的特权来行使自己的其他权力。

2. 家族内的关系。

每一个分门别居的家庭是一个家族。家族内的人都是直系。尊卑亲属,其间也有一套确定的法规制度,用来确立家庭中父母的权利,区分父母子女的关系。

第一,父母掌握家族财产权。这里说的父母指家族内地位最尊,掌握家父权的人。譬如,一家有两代人,则家父为父;有三代人,则家父为祖父;有四代人,则家父为曾祖父。家父去世,则为家母掌握,父母均去世,为下一代之男性嫡长子掌握。子女辈不可有私有财产。《礼记·坊记》说:"父母在,不敢有其身,不敢私其财。"身为他权人的子女,既然连人身自由都无权自主,又更何论及财产权呢?《礼记·内则》规定:"子妇无私货,无私畜,无私器,不敢私假,不敢私与。妇或赐之饮食、衣服、布帛、佩帨、茝兰,则受而献诸舅姑。"他权人不能有私有财产,即使别人赠送给他们的财产,也只能缴给自权人家长。

第二,父母掌握子女的婚姻权。子女婚姻的决定大权在父母,法律认可父母的主婚人地位。如前引《礼记·内则》所说:"子甚宜其妻,父母不悦,出。子不宜其妻,父母曰:'是善事我',子行夫妇之礼焉,没身不衰。"对于女子,则要求"在家从父母"。

第三,父母有惩罚子女权。这种惩罚权最多见的,是父母对子女的鞭挞权。《礼记·内则》规定:"父母怒,不悦,而挞之流血,不敢疾怨,起敬起孝。"向长者问事时,一定要手执几、杖。几、杖是杖责之物,子女问事时手操几、杖,是随时准备如果自己做错了事,就以杖或几自责之。可知,不仅父母可直接鞭挞子女直到流血的地步,还可由父母下令,子女自己鞭挞自己。

父母对子女的惩罚权是否包括生杀大权呢?先秦史籍记载甚少。《左传·昭公二十一年》记载,宋国的大司马华费遂的儿子华多僚陷害其兄华貙,宋元公听谗言后,让华费遂放逐华貙。华费遂气愤地叹息说:"吾有谗子,而弗能杀。"这是一个父亲想行家父权杀死进谗言的儿子的叹息,然而终因君命不敢违,父亲只好放逐了无辜的儿子华貙。《史记·李斯列传》记载,始皇死,胡亥矫始皇命赐扶苏死,大将蒙恬劝扶苏:"请复请,复请而后死,未暮也。"扶苏却说:"父而赐子死,尚安复请!"于是便自杀了。这两件事都说明,春秋战国之际,虽礼崩乐坏,然而在家族中,家父权仍尊大无比,对子女有生杀大权。由此而论,在礼乐极盛的西周时代,家长对子女的惩罚权必然包括生杀权。这种权利一直延续到秦汉时仍如此。据《礼记·内则》记载子女出生后,家父有为子女命名之权,命名后的子女将登录于国家的公文册中,这表明父亲或家父有对婚生子女的认可权。

第四,父母有为子女辈隐忍的义务。中国是一个宣扬礼制的国家,西周的家庭关系中强调以礼治家、尊上爱幼,所以,父母虽有生杀子女之权,却极少使用。反之,对于关系到子女辈名誉地位的重大问题,父母要为子女隐忍,而不能公开宣扬。《礼记·内则》说:"子放妇出,而不表礼焉。"就是说子被放逐,媳被出弃,父母要隐忍他们的过失,而不能到处宣扬。《国语·周语》说:"父子将狱,是无上下也。"也是主张父子间不能提起诉讼,要相互隐忍过失。从隐忍的角度出发,周人主张对子女辈犯有过失者,应以教育为主,惩罚为辅,能教育者,家长必尽教育之道,只有不接受教育者,才进行惩罚。《礼记·内则》说:"子妇未孝未敬,勿庸疾怨,姑教之;若不可教,而后怒之。"就是说儿子、媳妇未对家长至孝、至敬,家长也不要立即憎恶怨恨他们,而应首先教育他们,如果教育后,还不听从家长命令的,才谴责他们。这种隐忍和注重教育的观点与古巴比伦和古罗马法中规定的父母对子女的任意生杀予夺、出卖为奴的家长权相比,是进步得多了。这是中国独有的伦理道德观在法律中的体现,溯其源,仍然出于西周统治者"德主刑辅"的立法思想。

第五,家族内长幼尊卑要有次序。这是家族内的等级制度,通过它,使家族内各人不能逾越等级名分,保障家长的统治权,也保证家族内平安相处。家长之下的家属关系有夫、妻、妾、嫡子、庶子、长媳、众媳的区别,大家在家族内共处的一个法定原则是:"少事长,贱事贵,咸如之。"[①]也就是说,上下辈间,下辈要敬重上辈;同辈之间,地位低贱的要敬重地位高贵的,用这一原则处理长幼尊卑关系。上下辈间父母子女关系,前已备述,勿庸多言。同辈之间,夫妻关系中,妻为贱,夫为贵,妻要敬重夫。妻称夫为天,"夫者,妻之天也"[②]。丈夫是妻子的天,所以妻对夫"不敢悬于夫之楎椸,不敢藏于夫之箧笥,不敢共浴。夫不

---

① 《礼记·内则》。
② 《仪礼·丧服》。

在,敛枕箧簟席,襡器而藏之①"。就是说,妻对丈夫要尊敬到不敢与丈夫在一根木钉上挂衣服,不敢在一根晾衣竿上晒衣服,不敢在丈夫的箱内放自己的物品,不敢与丈夫一起沐浴的地步。丈夫若不在家,一定要将丈夫所用衣物、被盖恭敬地收藏起来。夫妇到七十岁仍要同居,妻子要永远忠贞于丈夫。妻妾关系中,妾为贱,妻为贵,妾要更敬重丈夫,也要敬重妻。妾称丈夫为君,表示自己地位低于妻。对妾来说,丈夫如同国君一样,连妻也得称为女君。"妻不在,妾御莫敢当夕。"②如果是妻御丈夫之日,即使妻不在家,妾也不敢在此日与丈夫同居,以表示对妻的尊敬。妾的地位也有等级区分,《礼记》记载天子有一后,三夫人,九嫔,二十七世妇,女御八十一人,其地位是逐次下降的。卿大夫以下有一妻二妾,遍士一妻一妾,庶人只有一妻。

妻、妾地位不同,其所生儿子地位也不同。妻生之子叫嫡子,妻生的长子叫嫡长子,妾生之子叫庶子。嫡、庶出不同,影响到孩子在家庭中继承权不同。妻妾生子时,丈夫对待的礼节也有不同。妻生孩子时,居住在侧室,丈夫住正寝,丈夫要一日两次派人问候妻子的情况;将生之际,还要斋戒;孩子出生后,是儿子,要设弧表示尚武,是女儿要设帨,表示将以帨巾侍人。妾生子,丈夫仅一日一问,子生后三月,在妻的内寝见妾生之子,以示妻、妾地位的不同。一般平民百姓没有妾,家中也无侧室,妻将生子,丈夫便搬出居室,与家人共居,而让妻在自己居室生子。嫡庶不同,长幼有别,所以名分也不同。继承家长权的嫡子叫"冢子",其余嫡生子叫"适子",他们对冢子又称为"昆弟",而庶出之子叫"庶子",其待遇地位都有差别。

应当说明的是,家族关系中,父母权利虽然常常放在一起来提,然

---

① 《礼记·内则》。
② 《礼记·内则》。

而由于妇女没有独立人格,妻的地位依丈夫而定,因之家长权主要由家父行使。只有当一个家族中男性至尊去世,家长权才由女性至尊行使。"舅没则姑老,冢妇所祭祀宾客,每事必请于姑,介妇请于冢妇。"①就是讲如果家长去世,婆母年老,家族内事务指挥权便交予长媳。但是,长媳行祭祀礼宴请宾客时,仍要事事请示婆母。其余子媳因位于长媳之下,对长媳又要如对家长,服从其指挥。

家族关系中还有一种特殊情况,就是继父与继子关系。《礼记·丧服小记》说:"继父不同居也者。必尝同居,皆无主后。同财而祭其祖祢为同居。"就是说,母后嫁之夫与母前夫之子没有亲属关系。如果丈夫死,妻子年幼,儿子也幼小,并且没有大功以内的亲属,妻子再嫁时,儿子随母与此后夫生活,后夫也无大功以内亲属,继父后来又把自己的财产遗留给该继子,并为之修筑宗庙,使之祭祀,则此继父与继子便建立了家族长幼尊卑关系。当继父去世后,此继子要行类似对自己亲生父亲的丧礼。

(三)继承制度

为了确定家长权的继承人,也就相应地产生了周的继承制。周的继承包括祭祀权继承、地位继承和家族共财管理权继承。

1.祭祀继承,即宗祧继承。

周人很重视对祖先的祭祀,祭祖人必须是家族内的家长。祭祀继承人称为嫡,确立祭祀继承人称为立嫡。周人的立嫡是嫡长子继承主义。《仪礼·丧服》规定:"有适子者无适孙。"郑注说:"周之道,适子死,则立适孙。是适孙将上为祖后者也。"立嫡只能立一人,有嫡长子在,就不能立嫡孙;嫡长子死,则立嫡孙,嫡孙就成为祖宗祭祀继承人。立嫡的办法,是立嫡妻所生的长子。如果嫡妻无子,则从其余庶子中立其母

---

① 《礼记·内则》。

地位比较高贵者所生儿子中的长子,此所谓"立适以长不以贤,立子以贵不以长"①。《春秋公羊传·隐公元年》记载,鲁惠公死,其元配嫡妻无子,继娶妻子出身微贱,生隐公。以后又娶仲子,仲子地位高于声子,生子桓公。后来惠公死,未立太子,隐公年长又贤,然而未被立为国君,而奉桓公为国君。这件事是周平王时候的事,可以看出周代的立嫡原则。周天子中从成王以后三十余王,大都循此原则。

嫡长子掌握祭祀权。《礼记·曲礼》说:"支子不祭,祭必告于宗子。"是强调庶子无祭祖、祭祢之权利。祖庙、祢庙都设在宗子之家,支子若祭祀,便叫淫祀,为法律不允许。庶子如因功受封,其政治地位高于宗子,可准备祭祀牺牲礼品祭祖,然而主持祭祀礼的仍是宗子。隆重的祭礼,保证了尊尊、亲亲的统治地位。宗子祭祀权是法定继承最重要的内容之一。

2. 地位继承,即封爵继承。

周代的分封制,封爵是授给宗室和勋臣的光荣。这种光荣不仅表现在政治地位上的荣耀,而且在身份关系上、禄爵享受上、物质待遇上都有特殊规定。这种封爵不仅本人生前可以享受,死后嫡长子仍可继承。享受继承爵位权的人,也可以享受食封、永业田及刑事上的特权。周制,封爵有公、侯、伯、子、男。金文中也可看到这种爵位的继承。如《毛公鼎》铭文记载,宣王封毛公父厝继袭封爵时说:"父厝,今余唯先王命,命女亟一方。"

3. 家族共财管理权的继承。

周代在宗法家族制影响下实行家族共财制。这种家族共财由家长掌管,却非完全为家长个人所有,而是家族共有的财产。家父仅掌握财产管理权,继承人继承的也是这种管理权。在未分割财产前,此遗产为

---

① 《春秋公羊传·隐公元年》。

家族共有,所以《仪礼·丧服》规定:"父子一体也,夫妇一体也,昆弟一体也。……而同财。"但因为家长既有财产管理权,又对家属有极大的命令权,所以他可以代表家族处分此家产。家族共有财产管理权既由家长总摄,其他家属成员便不得擅自使用、收益或处分。因此,《礼记》在强调子女不得有私财后,说明其原因为"家事统于尊也"[①]。西周中、后期出现的私田,不归家族共财,可以自由处分。

第五节　西周的经济法规

一、商业、税收和借贷法律制度

(一)西周商业概述

周初,随生产力的发展和剩余产品的增多,商品交换日趋活跃起来。但是,在重农政策影响下,周统治者把主要精力放在发展农业生产之上,因而商业受到严重的遏制。周统治者限制商业发展的重要手段,就是实行商业官办政策。他们把商业部门牢牢地置于官府的控制和监督之下,卖方是奴隶主贵族,买方也是奴隶主贵族,官府成了市场上最大的卖主和买主。担任贩卖活动的商贾,大都是些隶属于官府,无人身自由,也不是商品主人的商业奴隶。他们被称作"贾人","府藏皆有贾人,以知物价"[②]而已。"贾人","食官,官廪之"。就是说在官府管理之下为其从事商业活动,贵族官僚们从商业利润——"贾人"的剩余价值中拿出一点点出来供给他们的生活,以足温饱。史书上把这种制度称作"工商食官"。商业奴隶的经济、人身地位决定着其法律地位十分低

---

① 《礼记·内则》"子妇无私货"后之郑注"家事统于尊也"。
② 《国语·晋语》四。

下,甚至在庶人、百工之下。"庶人工商,各守其业以共(供)上。"①在官办商业影响下,商品经济只能在官方许可范围内做某种程度的有限的发展,私人商业得不到施展的机会。一般平民只能在农闲之余出售一点自制的手工产品,没有力量,法律也不允许他们妨碍农事去从事较大规模的买卖和长途贩运。

西周中后期,反映新兴封建生产关系萌芽的私田逐渐增多起来,私田主人在取得土地所有权的同时,获得了对部分剩余产品进行交易的支配权,出售余粮、余布、余帛等剩余产品的愿望愈来愈强烈。尤其是从西周中期开始,周王室逐步放松了对山林川泽的禁令,无论平民、贵族,只要依法向国家缴纳一定数量的税款,就可在一定限度内开发、利用山泽自然资源之利,这又大大刺激了私田主人和其他一些平民、贵族经商谋利的兴趣。所谓"贩夫贩妇"——自由商人就是在这种历史背景下出现的。"氓之蚩蚩,抱布贸丝。匪来贸丝,来即我谋"②是人民歌声中早期自由商人的形象。憨厚的小伙子,面带笑容,拿着钱来买我的丝;他不是前来买丝,而是找我商量婚事。这虽然是一首爱情诗。它却从另一侧面反映出自由商人存在的历史事实。"抱",持。"布",泉布,货币。《诗·氓》毛传:"布,币也";《周礼·廛人》郑注:"布,泉也"。用货币公开去买丝,毫无疑问是商业活动,而且是一种合法的商业活动。自由商人的出现,激发了市场的活力。市场的活跃,又给自由商人谋取更多利润提供了条件。"近市利三倍"③;"如贾三倍,君子是识"④。三倍的利润,驱使贩夫贩妇和小贵族把自己掌握的大批商品投放市场,有

---

① 《国语·周语》。《左传·襄公十四年》中也有"庶人工商,皂隶牧圉皆有亲昵"的记载。
② 《诗·卫风·氓》。
③ 《易·说卦传》第十一章。
④ 《诗·大雅·瞻》。

的商人甚至"肇牵车牛远服贾"①,长途贩运,或专营商业,或农商兼顾,为利润而奔波。《易经》中反映自由商人远途经商的记载颇多,如《旅卦》载:

> 旅即次,怀其资(布币),得童仆——商人们住在客栈里,怀装钱币,买到了奴隶;
>
> 旅焚其次,丧其童仆——客栈遭到火灾,买到的奴隶逃跑了;
>
> 旅于处,得其资斧(布币)——住在客栈的商旅赚得了一批钱币。

商业利润不仅使商人获利,贵族们眼红,连周厉王都好起利来。他任命荣夷公为卿士。颁布专山泽之利的法令,实行变本加厉的山林垄断政策。厉王的专利政策,终于引起包括工商业者、商人在内的所谓"国人暴动",结果,厉王被逐于彘(今山西霍县),周王室的统治基础动摇了,专利法令随之被废除。

(二)市场管理的法律规定

商品经济的发展,自由商人的出现,促使周统治者不得不修正自己的经济政策。为了不使奴隶主贵族的经济利益受到损害,他们在法律领域内制定出旨在保护贵族利益的关于市场管理、商品价格和度量衡、税收等各项法规制度。

首先,在市场布局和行政管理上,按贵族们的需求和不同阶级之间的差异,对市场的类别、名称、开放时间作了严格的规定。王城之内,一日三市,分别称作朝市、大市和夕市。大市,中午开市,以贵族之间的交易为主;朝市,早晨进行,以商贾为主;夕市,设在傍晚,贩夫贩妇为主。②把贵族之间的贸易放在日中,称作大市,是为了满足贵族们的特

---

① 《书经·酒诰篇》。
② 《周礼·地官·司市》。

殊要求。中午时分,货源充足,各种奇异物资方能齐全,这时入市贸易,他们的奢求才能满足。朝市给商贾们特别是远途商人的经商在时间上给予了保证,使他们有充足时间进行物资周转。庶民之间的交易,贩夫贩妇的小宗买卖按其社会地位和经济条件只能放在傍晚进行。西周市场的分类和设置,就带有显明的等级性。

为了促进市场的稳定,周统治者对市场的行政管理体制也作了若干规定。国家设置司市总管市场的治、教、政、刑事务及市场管理法令的实施。司市之下设质人,掌理奴隶、马牛、车辇、珍奇异物等贵重物品的贸易,负责交易券书的制作、发放,并惩罚违反券书管理规定的犯禁者;设廛人掌管各种市税的征收;设胥师负责市场货物的调配,发布市场管理法令,解决市场内发生的轻微纠纷;设贾师核定物价,纠举不按法定价格任意抬高物价、扰乱市场秩序的犯禁者;设司虣、司稽负责市场治安;设肆长负责货物的分类和放置区域;设泉府负责滞销物品的处理推销;设司门负责市场启闭时间。

其次,在商品管理上,从维护贵族特权和国家利益出发,作了种种限制,严禁部分物资进入市场,充当商品。《礼记·王制》载:

圭璧金璋,不粥于市;命服命车,不粥于市;宗庙之器,不粥于市;牺牲,不粥于市;戎器,不粥于市;用器不中度,不粥于市;兵车不中度,不粥于市;布帛精粗不中数、幅广狭不中量,不粥于市;奸色乱正邪,不粥于市;锦文珠玉成器,不粥于市;衣服饮食,不粥于市;五谷不时、果实未熟,不粥于市;木不中伐,不粥于市;禽兽鱼鳖不中杀,不粥于市。

以上十四条禁令,归纳起来,主要有三类物品在禁售之列:第一,礼器神祀之物。圭璧金璋、命服命车为礼器,宗庙之器、牺牲品为神御之物,这些器物只有奴隶主贵族才有享用权,只许在奴隶主贵族内部相互赠予或转让,奴隶是无权享用的。禁止商贾将其带入市场去出售,为的是防止此类器物的流散。锦文珠玉能否入市的前提是看其是否已经成器，一旦制作加工成器，只能为贵族所占有，不准入市，以防流失而损伤贵族礼器的尊严。第二，武器。戎器（兵器）严禁入市，以防落入奴隶之手，危及奴隶主贵族和姬周国家的安全。兵车是诸侯贵族缴纳军赋的内容之一，法律允许入市交易，以保证军赋来源的充足。但是，如果兵车制作不合法定标准，质量低劣，则不准作为商品，进入市场，使国家利益受到损害。第三，其他不合规定的物品。"布帛精粗不中数"指布帛质量不合标准，"幅广狭不中量"指布帛长度、宽度短缺，"五谷不时、果实不熟"、"木不中伐"、"禽兽鱼鳖不中杀"均指粮食、瓜果、木材、鱼类不成熟或不到砍伐、捕杀时间就把它们运入市场出售，如此等等，都在禁令之内，如有犯禁者，"察其诈伪饰行卖慝者而诛罚之"。①

再次，在价格管理上，西周法律禁止任意涨价，保护顾客——奴隶主贵族的经济利益。《周礼·地官·贾师》规定：

> 掌其次之货贿之治，辨其物而均平之，展其成而奠其贾，然后令市。凡天患，禁贵卖者，使有恒价。四时之珍异，亦如之。巩固之买卖，各师其属而嗣掌其月，凡师役、会同，亦如之。

又《肆长》规定：

> 掌其肆之政令，陈其货贿，名相近者相远也，实相近者相迩也。

根据这两条记载，可以看出西周对市场物价的管理采用的是行政办法。贾师为评定市场物价的专职官吏，凡未经贾师评定价格的商品，一律不准入市销售。为了便于贾师统一掌握物价，防止部分商人投机取巧，所有入市商品要区分不同品种和价格档次，分别陈设在固定的地域里。在一个市场内，名称相似而质量有异的物品不能摊摆在一起，即使品种相同、价格不同的也不准混杂在一起。放置品种相同、价格基本

---

① 《周礼·地官·胥师》。

一致物品的区域叫作"肆",每"肆"由司市指派一名肆长具体负责货物的陈列。每逢荒年,贾师更要维持市场物价的稳定、平衡,严惩趁机抬价、谋取暴利的非法行为。四时所产珍异之物也一样,不允许以奇货而独居,抬高其价。官府出售自己的剩余物品,价格同样归贾师统一掌握。

以上有关价格方面的立法,原则上只适用于城邑市易集中地区,民间尤其是鄙野地区的贸易,往往不受官方价格立法的限制。如《礼记·王制》说:"命市纳贾,以观民之所好恶,志淫好辟。"郑注:"质则用物贵,淫则侈物贵,民之志淫邪,则其所好者不正。"这是一段颂扬周王巡行过程中以市场物价起伏推测民俗侈俭的赞美词。意思是如果奢侈品涨价,则淫风必然盛行,社会风气就会败坏,这就叫作"志淫好辟";反之,民用品涨价,虽然能反映物资的匮乏,而社会风气总还不至于不可收拾。这一记载尽管不是法律规定,但它能从一个侧面说明,西周有关物价的法律规定,并未真正贯彻执行。在现实生活中,只要商品经济有所发展,随之而来的物价涨落就不可避免。大量金文契约证明,在以物易物、以钱易物过程中,货物的价值,总是由交易双方反复协议之后而定的,买卖契约的签订更是如此。这说明西周时期的物价,并未因价格立法而被管死。那种严格控制物价的做法,实际上是周初官办商业的产物,它和西周中晚期商品经济发展的现实,已经格格不入。

为了保护价格的基本稳定,对滞销商品的处理,西周法律也有相应的措施。入市商品因时令已过难以一时售出时,政府则按物品原价一律包收,等到市场急需这些物品时,再以收购价卖出。物主可能要按照货物比率承担一部分经济负担。这一规定,既保护了商贾利益,又能限制有些商人囤积居奇,从中渔利,和王安石变法时实行的市易法极为相似。

最后,关于度量衡的管理。度量衡,作为市场贸易的中介物,它直接关系着市场贸易的正常进行。为此,国家于每年二、六月要对度量衡进行两次检验核定,以求得度量衡制度的统一。《礼记·月令》:"仲春之月,同度量,钧衡石,角斗甬,正权概";"季夏之月,同度量,平权衡,正钧石,角斗甬"。

(三)税法

税法是有关征收商税的法律规定。西周税收比较发达,有市税和关税两种形式。《周礼·大宰》有"关市之赋"的规定。关赋,即关税,也叫通过税;市赋,即市税。

市税是西周政府最重要的财源之一。仅《周礼·地官·廛人》记载,市税税收就达五种之多。

绖布,这是市场房屋税。"绖",读为"次",市场房屋茅舍。"布",布币。西周市税用货币形式缴纳,因而称作布。

总布,又称货物税。货物入市时,税收按物品总数一次征收,故有总税之名。

质布,即质剂税,类似后世的印花税。市场贸易的凭证为券书,券书由国家统一制作发放,上盖官方玺印,因此,要抽取买方、卖方钱财作为印花税。

罚布,指市场官吏对违法商人所科的罚金。罚金也是国家财源之一,因而称其为罚金税。罚金范围主要有三个方面:一为度量衡违制罚;二为诈伪行骗罚;三是触犯刑律之罚。无论哪种罚金,均交廛人总计之后,要上交市税总管官吏——泉府。

廛布,市场货物储存税。《周礼·地官·廛人》"廛布"注:"货贿储物邸舍之税。"邸舍,实际上就是存放货物的仓库。国家设邸舍供商贾存放货物,所收货布和征收的商税性质是一致的。

从以上税种来看,西周税收的特点就是名目繁多,税收苛重。周统治者重视税收立法和加重对商贾的压榨,其目的,一方面在于搜刮钱财,增加政府收入;另一方面,还在于推行重农抑商政策。正如《文献通考》所说的那样:"孟子曰:'或赋其市地之廛而不征其货,或治之以市官之法而不赋其廛。盖逐末者多,则廛以抑之,少则不必廛也……'。按如孟子之说,可以见古人关市之征敛之本意'盖恶其逐末之专利,而有以抑之,初非利其贷也'。"①

(四)对边关贸易的管理

随领土的扩大,西周王畿之地与邦国之间的往来越来越频繁,边关贸易日渐活跃起来。来自西方邦国的珍奇异物,对畿内诸侯具有强烈的吸引力。因此,奴隶主贵族迫切希望开放边关市场,以满足自己在生活需求品上的欲望并扩大了自己产品的出售范围。基于种种原因,西周政府便制定了不少发展、保护边关贸易及物品进出和征收通过税的管理制度。这些制度,大都以王令颁布,具有法律效力。

首先,放宽边关禁令,便利外商入关。相传,早在文王时期,为了鼓励外商入关贸易,就制定了压低关税的法令,并从交通、住宿、供给和货币使用上给外商种种优惠。《逸周书·大匡》载有一条优待外商的"告四方游旅"令,就是专为鼓励外商入关而制定的。这条法令的全文是:

> 旁生忻通,津济道宿,所至如归。币租轻,乃作母以行其子,易资贵贱,以均游旅。使无滞无鬻熟,无窒市,权内外,以立均。

西周政权建立之后,文王的法令被承袭了下来并有所发展。《礼记·月令》:"门闾无闭,关市毋索。"周王室给外商的优惠条件显然扩大了。"门闾无闭",是说对外商入关贸易的大门完全敞开了。"关市毋索",是说内地遇到荒灾,外商入关贸易,即使在边关为了逃避关税而有意隐藏货物,边关官吏也不搜索,追加税款。周王室为什么要如此优惠外商呢?《月令》说,他们之所以"关市毋索",甚至在正常情况下还要"易关市"(减轻关税),最重要的原因,是为了吸引外商"纳货贿,以便民

---

① 《文献通考》卷十四《征榷考》。

事"。这个"民",指的是奴隶主贵族。外商所"纳"的"货贿"只能是四方特产了。穷奢极欲的腐朽生活,驱使奴隶主贵族在酒足饭饱之余必将追求更大的享受。四方土特产和珍奇之物只有外来商人才能提供,因此,"纳货贿"是周王室放宽边关禁令的真正用意。

其次,严格边关贸易启闭时间。放宽边关贸易禁令,绝不放弃周王室对边关要塞的控制权,这是西周时期一贯的边关政策。为使边关贸易活而不乱,也就是说在官方控制下有秩序地进行,周王室在放宽禁令的同时,对边关贸易的启闭时间作了严格规定:"仲夏之月,门闾毋闭,关市毋索";"仲秋之月,易关市,来商旅"。周王室把一年之中边关贸易的旺盛季节规定在仲夏和仲秋,是因为这时正是夏秋作物成熟季节,此时大搞边关贸易,既有利于输出奴隶主贵族的剩余农产品,又能以农产品换取外来的地方特产,做到一举两得。冬天一到,"至日闭关,商旅不行",边关贸易即行中止,周统治者开始"固封疆,备边竟,完要塞,谨关梁,塞徯径"①,进行来年贸易的准备工作。可见,西周开放边关贸易,重要因素是满足贵族们的私欲。

第三,保证关税征收。据《周礼·司门》、《司关》、《掌节》记载,司门除负责关门启闭外,还要负责入境物品的货税。保证货税征收的办法,就是严格门关制度。一旦发现违禁物品入境,立即没收入官。出境商品也一样。外商运货出境时,由司市发给玺节作为出境通行证。司关与司门、司市相配合,检查玺节并核验货物,然后征收货物通过税,才允许运出。凡没有玺节,或为了逃避关税从小道非法出入走私的,一经查获,货物没收,处罚其人。取之于民间而不是来自合法市场的物品出关,货物不予没收,但要补交商税,然后才能发给特殊通行证——传,令其通行。入境商品,则按其情节而书写其货物多少,作为征收关税的凭

---

① 《礼记·月令》。

证,依次通过国门、司市,才准许在市场出售。为了保证关税征收,检查制度相当严格,即使在荒年里,关税可免,检查手续不能减少或取消。

(五)借贷的法律规定

与商业发展相联系,西周时期,借贷活动也相应地发展起来。借贷主要有两种形式,一种为贵族借贷,另一种为平民借贷。《周礼·地官·泉府》:"凡赊者,祭祀无过旬日,丧纪无过三月。凡民之贷者,与其有司辨而授之,以国服为之息。"贵族借贷,主要用于祭祀、丧纪。赊贷时间,用于祭祀的,不超过十天,用于丧纪的,不超过三月。能够如期偿还者,只还赊值,不计利息。平民借贷就不同了。他们向政府借贷货物或金钱,必须附加两个条件:第一,负责赊贷的机关要会同借贷人所在地方长官,对借贷人进行审查,确认他们有能力偿还时,才能赊贷钱财。第二,按照为国服事的各种税率,收取利息。给平民赊贷钱物的机关是泉府,赊贷的财物或钱币,均来自市场收购的滞销品和廛人上交的商税。泉府把这些钱财赊贷给平民,既处理了滞销物品,又通过利息增加了政府收入。税率的多少,现在已无法考证清楚,从"以国服为之息"推论,很可能是用为国服事的其他税率套用借贷税率。即根据不同情况,参照不同税收比率,收取借贷利息。

西周借贷活动,根据不同阶级做出不同规定,贵族们还本无息,而平民还本之外有息,这充分反映了借贷业务的阶级本质。尽管如此,赊贷在西周的出现并以法律保证其执行,说明西周时期在运用政府力量管理市场的同时,又运用行政力量把商业、金融、信贷结合在一起,这一制度对后世产生强烈影响。西周以后的不少王朝,通过经济立法,以官本给商人借贷,从中牟取暴利,溯其源,就是西周的泉府赊贷制度。王莽时期的"五均赊贷"、隋唐时期为解决官吏薪俸而实行的"公廨本钱"或"食利本钱"都是西周泉府制度的继承和发展。北宋王安石变法,更是公开以《周礼》国服为息为借口,推行青苗法,即农贷;又行市易法,或称保贷法。

二、田赋、力役和山林保护的法律规定

(一)田赋及农业管理的法律规定

田赋是西周政府最重要的财政收入,它实际上就是对井田征收地税。西周井田的划分,一般为一方块一百亩,由一个农夫耕种,叫作一田。九田组成一井,纵横相连,占地一平方公里。依此类推,十井称一成,百井称一同。这些田地,纵横交错着,有灌溉沟渠和田间道路将之分割,按正南北和正东西方向,划定疆界,整治成井字方块田,故名"井田"。在井田上耕作的农夫,一般称为"庶人"或"庶民",在田官监督下进行劳动。周王把井田分封赏赐给诸侯百官,作为计算俸禄的单位,同时也便于征收赋税。

田赋的剥削方式,据《孟子·滕文公上》说,"夏后氏五十而贡,殷人七十而助,周人百亩而彻,其实皆什一也"。周人实行的是彻法。"彻",训为"取"。《孟子》赵岐注:"耕百亩者,彻取十亩以为赋。""彻",又可训为"通",为"天下通法"①。据此,所谓"百亩而彻",是指田赋的彻收,以一夫一百亩为一个计算单位。一夫百亩的税率是多少?《孟子》没有交待,从金文推论,《孟子》所说的五十、七十、百亩,很可能的是夏、商、周三代一夫所能承担的耕田数量。夏、商、周三代,生产力发展水平不同,一夫耕作的田土数量必有差异,夏五十亩,商七十亩,至西周猛增至百亩。夏、商、周三代一夫承受的耕田数不同,而田赋的比率是一致的:"皆什一也"。就是说一夫五十亩也罢,七十、一百亩也罢,计算税率,均为各自实际收获量的十分之一,即夏代收取五十亩的十分之一——五亩的产量为实物税,商代为七十亩的十分之一——七亩产量为实物税,

---

① 《论语·颜渊》郑玄注。

以此类推,西周则为赵岐所说的"彻取十亩以为赋"。在"公食贡,大夫食邑,士食田,庶人食力"①的西周,田赋不仅是各采邑受封大夫为诸侯承担的义务,也是各诸侯为周王承担的义务。

为了保证田赋的顺利征收,周王室还制定了一系列相应的农田管理的法律规定。第一,三年一换主(土)易居。这是一项土地定期分配的制度。因为土地有好有坏,脊肥不均,不论脊肥一律按十分之一比率收取田税,必将影响农夫的生产积极性,不利于田赋的征收。只有脊肥搭配,轮流耕种,才能做到农夫负担均等,国家财源不致遭到破坏。按周制,上田一夫百亩,一年一垦;中田二百亩,耕百亩,休百亩;下田三百亩,耕百亩,休二百亩。按下田休耕方式,三年正好轮流休耕一遍,然后,换土易居,就能做到"肥饶不得独乐,硗确不得独苦"。由此可见,什一之税和三年换土易居,是两项相辅相成的财政法规。

第二,发布统一政令,修治封疆,动员农耕。《礼记·月令》:"孟春之月,王命布农事,命田舍东郊,皆修封疆,审端经术。善相丘陵、阪险、原隰,土地所宜,五谷所殖,以教道,民必躬亲之。田事既饬,先定准直,农乃不惑。"②这段话的大意是,每年之始,周王向全国发布农垦政令,要求田官亲临乡里,督促农夫修理封疆,审正田间径路及沟池,并教导农夫懂得农耕所必须遵循的准则制度。如能这样做,农夫便能无"惑"地进行生产了。

第三,兴修水利,防止旱灾。水利是农业生产获得丰收的保证。井田制耕作方式,沟洫交错,灌溉事业更为重要。因此,每年三月,周王要向全国发布法令,责令司空"循行国邑,周视原野,修利堤防,道达沟渎,开通道路,毋有障塞"。七八月,洪水将至,周王则再次向百官发布法

---

① 《孟子·滕文公上》。
② 《礼记·月令》。以下引文未注明出处者均引自《月令》。

令:"完堤坊,谨壅塞,以备水潦",以免农作物受损。

第四,农忙季节,禁止一切有伤农事和杀害耕畜行为。"孟春三月,毋作大事,以妨农事。""大事",指兵役活动。春耕开始,大搞兵役活动,不利于春耕生产。六月为夏收大忙时节,这一月,国家再次颁布法令:"毋举大事,以摇养气;毋发令而待,以妨神农之事也。"这个"大事",指徭役征发。"毋发令而待",是说不发布征发徭役的政令,以免妨碍农业生产。西周时期对牲畜的保护和管理也极为重视。国家设置专职官吏牧人,负责六畜的饲养和繁殖。耕畜更在法律保护之列。无故杀伤耕畜要承担刑事责任。"诸侯无故不杀牛,大夫无故不杀羊,士无故不杀犬豕,庶人无故不食珍",违者,处以刑罚。庶民必须积极牧养耕畜,否则,与"不耕者"同论,予以法律制裁①。祭祀时法律允许杀牲,但是,牝牲一旦怀胎,则在犯禁之列②。

第五,督民农桑,加强田间管理。西周法律规定:"若稽田,既勤敷菑,惟其陈修,为厥疆畎。"就是说种田,要做到勤勤恳恳播好种,除掉杂草,修复好田间道路和灌溉渠。倘若"土不备耕",或"有失农时",则"罪在司寇","行罪无赦"。西周还实行火耕水耨以肥田的耕作制度,对此,西周法律也有严格规定:"季夏之月,土润溽暑,大雨时行,烧薙行水,利以杀草,如以热汤,可以粪田畴,可以美土疆。"根据这一规定,在准备耕作的土地上,前一年先种其草,待草枯干之后用火烧之。夏季来临,经大雨浇灌,土地得到粪料而肥美,即可耕种了。农作物成熟季节,法令规定,田官须及时督促农夫"驱兽毋害五谷",保护农作物不受鸟兽侵害。

第六,搞好粮食的保管收藏。每年秋季,国家统一发布政令,要求

---

① 《周官精义》卷五《宫丁师》。
② 《礼记·月令》:"牺牲毋用牝。"

农田主人"穿窦窖,修囷仓",做好粮食收藏准备工作。否则,国家法律将不保护农田主人对其农作物的所有权。

(二)力役的法律规定

力役是田赋之外奴隶主贵族压榨剥削农夫的又一手段。西周时期的力役是相当繁重的。"任力以夫,而议其老幼"[1]除老幼丧失能力者外,所有成年人都要承担力役剥削。服役年龄,据《周官精义》卷四《乡大夫》说:"国中自七尺以及六十,野自六尺以及六十有五,皆征之。其余者,国中贵者、贤者、能者、服公事者、老者、疾者,皆舍。以岁时,入其书。"周人年龄,可以用身高计算。身高六尺、七尺,大约为十五六岁至二十岁。据此,除官僚、贵族、功臣、元老及老疾病残外,国家法定服役年龄为二十岁至六十岁,鄙野为十五六岁至六十五岁。此外,农夫们在劳动之余还要替奴隶主贵族从事各种繁重的家庭苦役,"为公子裳","为公子裘","献豜于公","跻彼公堂",冬天一到,又为贵族们搓绳索、割茅草、修房屋、凿冰块[2]。以上力役制度说明,西周法律公开保护奴隶主贵族的特权,并把力役剥削的对象集中在平民尤其是鄙野庶人身上。西周法律的不平等,显而易见。

(三)山林管理的法律规定

西周时期山林管理的总原则,是"以时入而不禁"。[3] 只要在国家法令允许的时间内出入山林川泽取其利,是不予禁止的。但是,必须遵守下列规定。

第一,缴纳山林川泽出入税。"孟冬之月,命水虞、渔师收水泉池泽之赋,毋或敢侵削众庶兆民,以为天子取怨于下;其有若此者,行罪无赦。"这虽然是国家为川泽主管官吏水虞、渔师规定的一条收取川泽之

---

[1] 《礼记·月令》:"牺牲毋用牝。"
[2] 《诗·豳风·七月》。
[3] 《礼记·王制》。

税时不准侵夺众庶兆民的禁令,但从这一禁令可以推知,只要众庶兆民向国家缴纳一定数量的税款,经营川泽之利就成为合法。山林管理也是这样。

第二,在法定时间内出入山林。法定出入山林的时间,据《礼记·王制》和《月令》记载,为秋冬两季。秋冬两季之外的季节入山伐木,则以窃木盗罪论处。西周法律把开放山林控制在秋冬,固然与此时"草木黄落"有关,更重要的原因还在于西周国家和奴隶主贵族的需要。秋季允许庶民入山砍木,为的是让他们伐薪烧炭,供贵族们入冬后取暖;冬季允许庶民入山,为的是"伐木取竹箭",为军队制作弓箭。十分清楚,周统治者在一定时间内放松对山林的禁令,完全出于他们的私欲和奴隶主阶级的利益。尽管如此,允许秋冬入山伐木的法令,客观上有利于社会经济的发展和商品经济的活跃,具有一定积极意义。秋冬以外季节,严禁乱砍滥伐,即使是兴建土木工程,也不准违反禁令。川泽开禁时间为夏季:"季夏之月,命渔师伐蛟、取鼍、登龟、取鼋;命泽人纳材苇。"不合时令而擅取川泽之利者,谓之犯禁,"犯禁者,执而诛罚之"[①]。周统治者把营川泽之利的时间定为夏季,也是立足于统治阶级需要的。因为每年八月为各级奴隶主贵族层层贡献鱼鳖的时间,夏季捕捞,正好赶上入秋进献。

第三,不乱杀飞禽,保护山林生态平衡。周统治者颇为重视山林区内飞禽野兽的保护和繁殖。每年春天,周王向全国发布命令,"以劝桑事",植树造林。林木是禽兽栖居之地,而飞禽的繁殖又有利于林木的生长,因此,法令规定,严禁利用伐木之便乱杀飞禽,捕捉幼虫,更不准杀胎以绝其种:"孟春之月,毋覆巢,毋杀孩虫,胎夭飞鸟,毋麛毋卵。"《礼记·王制》也说:"昆虫未蛰,不以火田,不麛、不卵、不杀胎、不夭夭、

[①] 《周礼·地官·川衡》。

不覆巢。"

(四)手工业和矿业管理的法律规定

和夏殷相比,西周的手工业生产有了突飞猛进的发展,手工业作坊规模较大,分工精细。在作坊中有金属工、木工、玉石工、陶工、皮革工、武器工等,总称为"百工"。从目前发现的青铜器看,种类之多,工艺之精,相当惊人。早周作坊遗址,长安沣西马王村和张家坡已发现两处。洛阳北郊发现的西周铸铜遗址,面积估计达到九万至十二万平方米,出土陶范上万块和大量的炉壁残块、大块炼渣及青铜工具,并探出三座烘范窑,熔炉最大的直径1.8米,最小0.3米,炉内温度高达1200℃。西周实行手工业生产官办政策,自天子、诸侯以至卿大夫、士,都有自己的作坊。各作坊设工官管理生产,全国的作坊归司空统一领导。不难设想,没有比较严密的经济立法,如此规模的手工业生产的管理将是不堪想象的。有关经济立法的具体规定,现已无法考证清楚,而有些史籍尚留有经济立法的残迹:

> 孟冬之月,命工师效功,陈祭器,按度程,毋或作为淫巧,以荡上心。必功致为上,物勒工名,以考其诚;功有不当,必行其罪。

《礼记·月令》这一记载,实际上就是有关产品格式、百工考绩方面的立法。每年年终,工官之长工师将百工所造器物,一一登记成册,并在贵重器物上铸刻铸器者的姓名,一方面便于考察器物容量的大小和图案样式是否合乎法定标准及礼制要求,另一方面根据器物的物主姓名和铸器者姓名,核实产品质量,进行奖惩。

矿业立法的残迹,仅见于《周礼·地官·卝人》:

> 掌金玉锡石之地,而为之厉禁以守之。若以时取之,则物其地图而授之,巡其禁令。

这段话意为:卝人掌理金玉锡石产地,并设立藩界禁令以守护。绘制图形,测知产地,告知那些采矿者,而自己巡视查询,执行禁令。这一记载虽不是西周矿业立法的原文,但它说明,西周在矿业管理上,从行政体制的建置、采矿形式到矿业禁令的颁发、执行,均有较为严密的法律规定。

西周的矿业也是官营的。这一制度和"工商食官"结合在一起,对西周工商矿业的生产起了一定的遏制作用,对后世亦有深远影响。整个封建社会的法律,禁止、限制工商矿业私营,实行国家专卖政策,其起源于西周。明清时期,商品经济日趋发达,资本主义生产关系已经萌芽,官营买卖政策的危害就显得更为严重了。

第六节　从出土文物和先秦文献看西周的民事诉讼法

一、西周的司法机构及其分工

依据金文,印证古籍,西周司法机构较为完整,且民、刑事审判有分。以图表示,其组织系统大致轮廓是:

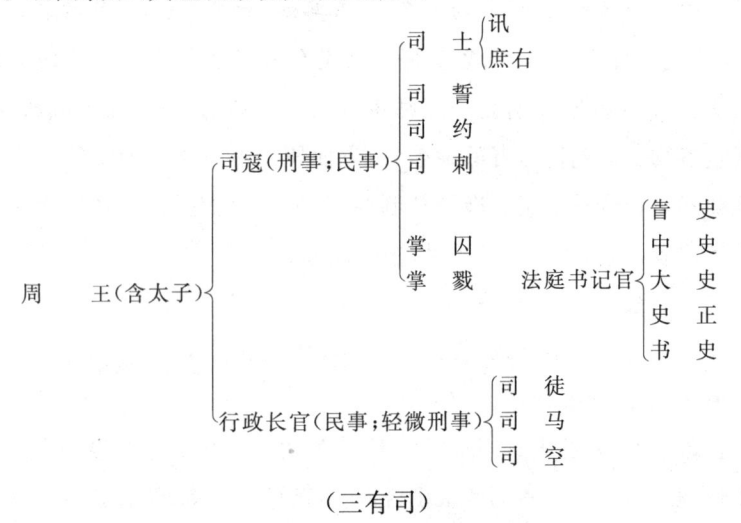

```
                          ┌ 司 士 ┌ 讯
                          │       └ 庶右
                          │ 司 誓
                          │ 司 约
             ┌ 司寇(刑事;民事) ┤ 司 刺                ┌ 眚 史
             │            │ 掌 囚                  │ 中 史
             │            │ 掌 戮   法庭书记官 ┤ 大 史
周 王(含太子) ┤                                   │ 史 正
             │                                   └ 书 史
             │            ┌ 司 徒
             └ 行政长官(民事;轻微刑事) ┤ 司 马
                          └ 司 空
                          (三有司)
```

这一图示说明,西周司法机构在建制上有三个主要特点。

第一,民刑有分。"三有司"——司徒、司马、司空主管民事诉讼,司寇主管刑事诉讼的总趋势已相当明显。司法机构在职事上民、刑事诉讼有分,对于提高司法效能,无疑有积极意义。

第二,设官分职,较为严密。如图所示,这一套司法组织系统极有利于西周奴隶制法制的运行,也有利于确保社会秩序安定和国家机器的正常运作。

第三,行政干预司法。不仅周王掌握着最高司法权,连周王的执政大臣"三有司"也有权审理民事案件和轻微刑事案。[①]

二、从《曶鼎》、《琱生簋》、《琱生尊》、《鬲攸从鼎》多件金文铭文看西周民事诉讼制度

19世纪,英国著名法律史学者梅因的《古代法》一书出版后,在西方学者中有很大一部分人认为中国古代是无民法的。正如李祖荫先生所说:"梅因在他的著作中有这样的错误论调:一个国家文化的高低,看它的民法和刑法的比例就能知道。大凡半开化的国家,民法少而刑法多,进化的国家,民法多而刑法少。他这几句话被资产阶级学者奉为至理名言。日本有的资产阶级法学家更据此对我国大肆诬蔑,说中国古代只有刑法而没有民法,是一个半开化的、文化低落的国家。"[②]我们读《古代法》一书,梅因是这样说的:"如果我们注意到,在法典时代开始后,静止的社会和进步的社会之间的区分已开始暴露出来的事实……研究现在处在原始状态下的各民族,使我们得到了某些社会所以停止发展的线索。我们可以看到,婆罗门教的印度还没有超过所有人类各

---

① 关于司法机构详见胡留元、冯卓慧:《夏商西周法制史》,商务印书馆2006年版,第543—557页。

② 梅因:《古代法》,沈景一译,商务印书馆1984年版,"小引"。

民族历史都发生过的阶段,就是法律的统治尚未从宗教的统治中区分出来的那个阶段。……在中国这一点是过去了,但进步又似乎就到此为止了,因为,在它的民事法律中,同时又包括了这个民族所可能想象到的一切观念。静止的和进步的社会之间的差别,是还须继续加以探究的大秘密之一。"[1]我想,很遗憾,那个时代的梅因没看到那么多中国地下不断出土的能印证中国古代民法确存的,至少是民事法律制度确存的原始文献,也读不懂可以佐证这些原始文物的中国先秦典籍,才说出那样错误的观点来。到目前为止,陕西已发掘的出土的金文判例中,有多件是有关民事诉讼的。那就是《曶鼎》、《琱生簋》、《琱生尊》、《鬲攸从鼎》,下面我将逐次分述之。

判例一:《曶鼎》,铭文第二段

题解:《曶 hū 鼎》,也有称为《曶鼎》者,清朝乾隆年间陕西长安地区出土,西周中期孝王时器。原器已失传,今仅存铭文拓本,约四百字。鼎铭共三段。第一段记载周王册命曶司卜事(《周礼·春官》记载,司卜事的官职有大卜与卜师之分),并对曶进行赏赐;第二、三段是两个判例。本判例为铭文第二段,是一桩有关奴隶买卖契约执行的诉讼案件。《曶鼎》铭文在结构上不同于大多数鼎铭的是,它将铸宝鼎一事记录在第一段铭文的结尾。第一段讲策命封赐,是曶铸宝鼎的主要原因,其他两件与曶有关的诉讼案,是追述,便一并铸在鼎上了。曶鼎铭文对研究西周所有权、契约关系、民刑事诉讼以及刑讯、刑种等法律制度有极其重要的价值。鼎,是古代的一种炊器,形状有圆腹、两耳、三足的,也有四足方鼎。方鼎到西周后期,基本消逝。

释文:

　　隹(惟)王四月既生霸,辰才(在)丁酉,井(邢)弔(叔)才(在)异

---

[1] 梅因:《古代法》,沈景一译,商务印书馆1984年版,第13—14页。

第二章　西周的民事经济法律制度　183

为□。□(智)吏(使)舀(厥)小子觳曰(以)限讼于井(邢)弔(叔)：
"我既买女(汝)五□(夫)，□(效)父，用匹马束丝。限詰(许)，曰舀
则卑(俾)我賞(偿)马，效□(父)□(则)卑(俾)复舀(厥)丝束。舀、
效父迺(乃)詰(许)贅曰于王参门□□木榜，用賈征(徒)买丝(兹)
五夫，用百爭(锊)，非出五夫□□諂(祈)。迺(乃)舀又諂(祈)罘趣
金。"井(邢)弔(叔)曰："才(载)王人迺(乃)买用( )不逆，付舀，毋
(毋)卑(俾)式于舀。"智则拜顿首，受兹(兹)五□(夫)，曰陪、曰恒、
曰耕、曰睽曰旹。吏(使)寽曰(以)告舀，迺(乃)卑(俾)□曰(以)智酉
(酒)汲(及)羊、丝三寽(锊)，用致兹(兹)人。智迺(乃)每(诲)于舀
□(曰)："□□(汝其)舍觳矢五束。"曰："弋(必)尚卑(俾)处舀(厥)
邑，田□(寽)田。"舀则卑(俾)复令(命)曰："若(诺)"。

[译文]

周孝王二年四月上旬丁酉日早晨，邢叔在异这个地方处理政务。
智让他的下属觳把限控告到邢叔那儿。觳说："我已经买了限你的五名
奴隶，这个买卖契约的中介人是效父。五个奴隶的价金是一匹马、一束
丝。限同意了。但是过后，限让他的臣属舀将马退还给我，又让中介人
效父将一束丝退还给我。舀和中介人效父又允诺在王参门地方改用书
面契约，用货币购买这五名奴隶。价金为铜百锊(三斤)，还说如果还不
出卖这五名奴隶便来告知我。后来，舀又来告知，并退还了原买金。"

邢叔判决说："在王室工作的人，就应当遵守买卖契约的诚实信用，
不能违背契约。(限)，将五名奴隶交付给智，不要让你的臣下舀再
有式。"

智就叩首拜谢了邢叔的判决，接受了这五名奴隶。他们的名字叫
陪、恒、耕、睽、旹。智让他的下属寽告诉舀，又让□用智的酒、羊和价值
三锊的丝作为招待这些人的礼物，举行了宴会。

智于是又责令舀说："你要赠送给觳五束矢。"又说："你一定要让觳

仍住在他的田邑里,耕他的田地。"曶回答说:"行"。①

判例二:《琱生簋》铭文

题解:《琱生簋》,是传世西周青铜器,有两件器皿:《琱生五年簋》、《琱生六年簋》两器上均有铭文。其中《五年琱生簋》现藏于中国国家博物馆。六年琱生簋流失美国。清代学者孙诒让在《古籀余论·召伯虎簋第二器》中已隐约提出《琱生簋》两器记事"皆为土田狱讼之事",故二器似应连续释读的观点。但是因为他在文字考释上有误,将器主定为召伯虎,故研究工作未进展下去。后来,今人杨树达先生考证,第二器应为《六年琱生簋》。林沄同志在《古文字研究》第三辑发表《琱生簋新释》一文,从文字考释角度,基本解决了该铭文的识读问题,也提出不少新见,为该铭文在西周民法规范及民事诉讼的研究中扫清了不少障碍。

《琱生簋》铭文是刻在前后相连的两件簋上,铭文反映了西周后期的一桩侵占公田仆庸为私有的民事诉讼案件。因两器记叙一次诉讼的相连关系,故应将该二文在一起研读。林沄同志依据铭文中记载召伯虎父母在世,推定此器为周厉王时器。簋(guǐ)本作"殷"。古代食器,圆口,圈足。无耳或有两耳,也有四耳,方座,或带盖的。

释文:

《琱生五年簋》

　　唯五年正月乙丑,琱生又(有)吏(使),召来合吏(使)。余献妇氏以壶,告曰:"以君氏令(命)曰:余老,止公仆庸土田多谏,弋白(伯)氏从(纵)许。公宕其参,女(汝)则宕其贰;公宕其贰,女(汝)则宕其一。"余惠于君氏大章(璋),报妇氏帛束、璜。召伯虎曰:"余

---

① 译文的详细注释见拙著《长安文物与古代法制》,法律出版社 1989 年版,第 43—46 页。

既讯,我考我母令(命),余弗敢乱,余或至(致)我考我母令(命)。"琱生则堇(瑾)圭。

《琱生六年簋》

唯六年四月甲子,王在莽。召伯虎告曰:"余告庆!"曰:"公厥(阙)禀贝,用狱諫为白(伯)。有厎(底)又(有)成,亦我考幽白(伯)幽姜令(命)。余告庆!余以邑讯有司,余典勿敢封。今余既讯,有司曰:'昊令(命)!'今余既一名典,献白(伯)氏。"则报璧。琱生奉扬朕宗君其休。用作朕烈祖召公尝眔。其万年子孙宝用,享于宗。

[译文](《琱生五年簋》)

周厉王五年正月乙丑日,琱生有事(为官府清查止公多占公田仆庸事)。召伯虎(厉王时重臣,后又辅佐宣王)来参与审理此一侵占公田仆庸案。(琱生告诉召伯虎说)我给您的母亲妇氏赠送了一个珍贵的礼器壶,请她出面说情,我请她预拟你父亲君氏的口气对你说:"我老了,止公侵占国家仆庸土田的事,受到司法机关多方侦讯。希望你能从宽处理:如果止公侵占的超额三份,你就设法说成超占二份;如果止公超占二份,你就设法说成超占一份。"(你父母许诺后)我赠送给你父君氏一个大璋,又给你母妇氏赠送了一束帛和一块礼器璜。召伯虎说:"我已经向群臣征询过意见了,对案情有所了解。但是,我要服从我父母的命令,我不敢按大臣们的意见处理。我要重新给大臣们传达我父母的命令。"琱生又给召伯虎赠送礼器玉瑾以作酬谢。

[译文](《琱生六年簋》,此文通过召伯虎私告琱生重审的经过,记述复审时止公转败为胜,琱生从中获利。)

周厉王六年四月甲子日,周王在莽宫,复审在周王在场时进行。(审后),召伯虎来告诉琱生:"我向你报告好消息来了!"召伯虎说:"止公缴纳了诉讼费。止公缴纳那些诉讼费,都是为琱生你打官司的。这场官司总算有了着落而平息了。官司能够平息,也都是因为我父母幽伯、幽姜出面说了话。我祝贺你啊！我要就止公的仆庸土田的事再次讯问有司们的意见。我虽然有了登录那些田土的文书,因为还未征询有司的意见,所以不敢将它们封存于官府。现在我已经征询过有司的意见了,他们说:"服从幽伯、幽姜的命令！"现在我已经把那些仆庸土田之外的土地都一一登记了,把它们送给你。"(因为召伯虎将公田被占为私田的所有权证书给了琱生)琱生又给召伯虎送了玉璧以作报答。

琱生为了颂扬宗君(君氏)的美德,铸造宝簋并镌刻铭文,确认自己对经过"一名典"登录手续的土田的所有权。①

2006 年 11 月,陕西又新出土了《琱生五年尊》,尊铭内容与《琱生五年簋》几乎完全一样,说明琱生就此件民事诉讼案曾在多个器皿上镌刻铭文以作记载。该尊铭的内容在下文将详述。

判例三:《鬲(gē)攸从鼎》铭文

题解:此鼎为世传青铜器,为陕西凤翔出土物,西周后期厉王时器,上有 102 字。鼎铭是一件难得的较为完整的土地租赁争讼判例。该判例对研究西周后期土地使用权转移、租赁契约关系以及民事诉讼程序均有重大史料价值。

释文:

隹(惟)卅又二年三月初吉壬辰,王才(在)周康官徲大室。鬲从以攸卫牧告于王。曰:"女(汝)覓我田牧,弗能许鬲从。"王令(命)眚史南曰(以)即虢旅。虢旅迺(乃)吏(使)攸卫牧誓曰:"我弗具付鬲从其且(租),射(谢)分田邑,则放。"攸卫牧则誓。从乍(作)朕(朕)皇且(祖)丁公、皇考叀公障(尊)鼎。鬲从其万年,子子孙孙

---

① 关于《琱生簋》铭文的详细释读与评析可参看拙文"《琱生簋》所反映的西周民法规范和民事诉讼程序",载张晋藩主编:《法律史研究》,广西师范大学出版社 1992 年版。

永宝用。

译文：

周厉王三十二年三月初一日辰时（上午 7—9 时），周王在周康宫的夷王太室。鬲从把攸卫牧告到周王处。鬲从说："攸卫牧你已经租赁了我的土地，却未能给我鬲从偿付地租。"周王听后，命令书记员叫南的人将此案件原被告双方带到掌管司约的官员虢旅处，让违背契约的被告攸卫牧对司约官宣誓。虢旅让被告攸卫宣誓服罪说："我如果不全部付给鬲从租金，酬谢他租给我的田邑，就甘愿被处以流放刑！"攸卫牧依虢旅所指示宣了誓，服从周王对自己的败诉判决。胜诉的鬲从因此而制作了纪念自己荣耀的祖父丁公、父亲更公的尊贵的宝鼎，将胜诉的案件镌刻于上，希望自己的子孙万代永远保藏并享受荣耀。

三、金文判例和先秦文献反映西周的民事诉讼制度的特点

三件民事判例证明西周确实存在有民事诉讼制度，印证古籍，总结其特点，大体有以下几点。

第一，民事诉讼中的代理制度。

这是西周奴隶制社会，维护奴隶主贵族等级特权的一种制度。即法律允许当事人不直接出庭，而由其部属或其他人员代理参与司法诉讼。《周礼·秋官·小司寇》载："凡命夫命妇不躬坐狱讼。"命夫，是指"其男子之为大夫者"；命妇，是指"其妇人之为大夫之妻者"。也就是说大夫以上的各级贵族及其妻子，在参与诉讼时，可以不亲自出庭。《曶鼎》判例中，诉讼的原告曶和被告限均是两个高级官员，曶是世代豪门，在国王处担任司卜的工作；限是在王室工作的人员。他俩本是诉讼当事人，但在诉讼过程中二人均未到庭，只是各自派遣自己的下属黢和暠代理出庭。直到判决执行时，原告曶才亲自到庭领取五名奴隶。这说

明,民事诉讼中高级贵族可以实行代理制。但与《周礼》记载不同的是,《周礼》中的狱与讼,分别指刑事诉讼与民事诉讼。金文判例可见到的是刑事诉讼中高级贵族也必须亲自出庭,只有民事诉讼中才实行代理制。印证于史籍,刑事诉讼中的代理制始于春秋时期。[①]

第二,调解制度。

调解,就是通过劝导协商处理民事案件或轻微刑事案件的一种方法。西周由于注重血缘宗法关系,以中国独有的和谐观念,在司法实践中已实行调解制度。《曶鼎》第二段铭文就是一个典型的通过民事调解息讼的金文判例。这是一桩买卖契约。买方为曶的下臣夔,卖方为另一奴隶主限,他本人也是一位在王室工作的贵族。买卖的标的为五名奴隶。出卖人限两次违约,司法官邢叔在听了曶的讼辞后,对限说:"你是在王室工作的人,不应该已经签订契约,却又违背契约。"经过司法官的调解,限的代理人立即答应遵守前约交付了五名奴隶给买方,争讼停息了。息讼后,曶还为此请了客、送了礼、大大庆贺一番,并与限言归于好。十分清楚,司法官在这里使用了调解的方法息讼,而没有由法庭对这起违约案作出司法判决,或以西周法律对违约者处以墨刑。

从金文判例看,西周的民事调解是具有宗法等级界限的:其一,只有大贵族间的争讼案才能调解息讼,小贵族间的争讼,或小贵族与大贵族间的争讼则不能采取调解制。我们在判例《倗匜》一铭的判决中可见到,对小贵族与大贵族间的财产争讼案,司法实践中常以对小贵族的刑事定罪来解决。其二,民事调解工作由司法机关主持进行。《曶鼎》案由司法官邢叔调解。《鬲攸从鼎》所反映的也是一件租赁契约,因承租人攸卫牧违约,出租人鬲从将之起诉,最后调解后,攸卫牧表示要全部偿付出租人租金。但是,如经司法机关调解后,一方在后来又悔约,就

---

① 胡留元、冯卓慧:《夏商西周法制史》,商务印书馆 2006 年 7 月版,第 575 页。

要受刑事法律的制裁。所以，攸卫牧在司法官面前宣誓说："如果我再不偿还租金，就甘愿受流放刑的制裁！"

第三，诉讼程序。

(1)告诉。民事诉讼的发生起始于当事人的告发。《曶鼎》："曶……以限讼于井叔"，"井"，即邢，指邢叔。是说曶把限告到邢叔那里。正是有了曶的告诉，司法官邢叔才受理此案。《䚒攸从鼎》"䚒从以攸卫牧告于王"，也是因䚒从将攸卫牧告到周王处，周王才受理此案。

(2)两造到庭、坐地对质。《曶鼎》诉讼案，虽属代理诉讼，原被告双方均出庭。之后进行陈述诉辞，双方争论，坐地对质。《䚒攸从鼎》，先述"䚒从以攸卫牧告于王"，后又述王在听讼辞后，令眚史将双方带到司约处，司约让败诉的攸卫牧宣誓，"攸卫牧则誓"。证明诉讼双方均亲自到庭。

(3)缴纳诉讼费。《周礼·秋官·大司寇》记载："以两造禁民讼，入束矢于朝，然后听之。""束矢"，即一百支箭①，民事诉讼，双方当事人到庭后，要缴纳一束矢作为保证金，才能受理。任何一方不入"束矢"，便是"自服不直"，要判败诉，"束矢"没官。《国语·齐语》韦昭注："讼者坐成，以束矢入于朝，乃听其讼。两人讼，一人入矢，一人不入则曲，曲则服，入两矢乃治之。矢取往而不反也。"从最后一句解释"矢取往而不反也"看，矢是箭，箭射出后，就不能返回，含有法官判决之后，此事不再可起诉，有一事不再理的寓意。

在《琱生六年簋》的铭文中，审判官召伯虎向琱生报告好消息时说："公厥禀贝，用狱谏为伯。有底有成。"这几句话就是说："止公他缴纳了贝币。止公他缴纳的那些诉讼费，都是为琱生你打官司的。这场官司

---

① 也有五十矢为一束(见《诗·鲁颂·泮水》毛传)和二十矢为一束(见《国语·齐语》韦昭注)等说法。

总算有了着落而平息了!"说明"公阙禀贝"是打官司的一项重要程序。"公",是上诉方止公。"阙",指代止公,当"其"讲。"禀",训为纳,即缴纳。"贝",贝币,在这儿当作诉讼费。说明缴纳诉讼费是召伯虎受理复审此案的前提和必经程序。将《周礼》与金文判例结合起来看,西周诉讼,刑事、民事都得缴纳诉讼费。刑事用铜,民事是纳贝。至于交束矢,目前找不到佐证。

(4)讯有司。西周民事诉讼和刑事诉讼一样,在重要判决之前要征询大臣们的意见。《琱生簋》中叫作"讯有司"。"讯",讯问。有司,泛指官吏。《周礼》记载,刑事诉讼有"三刺之法"。三刺就是"讯群臣、讯群吏、讯万民"。印证《琱生簋》,群臣、群吏就是"有司"。未见"万民",万民应指贵族遗老们。《琱生簋》中所载的召伯虎之父母"幽伯、幽姜",应就属于此类。

《琱生五年簋》一案,法官召伯虎两次征询过群臣的意见。第一次征询在《琱生簋》上有记载。"召伯虎曰:'余既讯'。"就是指召伯虎已询问过群臣、群吏的意见了。但是这一次群臣一致认为对侵占公田的止公应当依法从严判决。这是与召伯虎父母的意见不一致的。第二次"讯有司",是在《琱生六年簋》上有记载:"余以邑讯有司",但这次有司们却来了一个一百八十度的大转弯,"有司曰:'昊令'!"全部说愿意服从宗君、宗妇的命令,对止公从宽处理。召伯虎因此按群臣意见作了判决,不但未追究止公侵占公田奴仆的法律责任,反而承认其合法性;为之"一名典",将这些被侵占的田地保有权登记在正式的典册上,使之合法化。

(5)一名典。民事诉讼,在"讯有司"之后,便作出判决。而判决后,如果属于土地保有权方面的争讼,胜讼方所取得的土地还要一一登录于国家的典册上,确认其土地保有权,称为"一名典"。登录在典册时要将之一分为二,一半封存官府立案存档;另一半交拥有保有权的人持有。这类似于今天的房地产登记证。所以《琱生六年簋》的铭文不仅有"一名典"的记载,还有"献伯氏"的记载,即将止公土地保有权合法化的登记证的一半交给琱生执掌。也正因为如此,琱生要铸器,反复铭刻此案胜诉的经过及证明自己拥有的"保有权"。

第四,上诉制度。

西周诉讼,刑事案件允许上诉。从《琱生簋》看,民事案件也允许上诉。因为在《琱生五年簋》中周王五年正月乙丑日,审此案的召伯虎在"余既讯"后已作了判决,即他在第一次"讯有司"后也作出不利于止公的判决,但因他的父母之命,他对琱生说:"余或致我考我母命",就是暗示他可能在复审时按他父母之命重判。接着,因止公缴纳了诉讼费,他在周王六年四月甲子那日,又复审此案。这次审判的原因是败诉的止公"用狱刺为伯",为琱生的利益提出了上诉。因此,实际上是一次复审。尽管这次审判完全是召伯虎在其父母授意下的精心安排,第二次的"讯有司"也是形式主义,但是,可由此看出,民事诉讼中的上诉复审制是存在的。

第五,巡行审判。

西周初期,有些诸侯国在他们的封国内还实行巡行审判制度。所谓巡行审判,就是地方官吏或诸侯巡行乡邑,就地决断庶民百姓间发生的争讼案。据说召公奭被封于召(今陕西岐山县西南)以后,为了便于民间诉讼,经常巡行乡邑,在一株甘棠树(棠梨树)下筑茅舍,就地断案,昭雪了不少冤案。《史记·燕召公世家》有记载:

> 召公之治西方,甚得兆民和。召公巡行乡邑,有棠树,决狱政事其下,自侯伯至庶人各得其所,无失职者。召公卒,而民人思公之政,怀棠树不敢伐,歌咏之,作《甘棠》诗。

诗《甘棠》是这样写的:

蔽芾①甘棠,

勿翦勿伐②,

召伯所茇③,

蔽芾甘棠,

勿翦勿败④,

召公所憩⑤。

蔽芾甘棠,

勿翦勿拜⑥,

召伯所说⑦。

《甘棠》诗译文:

小小的甘棠树啊,

不要任意翦除残害,

那是召伯审案的田间草舍所在。

小小的甘棠树啊,

不要去翦除摧残,

那是召公审案休憩的地方。

小小的甘棠树啊,

不要去翦除损拔,

那是召伯止息案件的地方。

郑玄为《甘棠》作笺说:"茇,草舍也。召伯听男女之讼(审理婚姻案

---

① 蔽芾(fèi):形容小小的样子。《尔雅·释言》,"芾,小也。"
② 伐:砍伐,引申为残害。
③ 茇(bá):在草间住宿。
④ 败:破坏,破残。
⑤ 憩:休息。
⑥ 拜:损拔。
⑦ 说(shuì):通"税"。休憩,止息。

件),不重烦劳百姓,止舍小棠之下,而听断焉。"史记正义引《括地志》云:"召伯庙在洛州寿安县西北五里。召伯听讼甘棠之下,周人思之,不伐其树。后人怀其德,因立庙,有棠在九曲城东阜上。"都证明召伯巡行乡邑审理民事案件、婚姻纠纷于甘棠树下之草舍内。

与《甘棠》同时的另一首诗《诗·行露》①更是生动地反映了召公奭巡行审判的真实过程。

厌浥行露,②
岂不夙夜,谓行多露!
谁谓雀无角,何以穿我屋?
谁谓女无家,何以速我狱③?
虽速我狱,家室不足!
谁谓鼠无牙,何以穿我墉④?
谁谓女无家,何以速我讼?
虽速我讼,亦不女从!

译文:
道路湿乎乎的,因为有露水,能沾湿我的鞋。
我难道不想早早夜行,但因为有露水无法行。
谁说麻雀没有角,它却为何啄穿了我的屋?
谁说你没有家室,却为什么那么迅速地将我起诉?

即使你速速之将我起诉,你却仍不想以家室之礼待我,却只想侵凌穿屋。

---

① 《诗·行露》:为《诗经·召南》中之一首。
② 厌浥行露:厌浥,道路中湿湿的。全句为道路中沾湿我的衣鞋,因为有露水。厌(yè)。
③ 狱:此处非指刑事诉讼,而指民事诉讼,等于"狱讼"一词。同于后面所称的"讼"。
④ 墉:土墙。

谁说老鼠无牙,却为何能穿过我的土墙?

谁说你没有家室,却为何迅速地将我起诉?

即使你将我起诉,我也坚决不会跟从你!

这首诗前的小序中写道:"行露,召伯听讼也。衰乱之俗微,贞信之教兴。强暴之男不能侵凌贞女也。"说明此案是召公审理的男女婚姻诉讼案。本案审理于西周初年,通过此案召公想要在民间树立起自殷末世以来,社会上形成男方以强权侵凌女方,强娶婚姻的恶劣风气被纠正,而保护贞节的妇女。在婚姻观中也倡导遵守诚实信用原则,使强暴的男子不能侵凌侮辱贞洁的女子。全诗用了诗经中的赋比兴的手法,即既铺陈叙事,把事实经过写出来;又使用了比喻手法,把强暴之男子对贞洁女子的侵凌行为,比喻为像麻雀用嘴啄穿女子家的房屋,像偷东西的老鼠用锋利的牙齿穿透了女子家的室墙。并用比兴的手法揭露暴行男子只是想侵占女方却没有真实的信用想娶女方为妻。故侵凌达不到目的后,该暴行男子反而恶人先告状,将女方告到法庭上。贞女在法庭上以被告身份激烈陈词,揭露暴男的罪行,并斩钉截铁地表态:"你即使将我起诉,我也绝不顺从你!"从诗前小序看,此案经召公审理后,被告取得胜诉。并且召公想借此案纠正殷末社会上留下的不正之风,保护贞节,诚实守信的弱势妇女的权利,提倡新的道德风气。

诗中前一句,是比喻手法,用道路湿泥难行不敢行走,暗喻有像此诗中之暴男存在。第二句表明自己也想早行,但因露水而无法行,也是暗喻手法,"岂不夙夜",即指自己也想早早自由恋爱结婚。西周礼规定,在早春二月,树木发芽时允许男女自由恋爱成婚[①]。但是,这种自由奔嫁之婚是权宜之计,在法律上地位低下。孔颖达疏说:"但人而无礼,胡不遄死?以当礼乃可得为配,言奔者不禁者,郑云,'权许之,其实

---

① 《周礼·地官·媒氏》:"中春之月,令会男女,于是时也,奔者不禁。"

非正礼也'。"①但是，因为男子曾言二月有露水时，我就以礼来娶你，然而到露水有时，男子却不想以正式婚礼的"六礼"仪式来娶此女，只想苟合，故女子坚决不从。暴男想用诉讼强娶女子，却被此贞女以铿锵言辞将男子于法庭上批驳得哑口无言。故而女子胜诉。

这两首诗使我们对周初的巡行审判制度及妇女在民事诉讼活动中的法律地位有了较清晰的了解。

其一，巡行审判有利于民事诉讼的及时解决，故得到广大民众的支持与怀念。《甘棠》一诗可证。

其二，在婚姻诉讼案中，妇女和男子一样，均是诉讼主体。且被告在法庭上和原告一样，享有平等的辩护权。《行露》一诗可证。

四、宗法制在民事诉讼中的影响

西周实行宗法制，这是建立在血缘关系上的等级制的政治统治制度。它也同样在司法诉讼中显示了政治特权及影响了司法公正判决。《琱生簋》判例形象地再现了这种宗法制的特权观。

《琱生簋》器原出土于陕西岐山，2006年11月再次在岐山出土了《琱生尊》，铭文一如《琱生五年簋》，证明了琱生、召伯虎、召公等人的关系和西周初的分封制及宗法关系。

周初，周王朝建立仅两年，周武王死，年幼的成王即位，周武王之弟周公旦为摄政，国内诸侯因之发生叛变。武王派到殷人故地作三监的二位弟弟管叔、蔡叔联合纣王之子武庚等商代残余势力发动叛变，影响了周人根据地"西土"也不安。周公、召公于是"内弭父兄、外抚诸侯②"出兵东征平乱。

---

① 《十三经注疏·周礼·地官·媒氏》，上册，中华书局影印本1979年版，第733页。
② 《逸周书·作雒篇》。

平乱之后,周统治者要巩固对东方地区的统治,采取两大措施。其一是兴建一座成周城(今洛阳东三十里),强制将参加叛乱的商顽民迁徙于此,作为周人控制东方地区最重要的政治军事枢纽[1]。其二是大封诸侯,在商的废墟上建立新秩序。

周初封建的诸侯,最大多数是同姓子弟,所谓"兼制天下,立七十一国,姬姓独居五十三人"[2],也包括异姓诸侯。当时封国中,最重要的有卫、鲁、齐、宋、晋、燕等国[3]。

分封制与宗法制并行。周初重臣,召公奭,官至太子少保,与周公旦共平叛,且是姬姓,被封于燕,故《史记》有"燕召公世家"。[4] 但《史记索隐》有一段记载:"召者,畿内采地。奭始食于召,故曰召公。或说者以为文王受命,取歧周故墟周、召地分爵二公,故《诗》有《周、召二南》,言皆在岐山之阳,故言南也。后武王封之北燕,在今幽州蓟县故城是也。亦以元子就封,而次子留周室代为召公。至宣王时,召穆公虎其后也。"《索隐》此段记载与地下文存印证绝对正确。武王取得天下后,召公奭以姬姓重臣被封于燕国,已是西周抗击北方入侵者的主要屏障国。但周初文王时已将周人的老根据地岐山一带分封于周公与召公。所以,在武王分封以后,召公的嫡长子均世代在燕地继承封爵伯位,而次子则留在周王室世代任召公之职,执掌国家行政要职。传世的《琱生簋》及2006年新出土的《琱生尊》铭文正印证了此事。

宗法制下,大宗率小宗,小宗率群臣,宗君在宗内权力很大,甚至有

---

[1] 可参见《尚书·召诰》、《尚书·洛诰》。
[2] 《荀子·儒效篇》。
[3] 参见翦伯赞:《中国史纲要》,第一册,人民出版社1979年3月版,第32—35页。
[4] 召公的地位在周初十分高,几乎与辅政的周公旦并列。故《史记》记载:"其在成王时,召公主之;自陕以西,召公主之;自陕以东,周公主之。"在周公辅成王后,召公以为周公想个人提高地位,心有不满,周公作《君奭》以告之,提到"予往暨汝奭共济","告君乃猷裕,我不以后人述。说明,国家现在就你、我二人主要支撑,希望你心胸宽怀,我非为自己的后人贪位"。

司法特权。①《琱生簋》铭文记载的是止公侵占公田仆庸的案件,此案与琱生关系如何？因止公侵占的此部分田地又转移给了琱生。而琱生与审理此案的召伯虎有何关系？召伯虎为周初重臣召公奭之后裔,此事前引《史记索隐》已有说明,且属召公后裔中留守在岐山故地的一支,世代袭召公之位,在周王室任要职。召伯虎在周厉王暴政引起民众暴动围攻王宫时,又将太子靖藏在自己家中,以自己的亲生儿子替太子死。厉王死后,他拥立太子即位,为周宣王。②《诗·大雅·江汉》有记载,他平定了周王朝的内乱,又率军队战胜和臣服了入侵的淮夷,使周王室的疆域达于南海,国内统治安定。周宣王因此亲自到召公奭最初的封地岐山,对召伯虎封赐了山川土田,以"召公"的爵位再封赐给他,让他继承。这次封赐,周宣王以对召伯虎先祖召公奭封赐为召康公的高等礼仪对待之。其诗曰:"江汉浮浮,武夫滔滔。匪安匪遊,淮夷来求。既出我车,既设我旟。匪安匪舒,淮夷来铺。江汉汤汤,武夫洸洸。经营四方,告成于王。四方既平,王国庶定。时靡有争,王心载宁。江汉之浒,王命召虎。式辟四方,彻我疆土。匪疚匪棘,王国来极。于疆于理,至于南海。王命召虎,来旬来宣。文武受命,召公维翰。无曰予小子,召公是似。肇敏戎公,用锡尔祉。厘尔圭瓒,秬鬯一卣,告于文人。锡山土田,于周受命,自召祖命。虎拜稽首,天子万年。虎拜稽首,对扬王休。作召公考,天子万寿。明明天子,令闻不已。矢其文德,洽此四国。"③由史籍记载可知,召伯虎在周宣王时已上升至"公"一级地位,是主持朝政的主要人物,可以称得上功著彪炳了。所以《史记》及其他文献也将他称为召穆公虎。

---

① 见胡留元、冯卓慧:《夏商西周法制史》,商务印书馆 2006 年 7 月版,第 491—496 页。
② 《辞海·召伯虎》,上海辞书出版社 1979 年版,缩印本,第 457 页。
③ 见《十三经注疏·诗·大雅·江汉》,上册,中华书局影印本 1979 年版,第 573—574 页。

召伯虎的父亲君氏是召公一族的宗君。此案涉及人物琱生是其宗族的支系,属小宗。这点我们分析《琱生六年簋》铭文可知:"琱生奉扬朕宗君其休。用乍朕烈祖召公尝簋。其万年子孙宝用,享于宗。"第一句大意为"我琱生歌颂赞扬我们的宗君(君氏)"。它说明琱生与召伯虎之父的关系是宗君与宗子的关系,故称为"朕宗君"。第二句更追溯到此大宗的百代世祖为周初的召公奭。大意为"(我奉献这)用来作为祭祀我们先祖召公(奭)的簋"。"朕烈祖"一词就是"我的先祖"之意。西周的宗法制分为大宗与小宗,大宗的先祖是百世而不分的,小宗的祖先,五世便分出去了。所以,在祭祀上称为"继祖继祢",大宗之祖称为"祖",小宗之祖称为"祢"。西周用不同的称谓,不同的祭祀方法,巩固了宗法制的统治。[①] 从"朕烈祖"一词也可看出琱生与召伯虎之父的关系。最后一句"其万年子孙宝用,享于宗"。"宗",指宗庙。同一大宗之人必须在重大祭祀行动中在自己宗庙内进行。这最末一句意为:"(献出的簋)由宗君的子孙永远地保留使用,以作在宗庙祭祀烈祖之专用。"簋上镌刻了为此桩土田保有权之诉讼案胜诉的经过,说明胜诉是光辉祖宗的大事,故要大力张扬,铸以宝器。正是因为琱生与召伯虎的这种宗法血缘关系,所以这名义上的保有权属止公而实际上土田此时已被止公转让给琱生的公田,通过琱生来找其宗君君氏,由君氏指示当时掌实权的国家高官,自己的儿子召伯虎,召伯虎不仅设法平息了这桩私人侵占公田案,还以"一名典"的合法手续使琱生取得了土地保有权证书。召伯虎之所以能这样做,不仅因为他与君氏是父子关系,考虑尊重父亲的意见。更重要的,还因为君氏是宗君,其妻是宗妇,而在宗法制下,宗君、宗妇的意见是有极大的权威性的。更何况,召伯虎审理此案时,已

---

① 见胡留元、冯卓慧:《夏商西周法制史》,商务印书馆 2006 年版,第 491—494 页。

是位居中央三公一级的最高官员。所以作为三公之父的君氏的宗君地位自然是一言九鼎了。因而,召伯虎在五年簋中审案时"讯群臣",群臣还认为止公是侵占了公田,但第二年再上诉审时,当召伯虎谈了其父君氏的意见后,群臣便全部认可这种侵占公田为私田的行为,表示了"诺"。使公田被有势力的宗族侵占合法化。它也反映了宗法制对司法公正的干扰。

另外,2006 年 11 月 9 日,陕西扶风县城关镇五郡村又出土了一处西周青铜器窖藏,共 27 件文物,其中有类似陶器造型的两件青铜器大口尊。两尊腹内壁各有 111 字的铭文,内容完全相同,经考古专家解读,与清末出土的传世铭文《琱生五年簋》内容为同一事件,此文对研究西周中后期贵族侵占公田、超额多占奴仆、宗法关系、八辟特权在司法制度中之反映,均能有极大帮助。用之进一步佐证宗法制在民事诉讼中的作用。

释文:

《琱生五年尊》

　　唯五年九月初吉,召姜以琱生载①五寽②壶两,以君氏命曰:"余老,止我仆庸③仕田多束④(刺)。弋⑤许勿变散亡。余宕其三,汝宕其二。其止公其弗⑥乃余邾大章,报妇氏⑦帛束、璜一,有司

---

① 此字不识,据字形及上下文意思,疑为"载"字,有装载之意,引申为"运来"。见陈初生编纂:《金文常用字典》,陕西人民出版社 1987 年版,第 1131 页"载"字㈠解。
② 此字《光明日报》2006 年 11 月 24 日版,识为"寻",不妥。对照拓片"庸"应识为"寽"(lüè),通"锊",重量单位。见陈初生:《金文常用字典》,第 458 页"寽"析形及释义㈡。
③ 此处拓片写为"𩫖",通"庸",见陈初生:《金文常用字典》,第 589 页"𩫖",释义㈠。
④ 多束:多次被官方侦讯。
⑤ "弋"识为"必"。因铭文字形与"必"相似,且与上下文相连,能解释通。见陈初生:《金文常用字典》,第 86 页,释义㈠。
⑥ 此字不识,疑为"弔"字,意为赠送。见《金文常用字典》,785 页"弔"字析形。
⑦ 妇氏,指已嫁女子,此处指宗君之妻,召伯虎之母,第二句所称"召姜"。姜是姓氏,指此妇女原为姜姓女子。

眔①、葬②两犀③琱生对扬朕宗君休,用作召公尊盥④用祈屰⑤录,得屯(纯)灵冬⑥。子孙永宝用之享。其又敢乱兹命,曰,汝事召人公则毁⑦。"

译文大意:

周厉王五年九月初一,召公之妻姜氏因为琱生送来五铐壶一对,便以宗君的命令说:"我老了,止公是我们的人,他的奴仆附庸土田的占有,受到国家多次侦讯调查。(你)一定要允许他的土田附庸占有不要变化散亡。(如)我们多超额占有三份,你就说占有二份。止公他赠送给我朱红色的朝觐礼品大章,又给宗妇酬报一束帛,一块贵重的玉璜,给调查此事的官员和益两份休闲礼品。琱生因此颂扬我的宗君的美德,因此制作了召公尊,用以祈祷上苍保佑召伯虎的官禄,使其能保全永终。(此尊)召氏子孙永远保存作祭祀之用。那些又敢不遵守或变乱这个命令的,我说你们的史召人的公就会有明确的法则的。"

此铭文与前引《琱生五年簋》、《琱生六年簋》二铭文相互参照补充,召伯虎所审理的止公多侵占之公田案中宗法制的影响便清楚了。

其一,此尊制作于周厉王五年九月。制尊的原因仍是为止公多占公田,受国家官员之讯问而做。

其二,此尊制作于九月,而《琱生五年簋》制作于正月。说明,该正

---

① 眔,有逮、及、和的意思。
② 葬,人名。
③ 犀,意为"休闲",引申为休闲用物。
④ 此字《光明日报》2006年11月24日版,留为空格,对照拓片为"**盥**",疑为"盟"字,祭祀之意。
⑤ 此字《光明日报》2006年11月24日版,留为空格,对照拓片为"**屰**",疑为"屰"字,《金文常用字典》,第149页。
⑥ 得屯灵冬,为"得纯灵冬"。意为"所得者应保全,令其至终"。
⑦ 毁:中正,准则。

月乙丑日,琱生初次为止公多占公田、仆庸之案已找了审理此案的高级行政官员,即召伯虎。因为琱生已向召伯虎之父宗君、母宗妇氏送了厚礼,宗妇以宗君语气,让召伯虎审此案时为止公侵占案包庇。召伯虎在征询过群臣意见后,了解到群臣是不同意包庇止公的。当时召伯虎表示要服从其宗君、宗妇之意见,重新向群臣传达其父母之意见。此案后来看来是未判而延搁下来。故到九月一日,琱生为此案之顺利判决再找了宗君、宗妇并又制作了召公五年尊两口,送给召氏宗庙作祭祖之用。全文又镌刻了此案内容,因止公是召氏宗族之人,他的多占公田、仆庸案受国家司法机关的讯问。召公之妻召姜以宗君名义再次要求召伯虎审时"弋许勿变散亡",一定要许诺使止公侵占之公田仆庸不要发生变故失去。一定要为之包庇。"余宕其三,汝宕其二。"另外,从《琱生五年尊》铭文中我们还得知止公为此案还给参与审理的有司及益二人也送了两件休闲用具。此次宗君口气很硬地说:"有敢变乱我的这些话的,你们便去找召人之公(指召伯虎),他会有明确的准则的。"正因为宗君口气十分坚定,次一年《琱生六年簋》铭文记载,此案才使止公胜诉。

其三,宗君在两次给其子召伯虎的指示中之所以态度很明确地要包庇止公,这是因为宗法制是受西周八辟之法的保护的。《周礼·秋官·小司寇》:"以八辟丽邦法。"八辟即后世的八议之法,八种有特权之人享受的司法特权。这是指犯有刑事罪的,才予以特权照顾,而民事上的侵占公有田产,不构成犯罪。召伯虎之父敢如此干扰司法,是因为其子召伯虎任高官,应当是大司马之职,也是可享受司法保护特权的。

其四,召伯虎应为担任大司马之职的高级官员,有权参与诸侯国的土田纷争的审理,召伯虎任大司马之职是从《诗·大雅·江汉》可见的。召公奭曾任大司马之职,西周实行世卿世禄制。召伯虎本人能带兵平淮夷等入侵,周宣王亲封他袭祖职,应是厉王时亦任此职。《周礼·夏官·大司马》:"大司马之职,掌建邦国之九法,以佐王平邦国。制畿封国,以正邦国。……简稽乡民,以用邦国。均守平则,以安邦国。"即"大司马的职务是掌理建立邦国的九法,以辅佐王者统制邦国。区分王畿与封国的疆域以辨正各封国的地域。……核计各国乡民的人数,以便在有事须用时来召集。均平地守与法规,以安定诸侯各国"。所以,遇有涉及邦国土田的纷争,他是参与审理的。止公案正是诸侯国因多占公田而被王室稽查之案,因此,召伯虎参与审理。这也佐证了文章第一段关于西周司法机关的分析。

其五,止公是公爵一级的诸侯,他多占公田被王室稽查。《周礼·地官·大司徒》:"诸公之地,封疆方五百里,其食者半。诸侯之地,封疆方四百里,其食者叁之一。诸伯之地,封疆方三百里,其食者叁之一。诸子之地,封疆方二百里,其食者四之一。诸男之地,封疆方百里,其食者四之一。"就是说,西周实行分封制,诸侯被分为五等爵,即公、侯、伯、子、男。此点已为金文证实,各占有的封地为:"公爵的封地,疆界之内方五百里,可以出产物资而征取赋税作为国家财用的地方大约有二分之一。侯爵的封地,疆界之内方四百里,可以出产粮食而征取赋税作为国家财用的地方大约有三分之一。伯爵的封地,疆界之内方三百里,可以出产粮食而征取赋税作为国家财用的地方大约有三分之一。子爵的封地,疆界之内方二百里,可以出产粮食而征取赋税作为国家的财用的地方大约有四分之一。男爵的封地,疆界之内方一百里,可以出产粮食而征取赋税作为国家财用的地方大约有四分之一。"这是国家制度的规定,因此诸侯国若多侵占公田仆庸,便会使周王室收入减少,王畿减少,直接影响了王室收入,故而,当作为公爵一级的止公多占公田,自然要"多刺",受到王室高级官员司徒、司马等多次的稽查。

其六,此案发生于周厉王执政之第五、第六年。周厉王是西周晚期一位喜好钱财,与民争利,又用暴政镇压人民的王。《史记·周本纪》有载:"厉王即位三十年,好利,近荣夷公。……王行暴虐侈傲,国人谤王。

召公谏曰:'民不堪命矣'。王怒,得卫巫,使监谤者,以告则杀之。其谤鲜矣,诸侯不朝。三十四年,王益严,国人莫敢言,道路以目。……召公曰:'是鄣之也。防民之口,甚于防水。水雍而溃,伤人必多,民亦如之。是故为水者决之使导,为民者宣之使言……'王不听。于是国莫敢出言,三年,乃相与畔,袭厉王。厉王出奔于彘。……召公,周公二相行政,号曰'共和'。"这段记载说明周厉王是实行与民争利,贪财又高压百姓之人,终于导致中国历史上的第一次"共和行政"。这"共和行政"的二相之一就是召伯虎,也称召穆公虎[1]。召伯虎在当时已是重臣,居二相之一,直谏厉王而厉王不听,导致国人暴动。所以,止公侵占公田案,一是发生在西周中期以后,诸侯已多发生侵占公田之事,王室力微,已无力制裁。二是厉王行暴政,"好利"。所以此案实情如何,尚不太清楚。三是,召伯虎当时为很有实权之人,依西周的官员的司职,他是有权审理此案的。

最后,我认为此案显示西周宗法制对司法的干扰是有证的,因为三件琱生簋、尊铭文都显示宗君的意旨直接影响司法判决。但将之简单解释为"行贿事件"[2]则不合适。因为西周礼制是有严格规定的,从《礼记》、《诗经》均可看出。送礼是当时礼制的规定,保证了等级制。

研究法制史的人都知道,西周治理国家的办法首先就是实行礼制,以礼治国,故周初就有周公制礼之说。《史记》曰:"周公…兴正礼乐,度制于是改,而民和睦,颂声兴[3]。"所以礼本身就是治理国家的制度。制礼本身的目的就是要提倡德治、用礼来维护等级统治,达到国内的和谐。西周的礼很复杂,包括使用的礼器都有等级区分。《琱生簋》及《琱

---

[1] 《史记》(卷四)引《集解·韦昭注》,中华书局1959年版,《史记》第一册,第142页注(一)。

[2] 见《光明日报》2006年11月24日报导。

[3] 《史记·周本纪第四》,第一册,中华书局1959年版,第133页。

生尊》铭文所反映的送礼,其实都是表示宗法等级的礼制。《礼记·礼器》曰:"礼器,是故大备。盛德也。礼,释回、增美质,措则正,施则行。……故君子有礼,则外谐而内无怨。故物无不怀仁,鬼神飨德[①]。"这段话强调礼可以使人成器,所以要多多准备礼器的,准备得愈多,则德行愈大。礼器能去除人的邪恶之气,而增加品质美德。不仅要准备礼器,还要按礼施行。所以品德高尚的君子依礼而行,那么对外关系和谐,对内无怨恨之人。所以所有作为礼器之物都体现了"仁"的思想,神明享受礼的拜祭也就是享受好的德行了。而各种礼器又有等级身份之分的。孔子说:"礼不可不省也。礼不同,不丰、不杀。"就是指对礼不可不明察,应少用之礼,不可多用;应多用之礼,不可少用。琱生为此桩官司,赠送给召伯虎及其父君氏、母妇氏的全是表明高等贵族身份的礼器。如赠给君氏的有大璋、赠妇氏的有帛束、璜一、五寻壶两。还赠给宗族祭祀的尊两口。根据礼器的规定,圭、璋是玉器中的贵重物,诸侯朝觐王,或诸侯互赠礼器是用最高级的圭、璋的。琥璜是玉器中差一等的,故琱生赠宗君君氏的是大璋,赠其妻的就是璜一了。因为赠礼应是束帛乘马,现在用璜一取代了乘马。尊和壶均是宴请时的礼器,盛酒用的,即所谓"门外缶,门内壶"。缶就是尊。门外盛酒用尊,门内盛酒用壶。因为献给召氏宗族两口尊,故赠宗妇两只壶。

西周的礼器是非流通物,所以赠送的礼器是表示身份关系的。止公是公一级的爵位,召公的后裔袭公一级爵的是召伯虎之父,故两位身份爵位同级的诸侯之间交往,送礼器,是按诸侯级别相送的。这便是止公方面派琱生送璋、璜、尊、壶等礼器中最高等的给同为公爵一级的召伯虎之父母的原因。而派送之人为琱生,一则因为此被占公田已属琱生保有,二则为琱生与召伯虎之父为同宗之人,依宗法关系,请求为疏

---

① 《十三经注疏·礼记正义》,下册,中华书局1979年版,第1430页。

通。所以这种送礼主要是强调了宗法与等级特权。不能视为行贿者，是因为按礼制的规定，这些行为是合法的。又因为所有赠送之物均为非流通物，故不能以金钱价值来估算。正因为是合法的送礼，故琱生可以在《琱生五年簋》《琱生六年簋》《琱生五年尊》铭文中大书特书送礼的原因。宗法等级特权制度公开又合法地保护了大贵族的利益，甚至直接干预了司法的公正。

五、对西周民事诉讼制度的评价

通过原始的金文判例及先秦文献，我已较系统地论证了西周的民事诉讼制度。对其评价有以下几点。

第一，西周的民事诉讼制度在当时的世界法制史上是较为先进与完善的。

同为奴隶制时代的法，如与早期的《汉谟拉比法典》、罗马《十二铜表法》相比，西周的民事诉讼法是先进的。首先，我们分析《汉谟拉比法典》只有前5条是诉讼法，其中，前3条涉及刑事诉讼，第5条为法官责任，只有第4条涉及民事诉讼中的证据问题[①]，其具体规定的周密性是无法与西周法相比的，甚至民事诉讼与刑事诉讼尚未分开。罗马《十二铜表法》前二表是关于审判制的。第一表9条除5、6、7条外，均是涉及诉讼中要求两造到庭，当面质对的。第5条是关于罗马的盟邦享有民事契约权的，6、7两条是诉讼方庭外和解的。第二表3条涉及诉讼费、审判日期与证据不足问题。所以当时也无严格的民事诉讼与刑事诉讼之分，其法律内容的完善也是无法与西周相比的。尤其是诉讼审级中的多级审理、三刺制、对土地保有权的"一名典"制度，都显示出西周民事诉讼法律的完善。调解制度也不同于罗马的和解[②]，是法官的主动

[①] 参见由嵘等编：《外国法制史参考资料汇编》，北京大学出版社2004年版，第19页。
[②] 参见由嵘等编：《外国法制史参考资料汇编》，北京大学出版社2004年版，第126—127页。

介入的调解,而不是当事人间自愿的和解。所以,西周的调解制是积极的,并因经司法机关调解,其效力更强。当然,当罗马法发展到最完善时期,我们在查士丁尼《法学阶梯》中再看到的罗马的私法诉讼就完善得多了,那时已有了"诉权""被主张与处在他人权力下之人订立交易的情况"、"损害赔偿之诉"、"诉讼担保"、"抗辩"、"反抗辩"等诉讼中专有的法律概念[①],但是罗马法将盗窃、抢劫等列入侵权行为赋予民事诉讼权是与中国古代法观念不同的。在民事诉讼的制度层面上,中国西周法制更有其独特处。

第二,西周民事诉讼中的调解制度、巡回审判制都是出于中国古代和谐观与亲民观而产生的行之有效的制度。调解制度此后一直沿用下去。巡回审判,就地解决民事纠纷,在后来的马锡五审判方式中能找到其踪影,其实此后封建朝代的微服出访也有其影子的显现。就是今天,也还有可供参考之处。

第三,宗法等级制是中国古代法独有的,因为它建立在血缘关系的基础上,所以对中国后世法影响很大,汉代的"春秋决狱"、"亲亲得相首匿"原则,曹魏的"八议"入律,晋律的"准五服以治罪",宋以后的宗规族法的作用、明清会审中的恤刑原则也都与之不无关系。作为等级特权法,它自然是不可取的,但宗法血缘关系在中国几千年来的"人情观"中影响至大,至今仍存。我们应当批判其不利于当今社会法律发展的消极面,但在现实中也很难全面否定之。这大约就是梅因所谓的:"在它的民事法律中,同时又包括了这个民族所可能想象到的一切观念"吧!

---

① 参见查士丁尼:《法学阶梯》,徐国栋译,中国政法大学出版社 2005 年版。

附录一　比较上古民法

一、社会各阶层的法律地位之比较

各个上古国家,其民事法律的共同特点是公开确立人与人之间在民事权利上的不平等地位。

古代东方上古的代表国家是巴比伦。《汉谟拉比法典》和两河流域其余诸部法典中将巴比伦社会的基本阶层分为自由民与奴隶两大阶层。

自由民在法典中称为"阿维林",直译是"人"、"丈夫之子"。他们是巴比伦社会的基本阶层。在法律上享有完全自由权,享有动产和不动产所有权。阿维林这种称谓实际上是指公社社员的总称。要取得阿维林资格,就必须取得公社社员的资格。而公社社员资格是与土地所有权紧密联系在一起的。古巴比伦实行土地国有制,98%以上的土地属于农村公社和国王所有。公社社员居住在公社地域内,在公社分给自己的那份地上劳动。只要不是从国王处领来的服役份地,法律允许自由民任意处置这些土地。譬如法典容许他们自由出卖、交换、抵押、出租、遗赠这些份地[①]。但是,如果自由民抛弃自己的农村地域公社,便丧失了土地所有权,也便丧失了阿维林的完全自由民资格。隶属于某一地域性公社,不仅是自由民的权利,也是他的义务,这个在《汉谟拉比

---

① 《汉谟拉比法典》39、40、41、45、50、71条。(以下简称《汉》)。

法典》及其他法典中均有明确规定①。法律也保护自由民的动产所有权,保护他们对奴隶、耕畜及其他各类货物的所有权。当他们的财产受到侵犯时,有权要求财产赔偿。对盗窃财产者,处以重额罚金,直至死刑。自由民的民事权利与民事义务相结合,其民事义务是必须隶属于地域公社,向国家纳税和服力役。《李必特·伊丝达法典》规定公社社员三年不向国家纳税要被剥夺土地所有权。大部分税收是实物税,占收获的10%—25%②。水流国有,自由民的力役是义务修建水利,管理好处于自己田地上的堰堤,因疏忽懈怠而发生堰堤溃口之事者,要承担损害赔偿之责③。

在商品经济社会里,自由民阶层必然是一个不断分化的社会阶层。巴比伦自由民中一少部分变成拥有大土地和许多奴隶的大奴隶主。而绝大部分则是没有奴隶的小生产者。随着社会财产的分化,这些小生产者中除极少量升入奴隶主阶层外,大部分人不断破产。破产后的自由民便只好出卖劳动力,成为别人雇佣的对象,或租赁别人的土地,在艰难的生活中挣扎着。也有一部分小生产者因破产负债而变成债务奴隶,他们便降入奴隶阶层了。不少没有沦为债奴的破产者,失去了地域公社的土地或逃出地域公社,便失去阿维林的资格,而成为穆什根努,该称谓直译是"小人"。他们也还算自由民,但在法律上的地位却低于阿维林,只能享有不充分的自由权。譬如,他们对基本生产资料土地没有所有权,只有占有权,而这种占有权必须是在担负义务的前提下。因为失去了农村地域公社的土地,他们只能变成王室经济的供职者,包括

---

① 《汉》136条;《俾拉拉马法》30条(以下简称《俾》;《苏美尔亲属法》2条(以下简称《苏亲》)。

② 贾可诺夫、马加辛涅尔:《巴比伦皇帝汉谟拉比法典与古巴比伦法解说》,第96页注①(以下简称《解说》)。

③ 《汉》53—56条。

王室商人达木卡尔及其下手沙马鲁；或者成为王室土地的承租人，法典称他们为"带来收入贡物的人"或"担负其他义务的人"，即成为向王室缴纳贡物作为租金或服役，作为占有土地的义务；或者成为国王的雇佣军，法典中称为"列杜"和"巴衣鲁"，这是些国王的常备雇佣军，他们的义务是服兵役，应征出战，作为这种义务的代价是他们可以领取一份军人份地，对它有占有权。占有的土地只能有使用、收益权，没有处分权。他们不能任意出卖、交换、抵押、遗赠这个占有地。一旦占有者不履行纳贡、服兵役、供职等义务时，他们对土地的占有权便被撤销。法典中称这些穆什根努为"在国王面前躬身俯首，顶礼膜拜的人"[①]。两河流域保留的碑铭、泥版信札中对此也有反映。一份碑铭中这样写道："难道你不知道我是穆什根努？""难道你不知道我的从属的服务地位？"[②]还有一份沦为穆什根努的人向其父写的求援信：

> 如父所知，我已经成了穆什根努；请我父在无人对我提起控诉的方式下，使我回到公社的权力之下吧！[③]

另有一个在王室任职的穆什根努向国王申诉总督夺去他的份地一事：

> 陛下，我主知道，我是穆什根努，担任王国公务，不离宫廷；请将我的田地归还给我，以免我饥饿而死[④]。

穆什根努的财产和奴隶受国家法律保护，他们的财产常与王室经济相联系。穆什根努中的上层分子是一些王室公务人员，包括王室商人达木卡尔和祭司。他们有钱，社会地位显赫优越，但是在法律上，他们的地位仍低于阿维林，是"国王的奴隶"。大部分穆什根努是小生

---

① 《汉》8条的直译。
② 《前亚碑铭志》。
③ 据 M. 硕尔:《古巴比伦民事诉讼法渊源》，见《前亚图书》，莱比锡1913年版，第5册。
④ 据 R. 哈波:《亚述与巴比伦信札》，伦敦1904年版，第444号，第13—19页。

产者。

奴隶在法律上没有任何地位,不是民事权利主体,只是客体,被视为物,与牲畜等并列,可以被出卖,被伤害或被杀死。对奴隶的损伤,被视为侵犯物权,损害人要向被损害的奴隶主人进行赔偿。奴隶没有任何财产,但是宫廷奴隶和穆什根努的奴隶可以拥有一些财产。这财产被视为主人财产的一部分,在该奴隶死后归主人所有[1]。一般奴隶没有自由结婚权,便不能和自由妇女结婚,奴隶婚后所生子女仍为主人的奴隶,作为物的孳息处理。宫廷奴隶和在王室土地上依附于国王的穆什根努的奴隶可以和自由妇女结婚,其所生子女不是主人的奴隶,而是自由身份的人[2]。

罗马是西方上古国家的代表,也是最典型的上古国家。罗马法关于社会各阶层的民事权利能力、法律地位做了详细规定,专以私法中的"人法"来规范之。罗马法中的人,不仅指具有人的外形特征,而主要指享有权利能力,能成为权利义务的主体,具有法律上人格的人。在罗马法中要完全具有人格,必须享有人格三权利,即自由权、市民权、家族权。

自由权。依自由权,罗马法将人分为自由人和奴隶两种。自由人,即享有自由身份之人。自由人中又可分为生来自由人和解放自由人两种。生来自由人是自出生以后就享有自由身份并从未丧失过的。这种人可以享有完全的自由权。解放自由人是指原为奴隶经解放而取得自由身份的。这种人虽取得自由人的身份,但并不能享受自由人生来的完全自由权利。奴隶是没有自由身份的人,在罗马法上被作为物来看待,不是权利义务主体。

---

[1] 《汉》176条。
[2] 《汉》175条及注一。

市民权。指罗马市民享有的特权。又可分为公权和私权两方面。公权包括选举权和荣誉权，即被选任官吏之权。私权包括婚姻权、财产权、遗嘱能力和诉讼权。

家族权。指罗马市民在家族中所享有的权利。依罗马市民在家庭的地位不同又分罗马市民为自权人和他权人。自权人，是能独立行使权利的人。他权人，是属于他人权力之下，不能独立行使权利的人。他权人要受家长权、夫权、买主权的制约。自权人享有市民权中的全部公权和私权，他权人享有市民权中的公权和婚姻权。

罗马法中，上述三种权利是三种身份权利，并非每一个自由民都可具有的，只有同时具备为三种身份，才能在政治、经济、家庭等领域内享有完全的权利能力。罗马法中，这三种身份权也可能发生变化或丧失，就是所谓"人格减等"。丧失自由权而沦为奴隶者，称为"人格大变更"，他同时也必然丧失其余两权；丧失市民权而成为拉丁人或外国人的，称为"人格中变更"，他也同时丧失家族权，仅享有自由权；丧失家族权而仍享有自由权和市民权的，称为"人格小变更"。"人格减等"就不能享有完全的权利能力。因此，在罗马就出现了这样的情况：依法享有三种身份权的自由民才享有公民的一切权利并承担相应的义务，是完全的权利义务主体；拉丁人、外国人和他权人的罗马市民其权利能力要受到不同程度的限制，不享有完全权利能力；奴隶处于完全无权的地位。

奴隶没有人格，不享受权利。但奴隶毕竟是有智能的自然人，与牛、马等牲畜不同，他们的地位十分低下。

他们没有人身权。古代罗马法规定主人对奴隶有生杀予夺大权，帝国时期，由于对奴隶劳动需求的扩大，禁止虐杀奴隶，但也只是同保护动物一般，不是作为人来看待。奴隶无婚姻权，罗马的奴隶不能结婚，更不能与自由妇女结婚，凡自由妇女与之私通者，自由妇女也要沦为奴隶。奴隶只能在主人的命令下发生同居关系，以便为主人孳息出小奴隶。所以奴隶和子女之间没有家长权与继承权问题。一般习惯，出卖奴隶时，不拆散其同居关系。奴隶没有财产权，他所取得的财物，全归主人所有。奴隶替主人经营企业的，因业务而建立的债权债务关系由主人负责。奴隶自己和他人订立契约的，仅作自然债处理，不受诉权保护，不得依靠法院强制执行。帝国时期以后，主人可赏给奴隶财物，成为"特有产"，但所有权仍属主人。奴隶不能有诉讼行为，奴隶受别人严重伤害，由主人起诉，提出赔偿要求，奴隶对别人造成损害，也由主人应诉。奴隶可因解放而获得自由，但主人对奴隶的解放额限为五分之一，最多以解放一百名为限。

从上述各国关于居民的法律地位的规定中看出，上古法是等级法、特权法，其等级特权是建立在社会各阶层身份差异的基础之上的。从这个意义上说，古代法又是身份法，依社会各阶层不同的身份确定其不同的法律地位，享有不同的权利。高身份、高等级者享有特权，低身份、低等级者，没有特权或只能履行义务，这点是东、西方皆然的。身份规定得愈明确，其等级地位差异愈明显，特权划分愈细密，法律对各等级特权的保护也愈加不同。试以西周、古巴比伦、古罗马在居民身份法上的规定为例来看。

西周社会各阶层分为三种身份：奴隶主贵族、自由民、奴隶。奴隶主内部又按等级划分为五等爵、六等爵，自由民即指庶人、农夫；奴隶包括臣、妾、鬲、众、仆等。巴比伦社会各阶层分为两种身份：自由民和奴隶。自由民内又有阿维林和穆什根努之分，法律地位有差异。他们中其实又有奴隶主和无奴隶的自由民之分。罗马社会的居民主要分为两种身份：自由民和奴隶。自由民中又包括生来自由人和解放自由人。生来自由人中还包括罗马市民、拉丁人、外国人。各阶层在法律上的地位均不相同。这种身份的划分，决定了其权利能力的不同。

其一，各国享有民事权利能力和行为能力的是包括自由民在内的自由民以上的社会阶层。各国社会的基本主体也是自由民。也就是说，具有权利能力，能成为权利主体的，必须是身份自由的人。这是奴隶制法的共性。然而，观其细则，规定又有不同。

西周仅奴隶主贵族可以具有完全权利能力，一般庶人只能具有不完全权利能力；巴比伦社会，仅阿维林具有完全权利能力，穆什根努则只能具有不完全权利能力；罗马仅罗马市民中完全具有人格三权利的自权人才能具有完全权利能力，其余他权人、拉丁人、外国人都只能具有不完全权利能力。造成这种差异的原因是什么？各国政治制度与自然环境的差异起了决定性作用。中国的西周是东方君主专制政治的大国，为了便于君主专制统治，它必然在自由民中首先突出奴隶主贵族，而又对之作了层层等级划分，等级地位不可逾越，君权统治才能确保。中国的君权又产生于自然环境影响的基础上。中国是一个农业国，以黄河为中心，进行大规模灌溉农业生产。这种生产必须要有强有力的中央政权组织领导，分裂的城邦政治无法解决大规模的灌溉、治理河流和组织农事的问题，专制君权是应此运而产生的。从夏至西周的十多个世纪，大规模的灌溉农业及君权至上又形成了土地国有制。主要从事农业生产的庶人，人身便依附于土地，他们不能拥有对土地的所有权而只能是占有权。巴比伦和中国一样，同属东方君主专制政治，但是，由于统一时间短暂，还没有形成中国式的等级制。灌溉农业是巴比伦君权制的基础，因此，自由民对土地的人身依附在巴比伦也存在，失去公社土地的自由民身份地位便要降等。罗马国家是由罗马城为核心而逐步扩大的，所以在身份地位的划分上，罗马市民与先被征服的拉丁人，后被征服的外国人身份自然有差别。至于罗马市民内部为什么没有贵族与平民的差别呢？那早在罗马建国后几个世纪的斗争中逐渐消失了，《十二铜表法》公布以后，这种差异几乎在法律上反映不出来。当然，这和罗马五、六百年的共和制度绝不可分。罗马的自然环境使它不是东方式的农业国,土地国有制很快向私有制发展,罗马的自由人身份无须依附于土地。

其二,奴隶均属于物的范畴,不是权利主体,自然无权利可言,但是各国的具体规定又有差异。西周的奴隶虽无人身权,可以被买卖,然而被残酷杀害的情况却极少,没有公开的法律允许或倡导杀奴隶。奴隶的婚姻权很小,但有些奴隶是可以成家的,他们被赐封时,家庭并不拆散。如"臣"便是以家为单位的。奴隶无财产权,但有的可替主人经营财产。奴隶不能成为诉讼主体,但在一定情况下却承担刑事责任。巴比伦的奴隶常被处死,作为物看待,伤害奴隶者给奴隶主损害赔偿。奴隶有些有婚姻权,甚至可和自由民妇女结婚。奴隶无财产权,是非诉讼主体。罗马的奴隶可以也经常被残酷虐杀,无婚姻权。奴隶可以被解放成自由人。罗马早期、古巴比伦时代自由民均可因负债而沦为债务奴隶,而中国却绝不可能。造成这种差异也是有原因的。西周是在夏、商后建立的国家,吸取历史教训,西周初即确立了明德慎罚的法律思想,即使对奴隶,也不任意虐杀,以防止商末那样的奴隶倒戈。再者,经济发展,农业生产中对奴隶需求量的增大,也是西周奴隶主阶级重视保护奴隶生命,即保护自己财产的一个重要原因。西周没有像罗马那样众多而廉价的奴隶来源,所以不能像罗马奴隶主一样虐杀奴隶。巴比伦处于早期奴隶制阶段,属于私人的奴隶数量不十分庞大。奴隶还和主人同居一起,被视为家庭中一部分财产,但他们又是一个有血肉之人,所以其身份地位不像罗马奴隶那样低下。另外,债务奴隶制没有从根本上废除,自由民与奴隶之间便不是绝不可逾越的鸿沟了。所以,巴比伦奴隶的处境也较罗马奴隶为高,甚至可和自由民妇女通婚。罗马则不然,是典型的上古社会,奴隶劳动是主要的社会经济基础。由于罗马自共和中期以后不断地对外扩张、征服。凡反抗的被征服地的居民常常整个城市、整个地区被卖为奴。征服撒丁岛后,一次卖掉全岛活着的人为奴,留下了"便宜得像撒丁人"一样的谚语,所以残酷虐杀和奴隶地位极端低下成为其特征。

二、所有权之比较

所有权是物权中最重要的一项权利。上古法律严格保护权利人对其权利标的物直接行使的物权不受侵犯,首要的便是保护其对物的所有权。

古巴比伦的法律中规定了权利人所有权的客体可以是动产也可以有不动产。作为东方农业国家,对土地的所有权是最重要的所有权。依对土地的所有与占有之分,所有权可分为完全所有权与不完全所有权。

完全所有权,指对土地有完全所有权,可以自由出卖、交换、抵押、出租、遗赠其土地。这种对土地的自由处分权不受法律限制,也不受公社和国王的限制。成为完全所有权人的只能是自由民,包括阿维林和穆什根努,他们对于非服役占有的土地,包括公社的土地和开垦的私田及用其他方式获得的田地都有这种完全所有权。譬如,法典规定:

> 如田园、房屋系由其自行买得,由彼得以之遗赠其妻女,亦得以之抵偿债务①。

但是,应当认识到巴比伦的对土地完全所有权并不是像罗马式的无限私有权。这种所有权要受一定义务的限制。概言之,要受三方面因素的制约。其一,占有地域公社的自由民不能抛弃农村地域公社,一旦他抛弃地域公社也就丧失了土地所有权。法律规定,一旦自由民离开公社潜逃,妻子与他的婚约便中断,他就丧失了家庭。养子被逐出公

---

① 《汉》39条。

社,他对土地和其他财产的所有权、占有权均立即消灭①。其二,水流属于国家所有,对水利的使用权由国家和公社控制,即使土地属个人所有,但土地使用不能离开水流。而水利兴修、水流疏通、堤堰保护与维修则是每个公社自由民必向国家尽的义务。其三,拥有公社土地的自由民必须向国家纳税,三年不纳税则丧失土地所有权②。巴比伦社会农村地域公社占有的土地达全国土地的83%,其中森林、牧场、池塘均为集体所有,下余耕地分给社员自己。因此,可以说每一个完全所有权人都受一定义务的限制,不可能成为罗马式的无限私有。真正可以无限制私有的是私田,但是私田仅占巴比伦土地2%,而且每个农户拥有的私田最多不超过8.5公顷。

动产如奴隶、牲畜、船只、金银等,如非有义务地占有的,均可对之有完全所有权。

不完全所有权,指对有义务占有的土地的所有权。这种所有权人是在王室土地上服役的人们,都属于穆什根努。他们仅对作为服役报酬的土地有占有权。王室土地的支配权为国王专有,国王是唯一的所有者。国王可以将土地分为份地分给占有者作为服役的报酬,也可以夺回土地。不完全所有权人对土地的占有是与义务紧紧相连的。占有权人死亡,占有关系也就结束,占有人的子嗣如再表示愿履行占有义务,也可继任为占有人。在长期发展中,这种占有实际上也变成为世代占有。古巴比伦,王室土地拥有量占全国土地的15%,因此,这种占有人的数量是很大的,他们包括以下三种。

第一,互分农,或译为贡人,带来收入贡物的人,该词直译为"供物"、"年贡"、"收入"、"租金",《汉谟拉比法典》中有两处提到他们③。

---

① 《汉》136条;《俾》30条;《苏亲》2条;《苏片》4、5条。
② 《李必特·伊丝达法典》18条(以下简称《李》)。
③ 《汉》36、38条。

而根据汉谟拉比的通信判断,他们是王室土地上的基本劳动者。他们经常以队为单位取得土地,以队为单位受特殊的监督官管辖。国家行政当局可以经常将他们从这一地段迁到另一地段。这些互分农对占有的土地仅有使用权、收益权,绝无处分权。作为占有的义务是,他们必须向王室缴纳一份收获的实物,其数量要占收获总量的一大半。互分农往往是世代相传。

第二,军人。军人因服军役而领取一份服役份地,对该份地有使用权、收益权,而绝无流转权、处分权。这种份地称为"伊尔库"。法律用不少条款专门规定伊尔库流转的无效。服军役是军人的必然义务,也与占有份地紧密相关。凡占有军人份地而不服军役,雇人自代者要处以死刑,凡因服军役义务繁重抛弃份地者,三年即丧失其份地;甚至因服军役而占有的动产均不得自由处分,只有占有权[1]。

第三,担负其他义务的人。这种人也因担负王室义务而占有份地,拥有对该份地的使用权、收益权和转让权,但转让时必须连同义务一起转让。服役就是他们的义务。这种人中大部分是自由手工业者,份地是对他们为王室从事手工业的报酬,而为王室从事手工业劳动是他们的义务。这种人中有少量是处在高级地位上,即从事王室商业的达木卡尔和女祭司,他们在经济上富有,拥有私人奴隶,但法律地位仍属穆什根努,低于阿维林。

对于动产,除军人因服军役受赐的动产外,其余动产均可拥有完全所有权。

《汉谟拉比法典》中反映所有权的取得方法有赐与取得,份地取得,买卖、交换、继承、收益取得。为保护所有权可以提起法律诉讼,一是请

---

[1] 《汉》26、30、35、37条。

求确认所有权或占有权之诉①。一是请求损害赔偿之诉②。

罗马法最初关于所有权只规定了一种,叫"完全所有权"或"市民法所有权"。这种所有权的权利主体只有奴隶主贵族,一般平民只能享有事实上的占有,《十二铜表法》颁布以后,罗马平民和贵族都取得了完全所有权。外国人不是市民,无财产所有权。完全所有权的客体最初仅指重要财产、妻、子女、奴隶、牲畜、世袭住宅。其余动产和土地均不能成为权利客体。公元前111年的《土地法》承认了土地为个人私有财产。

以后,在经济发展中,又逐渐发展了几种所有权形式作为对"完全所有权"的补充。它们是:

最高裁判官所有权。能够享有"完全所有权"的人很少,大部分人只能享有对物的事实占有,当他们的事实占有受侵害时,向最高裁判官请求救济,最高裁判官给他以抗辩权,或最高裁判官通过告示使未履行复杂的法定方式的要式转移物的让受人成为事实上的权利享受者,这样,他们便获得最高裁判官所有权。这是从共和后期开始的。

外国人所有权。外国人没有市民权,因之无财产权,因为按市民法规定,财产权属市民权。为了保护外国人的财产,以利于商业经济,罗马统治者依照万民法原则使外国人享有万民法所有权。万民法的原则是无论罗马人或外国人其财产权利一律受法律保护。自三世纪后,外国人全部获得市民权,也取得财产所有权。

外省土地所有权。最初,被征服的外省土地被视为国有财产。国家赋予奴隶主贵族和达官显贵在外省对土地的占有权。这种占有与所有无大差异,即占有者享有永久耕种权,只不过每年向国家缴纳一定的

---

① 《汉》112、280、281条。
② 《汉》255、256条。

赋税。到查士丁尼时将外省土地与意大利本土土地划归为一,占有人成为所有人。

帝国后期,这几种所有权的差异消失,形成统一的无限制私有权。

罗马法关于所有权取得方法主要分为市民法取得方法与万民取得方法两种。

市民法取得方法又可分六种。

第一,要式买卖。这是罗马法最古老的转移物权方式。具体办法是买卖双方到场,邀请有行为能力的罗马市民五人为证人,一人为司秤,用秤铜片和说固定套话方式成交,买方取得所有权。

第二,拟诉弃权。是模拟所有权确定之诉的方式,取得所有权。具体办法是买卖双方带标的物或其标记到法官处佯装诉讼,买方以原告身份取得物权。

第三,时效取得。指继续使用他人之物,经过一定期间因而取得对该物的所有权。市民法规定只适用于动产和意大利的土地。时效是对他人土地使用满二年,对动产使用满一年。

第四,分割裁判。共有物的各个所有人因想分割共有物,由法官作分割裁判来取得所有权。

第五,公卖。对战利品、没收的财产、政府和皇帝的私产进行所有权转移,采取公卖方式。

第六,法定取得。因法律特有规定而取得所有权。

万民法取得财产所有权方法,包括如下几种。

交付。当事人为转移所有权,一方将自己的占有物移交他方的行为。

先占。为取得所有权,占有无主物或委弃物的行为。

添附。属于不同所有人的物合成一体,主物所有人取得从物所有权。

加工。指用他人的材料制造新物品而取得所有权。原则上，新加工出的物品归加工人所有，但能回复原状的，则归材料所有人。

孳息。指与原物分离而成为独立物权的标的，其所有权归原物所有人。天然孳息归原物所有人，法定孳息也有归原物所有人以外之人的。

埋藏物发现。在自己土地上发现的埋藏物归自己；在他人土地上发现的，发现人与土地所有人分享所有权；在市府土地或国库土地上发现的，一半所有权归市府或国库；在无主地上发现的，所有权归国库。

对所有权保护的办法是提起民事诉讼。可分为返还原物之诉，禁止侵害之诉，回复占有之诉。

比较古代各国法律，对所有权的规定都很详尽，其目的在于千方百计保护奴隶主私有权和调节社会经济。罗马法由于从古代至中世纪长期有法学家研究和争议，故有关所有权的理论最为先进。罗马法提出了所有权概念的内涵，确立了所有权的取得、保护、消灭的方法。罗马所有权经过几种形态，几个阶段发展后，形成了统一所有权概念。这种统一所有权与权利主体和客体均无关，也就是说不论权利主体的身份地位，也不论权利客体是动产或不动产，均可统一为无限制私有权。这是当时世界最先进的理论，为后世资产阶级民法所继受。为什么唯独罗马形成了这样的理论？其一，罗马上古社会私有经济和商品交换的发达，是其他国家所未有过的。其所有权概念是适应此经济规律的；其二，罗马法形成中，法学家起了权威性作用。一至三世纪两大法学派之争论使法学与政治、经济接合，从理论上更完善，《查士丁尼法典》又萃集了其理论成果，这是其他国家所未有的。

三、债权之比较

上古私有经济、商品货币关系的发展都必然使债权法发达起来。

一个国家民事法规发达与否,也常从其债权法中反映出来。古巴比伦在公元前18世纪已成为一个两河流域统一大帝国,维持了几个世纪的统一。经济相当繁荣。首都巴比伦城不仅在西亚地区而且在地中海地区都形成一个世界性的商业城市,各国商人列队到这里进行贸易。大家知道,两河流域南部从远古时代就从境外输入金属、木材等,因而,国际性商业集市,常常一两个月不散,这种商品经济关系必然促进了它的债权法的发达。古罗马在古代史上有它辉煌的时期,罗马对世界的征服,使它形成古代史上第一个地跨欧、亚、非三洲的大帝国。从公元前3世纪到公元3世纪,这六七百年间,罗马的经济不断繁荣。罗马城和其他罗马的重要行省有不少是世界名城,他们的商品贸易遍及三洲,连我们中国的妇女此时也曾"耳后大秦珠"[①]呢!大秦正是当时中国人对古罗马帝国的称谓。罗马的奴隶市场,世界性的商业交往活动和商业交易中产生的新机构——银行等都在世界名震一时。这样发达的商品经济必然促使它的债权法高度发展。

什么是债?罗马法学家的定义是:"应负担履行义务的法锁",或如《查士丁尼法典》所说:"债是按照国家法律得使他人为一定给付的法锁。"这里,"法锁"一词是一个形象的借喻,就是说国家法律把债权债务人拘束在一起,如同一根锁链一样,而要打开这条锁链只有通过清偿债务的办法。以此定义来看,债的含义包括如下这几层。

第一,债包括债权与债务两个方面。债是债权人与债务人之间的权利与义务的关系。有权请求给付的是债权人,负担给付义务的是债务人,双方依法享受权利和负担义务,这种权利义务关系成为连锁关系,称为"法锁"。

第二,债的标的是给付。债需要履行一定的义务,就是债务人应向

---

① 《汉乐府·羽林郎》。

债权人作出给付。因而,债权与物权不同。物权仅以物为标的,而债的标的可以是物,也可以是行为;债权因而又称对人权,物权称作对物权。

第三,债受国家法律保护。后世的民法中的债基本沿用了罗马法中关于债的定义。下面,我们分述古巴比伦与罗马债权发展之概况。

古巴比伦的诸部法典以及保留下来的一些泥版文书,其中都反映了债权法发展的状况。古巴比伦法关于债产生的原因有两方面,即因损害产生之债和因契约关系产生之债。

因损害而产生之债。这是指因损害他人财产或损害他人人身健康而须负担以财产赔偿损失的责任,构成债的关系。即损害人或者侵权人成为债务人,要依国家法律规定,被强制履行债务赔偿责任,受损害人成为债权人,依法接受其债务赔偿。造成这种债的关系又可分两种情况。

其一,因债务人的过失,即出于犯罪性的疏忽大意,造成对他人财产之损害,要承担财产赔偿责任。譬如,因债务人懒惰,或懈怠巩固自己田内的堤堰,致使堤堰决口,淹没他人耕地,则此疏忽大意的债务人要以谷物或银钱对受损害人进行损害赔偿。债务人不慎,在开放渠水时,造成此类损害,也同样要承担赔偿责任[1]。凡牧人未与田主商议,擅自放牧羊只在他人田内吃草者,田主不仅要收割田中收获物,还要从该牧人处取得每一布耳面积农田二十库鲁谷物的损害赔偿。凡牧放期已过,而牧人仍放纵其羊在别人田内,则应以侵犯每一布耳面积农田六十库鲁谷物之额,作为对田主的损害赔偿。也就是说,是前赔偿的三倍[2]。私自砍伐别人园中林木也要承担损害赔偿之责任[3]。航行中,因

---

[1] 《汉》53—56条。

[2] 《汉》57、58条。布耳是土地面积计量单位。每一布耳约合6.35公顷。库鲁是谷物容积计量单位,每一库鲁约合121公升。

[3] 《汉》59条。

疏忽大意对别人的航船造成损害,要赔偿船只及船上全部损失[1]。《汉谟拉比法典》及其他法典还规定,因意外情况而造成损害的,损害人不承担赔偿责任,而因过失造成损害的,损害人必须承担赔偿责任。譬如,自由民租用牲畜,牲畜被狮子吞噬或为雷电击死,则租牛人不赔偿原主人的损失[2]。倘自由民之牛有抵触别人的毛病,他人已向牛主人告知过此事,而牛主人未加预防,使牛抵死别人或别人的牛,则牛主人必须对受害人或受害者的主人进行损害赔偿[3]。

其二,在履行契约时,造成损害,加害人须承担对受害人的损害赔偿之责。譬如,法典规定在签订造房契约或造船契约后,因修造者技术问题导致对房主或船主造成财物毁损时,加害人应赔偿受害人的财物损失;造成人身伤害时,加害人应以人身进行损害赔偿[4];医生在医疗人或牲畜时,发生医疗事故,致人、畜残废或死亡者,要对受害人进行损害赔偿。致人死、残者,医生要以人身进行赔偿;致牲畜、奴隶死残者,要对受害人进行财产赔偿[5]。这些都属于因履行契约关系而造成的损害赔偿。

其三,互殴中误伤他人,应担负医疗费用,作为损害赔偿[6];非故意杀死男女奴隶,应对奴隶主人进行损害赔偿[7]。

契约关系而产生之债。契约是当事人双方之间在明确相互权利义务关系时意思表示一致的法律行为,由当事人通过协议达成。契约关系是在当事人地位平等的基础上产生,契约的内容具有法律效力。任

---

[1] 《汉》240条。
[2] 《汉》244、249条。
[3] 《汉》251、252条;《苏片》8条。
[4] 《汉》229—233条,235—238条。
[5] 《汉》218—220条,225条。
[6] 《汉》206、209条。
[7] 《汉》213、214条。

何一种契约成立,在契约当事人之间便发生了债的关系。古巴伦私有经济的发达,民事流转的发展,使其契约法也有相当发展。

常见的契约种类有交换、买卖、租赁、租借、雇佣、借贷、保管、合伙等。

交换契约。指以物易物。两河流域的法律允许私有财产互易,包括动产和不动产,而这种互易首先是不动产的互易。《汉谟拉比法典》曾规定自由民以自己的财产换取军人或对王室负担义务的纳贡人的田园房屋是被法律禁止的①,换言之,如果自由民与非军人和非纳贡人之间的物物交换,包括土地房屋的交换,是为法律所许可的。拉尔萨出土的小泥版文书中保留了里木新(汉谟拉比征服拉尔萨王国以前拉尔萨王国的国王)统治的第十九年一件土地交换契约。要约人巴鲁木·纳木海以生长在两处的33棵枣椰树和三舍客勒银子交换了受约人塔里布的一块生长着33棵枣椰树的果园和四十萨鲁②果园处女地。用树木换取果园地是以物换物,又用三舍客勒银补偿了处女地的代价,这是一种混合交换契约。契约在12位证人面前签订,结尾有证人的印章和立约的时间。

买卖契约。指买方以支付价款的方式取得卖方财物的一种契约。《汉谟拉比法典》中有大量关于买卖契约的条款③,买卖的标的有土地、房屋、奴隶、牲畜以及其他财产。较《汉谟拉比法典》早一些的《李必特·伊丝达法典》和《俾拉拉马法典》中有关买卖契约的规定还保留有氏族制的遗迹,对继承份额土地出卖时,同族人有优先购买权,④《俾拉

---

① 《汉》41条。
② 萨鲁为土地面积计量单位。一萨鲁等于35.28平方米,四十萨鲁约为141.13平方米。约合0.2市亩。
③ 《汉》35—40条,71条,117—119条,278—281条。
④ 《李》序言"父家族和兄弟家族";《俾》38条。

拉马法典》还规定了各种食用物品的售价①。拉尔萨出土的泥版文书中,也有不少买卖契约的契据。

一件拉尔萨小泥版契约上记载了里木新统治的第三十一年买卖土地的情况。买主阿皮里·穆鲁用三舍客勒银子购买了卖主辛·乌布拉木一伊库②处女地。八位自由民证人在场作证,其中包括一位地方官和一位书记。这是一件荒地买卖契约,土地交易的数量仅5.3市亩,反映了巴比伦个人土地私有量是不多的。

另外两件拉尔萨的泥版文书,记载了两份奴隶买卖契约。买主是同一人——奴隶主巴鲁木·纳木海,他第一次在九位证人面前用十一合客勒银子向查里鲁木的母亲购买查里鲁木为奴,第二次在十位证人面前,用十三舍客勒银子购买受约人尼切尼的一个奴隶。

和西周相比,巴比伦的土地、奴隶买卖数量都远低于西周的交易量,这也反映出其巴比伦的私有经济是远不及西周发达的。

租赁契约。私有经济发展、土地买卖盛行、商品货币关系发达,必然引起土地与财富的高度集中。小生产者被剥夺土地,只好承租他人的土地,这是租赁关系发展的主要原因。古巴比伦时期,租赁现象普遍存在,《汉谟拉比法典》中有大量关于田地、处女地、园圃的租赁条款规定。租赁的标的是各种类型的土地,包括生荒地、耕种过的土地、园圃地。租期按各类土地而定,一般来说,荒地租期为三年,因为荒地开垦后,第一年承租者不可能得利,只有三年的辛勤经营,才能成为熟地;熟地租期为一年,以后也可另行协议订约;园圃地的改良更费劲,栽培果木多需四年工夫,故租种至第五年才能实际收益,租期为五年。缴纳租金是承租人最重要的义务,租金也因土地而异,一般说,租生荒地,租金

---

① 《俾》1、2条。
② 伊库为土地面积计量单位。一伊库等于3528.36平方米,约合5.3市亩。

需按每一布耳面积土地,十库鲁的谷物缴纳,即每 6.35 公顷,缴 1210 公升谷物;熟地的租金是收成的 1/3 到 1/2,视土地质量,按协议而定;果园地的租金是收获的 2/3,租金以实物计量。为了确保出租人的权益,对承租人还有一些限制。譬如,当承租人怠懈,没有耕种土地,土地上无收成时,他仍应按邻人的田地收入来对田主缴纳租金;因自然灾害,收获未成时,损失仅由承租人承担,出租的权益不受损。这无疑是对承租人的不公正待遇,从中也可以看出法律保护大奴隶主、大土地所有者的私有权。当然,为了缓和自由民内部的矛盾和促进经济发展,法律在某些方面对承租人的利益给予适当照顾。譬如,法律规定承租人租熟地一年,而此年劳动未获利,承租人要求继续租种一年,对田主说:"我将为自己耕田",也就是说,让我再碰碰运气,这时,出租人不能违反其意,而应允许承租人续租一年①。租赁契约是由协议达成,是双务性的、有偿的、诺成契约。

西巴尔地方出土的小泥版文书中有汉谟拉比时代的租赁契约保留下来。譬如,有一份租赁契约记载了承租人瓦拉德·伊里舒向出租人女祭司亚普哈吐姆承租土地一事。契约上一开始便写明了承租人与出租人的姓名;租赁的标的是位于沙木卡努地方的一块十二伊库面积的田地;租金为十二库鲁谷物,当时一伊库土地收一库鲁谷物租金是通常的租金数字②,即每 0.35 公顷熟地收租金 121 公升,此外,承租人还保证在 6 个节日里供给出租人 20 卡大麦粉,一块肉,又给出租人 1/2 舍客勒银子作为田地的孳息增殖。契约在四位证人面前签订。

租借契约。《汉谟拉比法典》中还规定有租借契约,很类似租赁契约,只是租借的标的是土地以外的其他财产,最多的是住房。《汉谟拉

---

① 有关租赁的条款见《汉》42—47 条,60—65 条,并参看 47 条注。
② 周一良、吴于廑主编:《世界通史资料选辑》上古部分,商务印书馆 1963 年版,第 98 页注①。

比法典》规定,租房期限为一年,承租人要预交全年租金。房主在租期内不得将承租人逐出,否则将丧失全部租金[1]。拉尔萨出土的小泥版文书中有一件汉谟拉比统治第五年的租房契据,承租人伊里·乌涅尼向出租人伊劲·爱阿租用房子,租期一年,租金一舍客勒又十五塞银子。出租人预收半舍客勒十五塞。契约是在三位证人面前签订的,其中一人是书记。契据与法典所规定一致。

关于其他动产的租借,法典规定了驴、车辆、船只的法定租价及毁灭或损坏租用物时应负的责任[2]。

雇佣契约。指要约人以工资支付购买受约人的劳动力,受约人以出卖劳动力为义务的契约。这种契约的标的不是具体的物,而是受约人的一种行为——从事某项契约要求的劳务。古巴比伦时期,由于财产分化加剧和公社社员中最贫穷的人日益破产,自由雇佣劳动相当普遍,丧失土地或破产的自由民经常整批地被雇佣[3]。《俾拉拉马法典》和《汉谟拉比法典》都有大量条款规定了有关雇佣契约问题。主要可包括以下一些内容。

第一,受雇的种类:大量的是农业工人,包括耕地者、赶牡牛者、牧人等,其间还有长短工的不同,长工一般以一年为期,短工是季节性的;第二类是手工业工人,包括裁缝、镌石者、铁匠、木匠、细木匠、制革匠、建筑师、医师等。

第二,规定了各种不同劳务的工资率。譬如医生医人和医兽的不同酬金,建筑师造房、船工造船的不同酬金等。值得注意的是对医师的酬金多寡要视患者的社会地位而定,这也反映了等级法的特点。

---

[1] 《汉》78条。
[2] 《汉》241—243条,268—272条,275—277条。
[3] H. M. 尼可里斯基:《两河流域私人土地占有与私人土地使用制》,明斯克1948年版,第81页;G. 劳特耐尔:《古巴比伦雇工与收割工人契约》,莱丁1935年德文版。

第三,规定了工资的支付期限。一般是在劳务期满,契约劳务已履行时才付酬金。也有先支付酬金一部分的。但被雇佣者在期满前停止工作,则无权取得报酬。农业工人的工资较高于手工业者。

第四,受雇者要承担损害赔偿之责任。譬如,受雇牧人失落牛羊要如数赔偿,放牧不善要赔偿损失;被雇耕者盗窃主人种子、饲料要承担刑事责任,被断指,并作损害赔偿,无力偿还者,要被牲畜撕裂在耕田中。这反映出法律是保护雇主权益的。

第五,雇佣契约有些与承揽契约混杂在一起。承揽契约是受雇人一人不能完成雇佣中之劳务规定,而由自己承揽该劳务后,再成为该劳务的负责人,承揽招工,完成劳务。如建筑师承揽建房,船工承揽造船等。法典中建筑师、船工均以雇佣契约中的受雇人身份出现,表现为雇佣契约,而这种雇佣契约实际上是混杂有承揽契约的,因而一般都规定了不能完成雇佣劳务时的刑事责任[①]。

借贷契约。由于商品货币关系的发展,自由民阶层不断分化,借贷关系在两河流域很盛行,特别是高利贷活动十分猖獗。这种高利贷制度严重妨碍着个体经济的发展,加剧社会矛盾,所以《汉谟拉比法典》对之有大量限制性条款规定。这些规定反映了如下特点。

第一,限定借贷的最高利率。谷物率是百分之三十三又三分之一,银子利率是百分之二十[②]。允许债务人用谷物偿还银子债务,或用其他动产偿还货物、银子债务[③]。债权人放贷高于法定利息将丧失本金[④]。放贷取利受国家机关监督,债权人非法牟私者要承担债务人的

---

① 《俾》3、4、6、8、10条;《汉》253、257、258、261、263—267、274、215—217、221—223条。
② 《汉》89条注二。
③ 《汉》90、96条。
④ 《汉》91条。

损害赔偿或本人丧失本金①。

第二,规定借贷债务的偿还以财产或人身作担保②。

第三,法律保护债务人的生命权。债务人以自身或妻儿人身作担保的,债权人不得虐杀之③;法律也保护债务人的合法财产权,债权人不得任意私夺其财产④。自然灾害致使债务人不能偿还借贷债务时,可以不偿还该年债务及利息⑤。

第四,废除终身债奴制,规定以人身作担保沦为债奴的最高期限为三年⑥。

可以看出,《汉谟拉比法典》关于借贷契约的规定是力图限制高利贷者的活动,缓和自由民内部的矛盾的。然而,这种在借贷制度上的改革是不彻底的。古巴比伦是一个东方式的君主专制政治的国家,国家制度本身决定了汉谟拉比改革的命运。从事高利贷活动的几乎全是达木卡尔即王室商人,国家机关本身是高利贷者,这使汉谟拉比的改革最终不能彻底废除债奴制。有些外国学者认为这种改革"是不冒自杀危险的暴君政治国家所仅能做到的、最放手限制高利贷的尝试"⑦,它既不能根本限制高利贷自由,也不能防止由高利贷自由导引出的经济萎缩,而仅起一个延缓其过程的作用。巴比伦经济萎缩的必然悲剧与其政治制度不可分割。

保管契约。保管契约是在私有经济条件日益复杂的情况下产生的。由于远途来的商人日益增多,他们在远离自己的家乡购置了不动

---

① 《汉》92—95 条。
② 《汉》114—118 条。
③ 《汉》114、116 条。
④ 《汉》113 条。
⑤ 《汉》48 条。
⑥ 《汉》117 条。
⑦ 《解说》第 124 页。

产或不易携带的动产,当他们离开该地到外处去时便要将这些不动产、动产托他人保管,这就产生了委托保管契约。《汉谟拉比法典》中有委托保管契约的规定。保管的标的有银钱、谷物、枣椰树、奴隶、金属品、牲畜、文件等;委托保管契约不得在无证人又无书面契约的情况下达成;保管人不得从奴隶或无完全权利能力的人手中接受物品保管,否则以盗贼论①;保管人对委托人的义务是为之按契约保管,并至期归还原物;由于保管人疏忽大意导致委托人财物受损失者,保管人要负损害赔偿之责,例如,保管人因不慎被盗,要对委托人赔偿;保管人贪占委托人财物要加倍予以赔偿;委托人要支付给保管人一定的酬金②。不难看出,委托保管银钱是商业交易广泛的结果,这种委托很类似于后来银行的萌芽。

合伙契约。《汉谟拉比法典》中保留了一条关于合伙契约的规定,即合伙者要共分享利润和分担损失,共同对与他们经营的业务有关的债权债务负责③。合伙是商品经济繁荣后一种新的商业经营方式,合伙契约是调整这种合伙关系的法律。

古巴比伦的契约有以下特征。

第一,契约保留有早期契约的形式主义特点,没有这种固定的形式,契约内容就被否定。

第二,契约形式分口头和书面两种。口头契约用于非要物转移,书面契约用于要物转移。契约签订时要有确切规定的口头套语、象征手势,它与法律行为相随。如新郎毁约时要说:"我不娶你的女儿。"岳父毁婚约时要说:"我不把女儿嫁给你。"④

---

① 《俾》16条;《汉》7条。
② 《汉》7、112、120—124、125、126条。
③ 《汉》99条。
④ 《汉》159、160条。

第三，契约订立要有证人在场，重要的书面契约写在泥版上，证人要签名。重要的契约无证人、无书面形式即无效。

第四，重要契约达成要有债务人以国王或公社保护神名义的宣誓，带有神权色彩。誓词并写于泥版上。

第五，契约有法律作用，受法律保护，违反契约后，受害人可提起诉讼。

古巴比伦的法律，尤其是《汉谟拉比法典》在世界法制史上占有重要地位，东西方法学家对其调整民事关系的法律规范评价颇高。《不列颠百科全书》称："《汉谟拉比法典》相当重视有关财产和经济事务方面的法律，这不同于较早的法律，包括希腊和罗马，西方世界最早的法律。事实上，巴比伦第一王朝时代的社会，就其独特性、私有财产资源和商业交易发展来说，远比早期罗马共和国时代的社会为先进。"苏联古代东方史专家贾可诺夫、马加辛涅尔在他们译注的《巴比伦皇帝汉谟拉比法典与古巴比伦法解说》中也认为："《汉谟拉比法典》在许多方面，特别是在调整私法关系方面所反映的奴隶制社会关系发展水平，比许多较晚的古东方立法所反映的要高一些，而且从一系列范畴拟制的精密程度来看，大大超过奴隶制西方如《十二铜表法》这类文献。"[1]我们将它与西周民事法律规范作一比较，不难看出，无论在人法还是物法的规定上，《汉谟拉比法典》都没有高出西周法。尤其在调整财产和经济事务的法律方面，也就是说，在有关所有权和债权的规范方面，在所有权的取得和保护方面，在契约法的发达方面，它都没有高出西周的民事法律规范。以契约法为例，试看，西周提出了债的概念，契约的种类，与《汉谟拉比法典》相比，除雇佣契约与合伙契约告缺外，其余各种契约全有，而且有许多《汉谟拉比法典》所不及的。

---

[1] 《解说》第165页。

其一,借贷契约中,西周设泉府一职专管官贷。为解决商人一时钱货告缺的困难,繁荣商品经济,泉府可向商人贷银钱,贷货物,收取一定利息。而此银钱、货物又是从市场上商业税收而来,将财政、金融、税收合而为一,繁荣经济。这种官贷起了银行业萌芽的作用,在巴比伦仅有一种模糊的起端。

其二,西周的借贷契约中不存在巴比伦的高利贷债务奴隶制。债务人的债务清偿不以人身沦为债务奴隶作担保,这就大大缓和了社会矛盾,也不会导致经济萎缩,它促进了私有经济的继续发展。西周的土地国有制使庶民终不可能完全失去土地占有权,不可能沦为高利贷债务奴隶。

其三,买卖契约中反映的土地、奴隶交易量的巨大远远超出古巴比伦,这也是私有经济发达的反映。土地交易量西周一次可达156市亩,巴比伦仅见5.3市亩,奴隶购买量西周一次达5人、10人,而巴比伦仅1人。交易量的对比也能反映私有经济发达的程度。

其四,租借契约中以耕作奴隶为标的,在巴比伦是没有的,仅见于发达的上古国家希腊、罗马,而在中国西周却产生了,它也反映了当时私有经济条件的复杂化。

其五,在契约的形式主义特色中,宣誓是很重要的一个特点。巴比伦的宣誓带有神权色彩,以王,以公社保护神宣誓,而西周的宣誓是以信守法律为誓词,宣誓进一步起了法律作用。说明西周比巴比伦更重视法治。

其六,适应于私有经济日益复杂的特点,西周的契约种类也在日益复杂,它不仅有各式单一契约,还有混合契约、主从契约,而在巴比伦却少见。这就说明西周私有经济关系较巴比伦更为先进。

上述比较使我们清楚地认识到西周法律制度在世界上古法制史中的显赫地位。它也有力地证明东方绝不是只是西方文明的吸取者,西周民事法规在许多方面达到了以后的罗马法学家所解决的法律问题的高度。

罗马法中关于债的产生的原因,也从两方面来认识。主要是因契约关系而形成的债,其次由于私犯也造成债权债务关系。

契约关系形成之债。这是指由于签订契约,双方形成债的关系。而这里所说的契约绝不是任何协议达成的契约都产生法律上债的关系,而仅指依合法契约产生的债。这种债在一方不履行时,他方可以诉之于法律,请求最高裁判官规定诉讼保护,迫使对方履行的一种债,即法定债。反之,凡不按法定方式成立的债,不按法定方式达成的契约,只能成为自然债,不享有诉讼的保护。

罗马早期,在交换还不发达的情况下,只有少数的契约形式,如为获得财产、为借贷、为履行某种行为而立誓约需要达成契约。早期契约具有浓厚的形式主义特色,契约必须公开签订,有复杂的口头言辞、术语并配合一定的规定动作,没有履行这种形式,或讲的语言、做的动作不合规定,那么即使双方协议达成契约,也不为法律认可,不受法律保护,既不能产生权利,也不能产生义务。早期契约中最常用的有如下几种。

曼兮帕蓄式契约(mancipatio):又叫"铜块和秤式契约",主要用于获取要式转移物、领取他人之子为奴、确立夫权、为实现出让人的遗嘱而虚假地出卖财产。订约时,除双方当事人外,还须有司秤和五个证人到场,买主抓住他要购买的奴隶或物,一面说固定套语:"我说,这个人(或这件东西)是我的。是我花了天平上面这么多的铜块买来的。"说完后将象征代价的铜块投到天平上即成。这种形式起源于远古,当时还没有货币形状的钱,为了支付价款,需称出一定数量的铜。久而流传下来,变成固定形式,除用于买卖外,也用于要式物权的转移。

涅克疏姆式契约(nexum),也叫"金钱借贷",这是一种借贷契约,但债务人必须以自身作抵押,如不能偿还债务,债权人可以完全支配债务人的人身。《十二铜表法》规定,债权人可以给债务人戴上十五镑重的镣铐,每日给债务人供一镑面粉的吃食,将其扣押六十天,其间债权人可将债务人带到市场三次,说明他所欠的债额,如无人替债务人赎身,到期可将债务人拍卖为奴或处死,如债权人为数人,可分割处死债务人。拍卖为奴的债务人只能被卖到罗马国外,以免激起自由民内部矛盾激化。公元前326年的《坡特留士法》禁止出卖债务人为奴,此后仅以债务人的财产作追索对象。

斯帕休式契约(Sponsio):又称"神前宣誓式契约",是履行一定行为的一种口头契约,在订立该种契约时,债务人在神前提出将来一定履行债务的誓言。但保留到后来的固定套话已失去宗教意义,只是债权人与债务人之间的固定套语问答。债权人问:"你答应还给我一百吗?"债务人回答:"答应。"

从共和国末期开始,商品货币关系日益发展,以前契约的形式便不断变化,产生了新的契约形式,契约中的形式主义特色也日益减弱。《查士丁尼学说汇纂》中将契约的形式分为四种。

要物契约:要求转移物品才能生效;

口头契约:缔结契约时要说一定语言;

文书契约:要求拟成文件;

合意契约:当事人达成协议即可生效。

最重要的要物契约有:

1.借贷契约。即将物品或钱财交与借贷人所有,借贷人应负有归还"等质等量"同类物品的义务。该契约无须履行手续,只要双方同意,移交物品即可。借贷分有息与无息两种。

2.保管契约。当某人因出外,而将自己财产寄存于邻居处即是,保管是无报酬的。

最重要的口头契约仍然强调允诺,即口头允诺履行某种行为,但口约中形式主义逐渐减弱,原只限用拉丁语,后用外国语问答也有效。立约时当事人必亲自到场,后来为了简便,出现了把口约拟成文件的习惯,它便日益与文书契约接近。

文书契约主要盛行于共和末期,其表现形式是罗马商人在自己的家庭收支账簿上记载银钱收支数目。如其被银钱或货物领取人所承认,即构成契约关系。帝国时期,这种契约形式已经消失。

合意契约,就是契约成立不需履行任何方式,只要当事人合意即可。这种契约最简便,产生于共和时代,流行很广,商业生活中最重要的契约者都属此类。它包括买卖、租赁、合伙、委托等几种。

（1）买卖。根据买卖契约,卖主应将物品交与买者所有,买者必得支付金钱为代价。这是财产流转的最基本与最重要的契约。上古罗马法买卖契约存在复杂的形式,共和中期后,随私有经济发展,买卖奴隶及农产品日益增多,罗马人与异邦人交易的日益频繁,形式主义减少,买卖契约变为任何形式的协议都可订立的普通契约。

（2）租赁。租赁契约是对他人物品、奴隶或对自由人劳动力的暂时使用,付之以代价。最初租赁的标的是牲畜、奴隶,以后是小块土地,再往后是对专门手工业者的人身雇佣或承揽。帝国时期,允许外省居民入罗马,就开始了出租房屋。总而言之,罗马的租赁有三种形态:物品的租赁;承揽;对自由人劳动的雇佣。因为罗马整个经济基础是奴隶劳动,所以主要发展了第一种形态。

（3）委托。一个人委托他人代为履行某种事务或管理事务称委托。委托契约是无报酬的,但以后形成一种习惯,委托人可向受托人馈赠谢金,并成为定制。受托人可按非常诉讼程序要求谢金。

（4）合伙。两人或数人达成协议共同经营某种业务的契约。为了合伙,立约人必须共同交出必要的费用。合伙契约在罗马没有显著发展,伙友中一人死去,合伙即停止。

私犯产生之债。凡违法加害别人的人身或财产的行为都叫私犯,因其损害,受害人可提起申诉要求加害人予以赔偿,故产生债的关系。罗马法的私犯在《查士丁尼法典》中有以下四种,即对身的私犯、对物的私犯、窃盗、强盗。

对身的私犯。对他人施以暴行和名誉毁损。赔偿办法,在初期用同态复仇,或按不同损害程度由国家规定罚金赔偿。共和末期后,私犯概念扩及名誉毁损,各种损害均由最高裁判官单独决定其赔偿罚金。

对物的私犯。指非法损害和消灭他人财产。不论故意或过失均可导致产生对物的损害,一般按被损害物之最高价赔偿,加害人企图抵赖者,课两倍罚金。

窃盗。初期分明盗与暗盗。明盗即当场捕获窃盗者,付受害人四倍罚金之赔偿;暗盗即未当场捕获者,付两倍罚金。窃盗者是奴隶要酷刑处死。共和末期起,非法使用别人物品也算窃盗,处四倍罚金,并定为犯罪行为。

强盗。用强暴胁迫的方法,非法攫取他人所有物的行为。其行为一律无效,受害人有权要求四倍损害赔偿,并处于强盗犯"破廉耻"的惩处,使之人格减等。

另外,法典虽未规定,但在裁判官法中规定,诈欺也被当为私犯。诈欺是指有意引起对方误解,使之蒙受损失。这只能在被告不主动补救对之损失的情况下,受害人才能得到损害赔偿。

纵观罗马法的债权法,其契约法的规定,初期远不如西周发达。契约的种类很少,形式主义色彩极浓,有些契约只能罗马市民才有权签订,这一切自然严重束缚了罗马私有经济的发展。同时,它也说明罗马共和末期以前私有商品经济的发展远赶不上西周,所以与之相适应的契约法自然不如西周。共和末期以后,随着罗马帝国领土迅速扩张,私有经济、商品交换飞速发展,契约法也明显地发生变化,其中合意契约的形式最值得称赞。就该类契约涉及的范围来看,买卖、租赁、合伙、委任,除合伙契约在西周未见到外,其余西周均有,而且也流行很广。合伙契约在罗马也未得到显著发展。但合意契约履行手续简便,不需履行任何方式,仅以当事人合意为条件,这点说明,罗马此期契约中的形式主义色彩已较西周大为减弱。同时也反映出其商品流转量大,私有经济尤其是商品经济发展超过西周,国家对契约的干预力完全没有了。

附录二 比较上古婚姻法

一、婚姻原则之比较

婚姻原则指构成婚姻关系中所遵循的准则。上古各国婚姻法规既有差异,又有共性。

美索不达米亚诸国,其婚姻关系中保持浓厚的形式主义色彩,其重要的一条原则是无契约即无婚姻。婚姻关系的构成,首要的在于要缔结婚约。签订婚约的婚姻,虽夫妻关系事实上并未成立或中断,但法律予以认可,并保障这种婚姻关系。反之,未达成婚约,而事实上构成婚姻关系的,法律则不予以承认和保护。《俾拉拉马法典》规定,自由民未与女方父母订立婚约协议和契约而径自娶该女为妻者,即使事实婚姻已达一年之久,法律仍不承认此女为其妻,甚至要对此自由民处以死刑[①]。《汉谟拉比法典》规定,自由民娶妻而未订契约,则法律不承认该女子为其妻,反之,如经合法婚约,虽以后自由民作战被俘,其妻为糊口再嫁他人并生有子女者,当自由民归来时,法律保护该自由民之婚约[②]。这里反映出美索不达米亚早期经济发展中,婚姻关系也被视为契约关系,相当于重要物品买卖的买卖契约。

古印度法强调的婚姻原则是保护种姓利益的种姓内婚原则。即尽

---

① 《俾》26、28、29、27条。
② 《汉》128、135条。

量限制不同种姓,尤其是高种姓与低种姓通婚。高种姓男子再娶时尚可依种姓顺序从高向低择优选配,而低种姓男子娶高种姓女子则绝对不为法律允许,称为逆婚①。特别限制高种姓男子娶最低种姓首陀罗女子,如与之结婚,身份立即降到最低的堕姓人地位,子孙及家属也降入最低种姓。《摩奴法典》第三卷关于婚姻有专门规定。

> 再生族初次结婚要娶同种姓女子,但如愿再娶,要依种姓的自然顺序优先择配。

> 糊涂到娶最后一个种姓女子为妻的再生族,很快就使家庭和子孙堕落到首陀罗境地。

> 不娶本种姓女子,而与首陀罗妇女同床的婆罗门堕入地狱;如同她生一个儿子,即被剥夺其为婆罗门的资格②。

法典不仅大量援引立法家的著述,威吓、法律规定并用地宣称禁绝种姓间逆婚,而且公开宣告与最低种姓妇女结婚是犯罪行为,这种罪行无法赎免。

> 对于唇为首陀罗妇女之唇所污的人,为她的气息所沾的人,从她生儿育女的人,法律上没有宣布任何赎罪的规定③。

与卑贱种姓通婚,既被视为犯罪行为,正常婚姻的一切作用在此消失。低种姓妇女不得参与祭祀之礼,娶低种姓女子的人也被剥夺了参与祭祀诸神之礼及分享祭品的权利,甚至,连低种姓人间相互通婚所生子女还要在法律上受到公然的讥议与诽谤④。实际上,种姓内婚是一种严格的等级与身份的通婚限制原则。古代社会与封建制等级社会内,统治阶级为确保自己的统治地位,大都在婚姻上规定了此种原则。

---

① 《摩奴法典》(以下称《摩》)第十卷 25、29、30、31 节。
② 《摩》第三卷 12、13、14、15、16、17 条。
③ 《摩》第三卷 19 条。
④ 《摩》第三卷 18、24、25、41、42、115 条。

即以古代社会而论,中国的西周也实行不同等级间不通婚,罗马《十二铜表法》也曾禁止贵族与平民通婚。然而把等级通婚的限制作了如此严格的法律禁限,借助于法律加神权力量奉行种姓内婚原则的,却最突出地表现在古印度。

罗马的婚姻,严守一夫一妻制原则。一人不得同时或先后与二人订婚约,否则以"丧廉耻"之宣告惩处之。这一原则反映了罗马古代的文明。在罗马,非但一般平民奉行一夫一妻制原则,即如高级官员也一样。西塞罗曾屡任罗马重要官职,直至任执政官,然而也奉行一夫一妻制原则。当他与原妻特兰提亚不合时,通过离婚解除婚约后才与少女普伯里里亚再成婚姻。这是其他东方诸国所不及的。当然,婚姻关系中不包括奴隶主阶层的荒淫姘居和与女奴"开心",否则,安东尼奥与克鲁巴特拉姘合时,并未与其妻离异则无法解释了。

古代各国婚姻原则相比较,有两个国家是比较进步的。一为中国西周奉行的同姓不婚原则,它是以科学总结为基础,利于优生优育。这一原则至今仍闪烁出它进步的火花;一是罗马的一夫一妻制原则。两种进步的婚姻原则反映了古代东西方这两个国家文化、经济的发达与进步。

二、婚姻种类之比较

各国婚姻类型多有差异,然而也能发现一定的规律。

古代两河流域婚姻的种类不外乎买卖婚与无身价婚两种。买卖婚也就是聘娶婚,是在自由民之间实行的一种婚姻。这种婚姻契约构成时,新郎要向新娘的父母缴纳聘礼及身价。俄语由两个单词"БЧБΛҮМ"及"ТЕРХАТУМ"表示。身价就是赎身费,其数量大约相当于市场上一个女奴的价格。新娘原属其父家族,结婚后,父家族将丧失一个劳动力,而夫家族将增加一个劳动力,故新郎从购买劳动力的观点出发需向岳父缴纳一个女奴价格的身价。早期两河流域诸法典中均使用"TEPXATYM(身价)"这个字眼①,而在《汉谟拉比法典》上已出现"身价"、"聘金"两名词②。聘金是预付金,是为了证实双方订立婚约的严肃态度及保证婚约履行的手段。如后违约,保证金及身价均留给未爽约之一方。如违约人为岳父,则要加倍退还新郎所缴的两款。多退的一份应被认为是赔偿金,对男方丧失夫权的赔偿。然而,男方违约,则只丧失原先送去的身价、聘金。这也等于赔偿金。从实际意义上说,双方所得赔偿金是一样多③。我们之所以又称其为聘娶婚,是因为买卖是形式,聘娶是实质。两河流域的女子在出嫁时,还要从父亲家里得一份嫁妆(ЩЕРЧКТУМ),此嫁妆在婚后归男家所有,其后由该女子所生子女继承。若此女未生育子女,则女子死后与丈夫婚姻关系中止,嫁妆退回女子父亲家,聘金身价则退回给丈夫④。嫁妆的数量不一定少于聘金及身价。所以,称为聘娶婚是有道理的。

无身价婚通行于自由民之女与穆什根努之奴结婚⑤。两河流域是早期上古国家,大量的奴隶尚属国有奴隶,其身份地位并不如古罗马时奴隶地位之低下,因此,自由民妇女与宫廷奴隶通婚不受限制。这种婚姻构成时,毋需身价缔约,故叫无身价婚。但自由民妇女依然可得嫁妆,在婚后共同生活中所置财产一半归妻子,另一半为该奴隶的特有产,死后归该奴隶的主人。

古印度的婚姻种类很多,带有浓厚的宗教色彩、等级色彩。《摩奴法典》规定了四种姓间通行的八种婚姻形式:梵天的、诸神的、圣仙的、

---

① 《俾》17条;《李》29条。
② 《解说》135页。
③ 《汉》159、160、161条。
④ 《汉》162、163、164条;《李》21、24条。
⑤ 《汉》173、176条。

造物主的、阿修罗的、天界乐师的、罗刹的以及第八种最卑鄙的吸血鬼形式。这些婚姻形式,取名于古印度传说中的上帝、神、恶鬼和恶仙。总结起来可以归纳为宗教婚、父亲包办婚、男女自由恋爱婚、买卖婚、掠夺婚和色情婚。

宗教婚:包括梵天的、诸神的、圣仙的三种婚姻形式,为法律所肯定、赞扬,只能适用于最高种姓婆罗门。它的特点是与宗教仪式、祭祀或宗教经典有关,由父亲包办[①]。

包办婚:即造物主的形式。该种婚姻也为法律赞扬,适用于最高种姓婆罗门。应当注意的是,包办指新娘的父亲为女儿包办择婿,却不包括新郎父亲为子择媳。因为古印度婆罗门法规定女子无独立人格,要受男子监护,未嫁女子受父亲监护,故如择婿等重大问题均由父亲做主。然而,印度法反对父亲嫁女收聘礼,故包办婚不像其他国家包含买卖性质[②]。

自由恋爱婚:即法典所谓"天界乐师"的婚姻。此种婚姻虽不为法律所赞扬,亦不为其反对,可实行于刹帝利种姓。它是由青年男女自由恋爱,相互誓盟,自愿结合而产生的婚姻[③]。除刹帝利外,吠舍和首陀罗也被允许实行此种婚姻。

买卖婚:即法典所谓"阿修罗"的婚姻。它成立的要件是新郎向新娘的父母和新娘馈赠礼品,其数额是大的,法典称为"按照自己财力赠与父母和姑娘礼品"。买卖婚在印度《摩奴法典》中被宣称为"不合法"、"绝不可实行"。然而法典又公开宣称"对吠舍和首陀罗只规定了阿修罗形式"[④]。

---

① 《摩》第三卷 27、28、29 节。
② 《摩》第五卷 148、151、152 节;第三卷 30 节。
③ 《摩》第三卷 32 节。
④ 《摩》第三卷 31、25、24 节。

掠夺婚：即法典所谓"罗刹"的形式。此种婚姻实行于刹帝利种姓。它成立的要件是男方以武力掠夺新娘。"用武力自父家夺取号泣呼救的姑娘，杀伤要反对这种暴行的人，并在墙上打破缺口者，叫作罗刹的婚姻。"[1]可以看出这种掠夺绝非西周的假掠真娶，而是真正的行劫抢掠、杀伤人命的暴行。它虽不为法律赞扬，却也不为法律禁绝，而且专限为刹帝利种姓的婚姻特权。这样规定是毫不奇怪的，因为刹帝利种姓是印度的武士阶层，他们的法律地位虽低于婆罗门种姓，却实际掌握着国家的政权与军权，是国家的统治阶级。法律对他们规定了这种特权形式，是因为奴隶制社会时的印度几乎绝大部分时期处在割据争雄、战争不断的状况下，即使阿育王的短暂统一时代，战火也从不停息。这种特定环境使印度的武士阶层的地位很重要，他们是实际的强力者。战争情况下，他们用武力夺妻是常有的事。法律不得不肯定这一事实，并将它划归武士专权。当然，掠夺婚的演变也会发展成假掠真恋爱的形式，所以法典又规定此种假掠真恋爱婚，即"天界乐师"与"罗刹"式婚姻形式并用以适合于刹帝利种姓的需要[2]。

色情婚：即法典所谓"吸血鬼"的婚姻形式，带有强奸性质。法典一方面宣布它为不合法的婚姻形式，诅咒它的实行，认为它是第八级的最卑鄙的婚姻。另一方面却认可它在吠舍和首陀罗低种姓内实行[3]。

总括上述八种婚姻形式，可以发现一个特点：古印度的婚姻形式带有浓厚的种姓特色。法律规定的高种姓婚姻形式中加上肃穆的神权、父权和强力色彩，所以适于前两种姓的是宗教婚、包办婚、掠夺婚。而对后两种姓却以买卖、自由恋爱婚为主，但对此种婚姻，法律规定其为坏婚姻、令人非议之婚姻。从婚姻的实行形式上，加大了种族隔阂与种

---

[1] 《摩》第三卷33节。
[2] 《摩》第三卷26节及其下注释。
[3] 《摩》第三卷25、23、34节。

族歧视。

罗马法的婚姻形式有三种:即正式婚姻、略式婚姻和姘合。前两种为法律公开所认可,第三种称姘合,它原未为法律规定,以后随着社会发展至帝国末期,始被法律承认为"次等婚姻"。

正式婚姻:这种婚姻是按市民法的规定结婚的,婚后,妻子处于丈夫或丈夫家长的权力支配下,故又称"有夫权婚姻",实行于古罗马时期,到帝国时期基本消灭。它建立在古罗马法的"妇女终身监护制"基础上,认为妇女由于智力低劣要终身受男子监护。未婚时受自己的家父之监护,婚后,监护权转入丈夫或丈夫的家父手下。这种婚姻的缔结,丈夫不是以夫的能力而是以父的能力取得对妻的人身、财产等多种权利。诚如梅因在《古代法》一书中指出的:

> 在法律上,她成了丈夫的女儿。她被包括在夫的"家父权"中。她承担着在"家父权"存在时所产生的以及在"家父权"消灭后所遗下的一切义务。她所有的全部财产绝对地属于夫所有,在他死亡后,她便受监护人的保护,监护人是由其夫用遗嘱指定的[①]。

有夫权婚姻的缔结方式有三种。一种是宗教仪式缔结婚姻,叫"共食婚"(Confarreation);另外两种是按世俗仪式举行,其高级形式称为"买卖婚"(Coemption),低级形式称为"时效婚"(Usus)。

略式婚姻:此种婚姻当事人不需要婚姻权,夫不能因结婚而取得夫权,故又称"无夫权婚姻"。最先适用于罗马境内的外国人。在罗马共和后期和帝国初期,几乎完全取代了正式婚姻。它实际是低级形式的民间婚姻的一种变形。在这种婚姻下,"在法律上妇女只是作为家族的一种暂时寄托物而已"[②]。妇女即使婚后仍处于其父的"父权"管辖之

[①] 〔英〕梅因:《古代法》,沈景一译,商务印书馆1984年版,第89页。
[②] 〔英〕梅因:《古代法》,沈景一译,商务印书馆1984年版,第89页。

下,如果父死,则处在父亲指定的监护人监护下。由于罗马后期监护人的权力逐渐缩减,于是这种婚后的女子在人身和财产上都有极大的独立地位。这种婚姻只要当事人双方有共同永远过夫妻生活的意思,并且女方亲到男家,就证实她已放弃未婚前的生活而移居于夫家,婚姻即为成立。

姘合(Concubinatua),即非法同居。罗马帝国承认这是没有陪嫁的婚姻,是"次等婚姻"。因为罗马时期正式婚姻限制很严,一些无法通过正式婚姻结婚者便采用姘合方式。此种婚姻与无夫权婚姻的区别在于女方地位较低,多为解放自由人。所生子女在法律上不是父的合法继承人,从母姓,母与子女有相互优先继承权。姘合婚姻也限定一夫一妻制。

总归起来,我们可以发现,早期古代法律的共同规律是,婚姻只着眼于"家族"的利益,只着眼于行使"家父权"的人。用梅因的话说,就是"由'家父权'结合起来的'家族'是全部'人法'从其中孕育而产生出来的卵巢"[①],因而婚姻的缔结也着眼于这一点。因此,无论西周还是东、西方其他国家多用的婚姻形式皆为"买卖婚"。这种婚姻形式的目的是使婚后的妇女终身合法地留在"家族"的范围中,以完成生育继承人承祭祀、承血统的任务。其他各种婚姻形式多退居次等地位。男女婚姻当事人的意愿如何,不是婚姻中考虑的首要问题,因而自由恋爱婚的地位反而低下。然而自由婚姻又为诸国法律所允许,主要的原因在于统治者考虑国家人口的繁衍问题,所以这也是从国家利益出发而不是从个人利益出发。

上古社会的繁荣、发达和典型时期,在东方未曾出现过。它只产生于古代西方的希腊和罗马。由于罗马商品经济高度发展,个人自由意

---

① 〔英〕梅因:《古代法》,沈景一译,商务印书馆1984年版,第87页。

识被重视,"家父权"日益削弱,"家族"利益不再是法律着眼的重点,法律的着眼点是千方百计保护大奴隶主个人的利益,保护国家经济的繁荣。于是婚姻中原来一种低级的民俗婚姻——无夫权婚姻占了主要地位。这种婚姻是自由意志的倾向,符合当时社会经济发展的需求,也是上古社会中最有进步倾向的一种婚姻形式。可惜,基督教思想不久占据了罗马法律中的一席之地,这种进步的带有显明自由倾向的婚姻形式没有被延续到中世纪。中国西周未进入过这种典型的社会阶段,也不可能出现自由意志倾向的无夫权婚姻。尽管有过自由恋爱婚,但婚后妇女仍处于夫权统治下。

三、婚姻成立条件之比较

上古国家由于婚姻目的大致相同,所以各国婚姻成立的条件也有许多共性。唯因法律制度的健全与否,在具体规定中有细致周密的与粗糙的之分。古印度法的宗教色彩与种姓特点使它对婚姻条件的规定与其余各国差异甚大。

较发达的国家在婚姻条件中大都规定了婚龄和家长权对婚姻之干涉以及婚姻要取得国家民事机关的认可等条件。这些方面除中国西周有明确的规定外,罗马法的规定也是十分周密的。

罗马法关于婚姻成立的条件规定如下。

1. 结婚权。正式结婚权是市民权之一。除市民和古拉丁人之外,其余如外国人、殖民地拉丁人、优尼亚拉丁人等都不能享有。所以有夫权婚姻的缔结必须男女当事人都享有结婚权。

外国人不享有婚姻权,故市民与无婚姻权的外国人结婚不能称为正式婚姻,仅称为婚姻。即使这种略式婚姻,非市民的一方也必须有"康努比权"(Conubium)(即授予非罗马市民与罗马市民结婚权),构成"无夫权婚姻"。

市民与奴隶的结合无法律效力。

自卡拉卡拉帝赐市民权给帝国居民后,婚姻权才失去其重要性。

2.家长允诺,当事人同意。古代罗马家长权很大,故为儿女达成婚约,不须征求子女同意。自权人女子,婚姻也由监护人包办。

共和中期以后,子女人格在法律上逐渐得到确认,所以婚姻成立的重要条件之一是当事人自己同意,然而并不排除家长权的干涉。例如,女儿对家长代择的对象,原则上不得拒绝;他权人结婚,要得到家长许诺。如孙儿结婚要得到祖父与父之许诺。罗马后期对家长权有所限制。

3.结婚证书。原先是嫁资文书,用以规定夫妻双方财产关系,以后成为结婚证书,也就是订立婚约证书。《查士丁尼法典》明确规定高级官吏和上层人士结婚都要订立婚约证书。

4.婚龄:结婚双方必须达到一定婚龄。婚龄的规定是怕未达婚龄之婚姻影响生育延嗣,《查士丁尼法典》规定男满14岁,女满12岁为适婚。《优利亚法典》曾限制男60以上,女50以上不得再结婚。《查士丁尼法典》未规定最高年龄限制。

以罗马法关于婚姻成立条件与中国西周法比较,相差甚微,除罗马法限定之结婚权外,大致一样。西周规定结婚要件有三:第一,父母主婚。这基本同于罗马法的家长允诺,当事人同意条件。父母主婚不是父母的绝对包办,因为自由恋爱婚中即不一定非存在父母包办,即使对买卖聘娶婚而言,西周时父母在婚姻上的专横权并不如后世,他们在订婚约之前还可让女儿表示意见。第二,媒氏认可。这其实是官方认可,在政府机关登记婚约,也和罗马法之结婚证书的作用略同,当然中国的婚约上是否写明财产权问题是不清楚的。第三,婚龄的规定。虽年龄各异,但是结婚必达适婚年龄这一要求却是一致的,而且规定婚龄的目的都是从利于生育继嗣出发。这种相似性反映出两国文化发展水平的一致性。

两河流域国家婚姻成立的要件基本有二。

1.婚姻以签订结婚契约为标志。两河流域早期国家十分重视婚姻中契约的作用,形成一条重要的婚姻原则——无契约即无婚姻。所以,契约是婚姻成立的重要条件。《俾拉拉马法典》规定没有订立婚姻契约者,即使事实婚姻已达一年之久,仍为无效婚姻[1]。《汉谟拉比法典》规定,"自由民娶妻而未订契约,则此妇非其妻"[2]。他们如此重视婚姻的契约作用,一方面因为契约受国家法律之保障。两河流域是早期上古国家,国家在民事与婚姻方面干涉极微,婚约的达成毋需通过国家机关,然而一旦签订契约,任何一方悔约时,契约受法律保护,国家权力便可干预。所以,这种婚姻中的"无契约即无婚姻原则",实际上和西周婚姻中"媒氏认可",罗马法中结婚证书的作用相同。另一方面,婚姻契约的签订人中没有女方当事人,新娘只成为契约的标的,所以婚姻契约的作用有如委托保管契约一般,新娘只是以物的身份被委托于夫保管,或被卖于夫家。这也反映了两河流域妇女的身份更为低下。

2.父母包办婚约。两河流域婚约的构成,从女方来说,绝对由父母,主要由父包办,代订婚约。女儿作为买卖婚约的标的婚姻,毫不考虑女儿的意愿。《俾拉拉马法典》规定由男方向女之父母提出要求,与女之父母订立协议契约。《汉谟拉比法典》规定由男方向女之父缴聘金,达成婚约。悔婚约时,要由男方向女之父提出悔约或女之父向男方提出悔约[3]。这样,婚约签订时,男方可以自由表示自己的意愿,而女方则无此权利。

两河流域婚姻构成的要件约略同于中国或罗马,但是婚姻法规更

---

[1] 《俾》27条。
[2] 《汉》128条。
[3] 《俾》27条;《汉》159、160、161条。

原始,更不完善一些,没有婚龄的规定。

印度这个古老的国家,由于它的律书中宗教教义、唯心主义、种族特权的影响,所以结婚的要件也是以此为出发点的,婚姻成立的条件有三点。

1. 学习圣典期满之后。古印度法律规定,婆罗门、刹帝利、吠舍这三种姓为再生族,即除肉体上诞生一次之外,还需在宗教上再诞生一次。再生族的人,其生命的第一阶段是学习圣典,即学习宗教教义、宗教礼仪,阅读吠陀经典,这个学习阶段在教师家中度过。学习期限起码以9年为限。婆罗门一般为9年,刹帝利为11年,吠舍为12年。经过完整地学习圣典之后,在教师家中度过了学习期的人,可进入宗教生命的第二阶段——家住期。此期允许结婚,成立家庭,点燃家庭祭祀之火。所以,学习宗教圣典成为结婚必要条件,是印度法的一个独特的规定,它反映出古印度婚姻法规中浓厚的宗教色彩。

2. 种姓内婚。种姓制度是古印度法律的最大特色,也是婚姻成立的必要条件。种姓制度的确立,目的在于维护高种姓的特权,使低种姓者绝对不能逾越雷池一步,去侵犯高种姓者的特权利益。对种姓制的维护不仅表现在借助神权上,更表现在多方面的法律规定上。在婚姻构成要件中,法律明文强调种姓内婚原则,婚姻关系只能在同种姓间进行。由于种姓内婚的限制,故结婚时,女方父亲身份不明,种姓不明者,禁止构成婚约[1]。

3. 婚龄:《摩奴法典》规定女子8岁,男子24岁为适婚年龄[2]。古印度法的宗教色彩使它对结婚要件的规定比中国西周的规定要落后得多,宗教条件和种姓条件西周自然是没有的了,就是婚龄规定中,由于

---

[1] 《摩》三卷4、11、12节。
[2] 《摩》九卷88、94节。

宗教条件的限制,也使男女年龄相差甚大。与之比较,西周的条件就要现实得多,它是从现实生活的需求出发,从国家的统一出发,从社会人口的繁衍出发做出的在那个时代较合理的规定。

四、禁止婚约缔结条件之比较

禁止婚约成立即婚姻障碍,这种障碍分为永久性的和暂时性的。关于婚姻关系中之障碍,上古各国较相同的规定是亲属关系构成的婚姻障碍、等级地位构成的婚姻障碍、服孝期的婚姻暂时障碍等。

1.亲属关系构成婚姻障碍。这是禁止婚约成立的永久性障碍,中国、罗马、印度在婚姻关系中都首先注意到此种障碍。

中国西周规定的同姓不婚原则,对六代后已另分宗的同姓关系者禁止构成婚约,虽百世这种禁绝仍有效。

罗马法规定,直系亲属间,无论法亲、血亲、姻亲,不论亲等远近不得结婚。旁系亲属中宗亲血亲间婚姻也有限制,初限为六亲等,后减为四亲等,最后帝国时期限为一等。

印度《摩奴法典》规定,再生族的婚姻中禁止父系或母系六代以内的直系亲属或直系卑亲属通婚。此种亲属关系又叫撒宾陀亲属[①]。

两河流域的诸部法典却均无此种婚姻障碍的限制。

2.等级地位差异构成婚姻障碍。中国、罗马、印度均有此规定。

中国西周禁止不同等级间的通婚。

罗马早期法律也有此种禁限。《十二铜表法》"以最残忍的法律禁止平民与贵族通婚"[②];自由人和解放自由人不得通婚;元老院议员和他们的子孙同解放自由人禁通婚姻。

----

① 《摩》三卷5节。
② 西塞罗:《论共和国》Ⅱ、36。

印度的等级差异主要表现在种姓制上。

两河流域的法律中,身份等级造成婚姻障碍的禁限要宽松得多。《汉谟拉比法典》允许宫廷奴隶和穆什根努的奴隶与自由民妇女通婚,且婚后所生子女仍为自由民;也允许自由民与女奴生子女,此子女在身份上也为自由民[①]。这种规定显示了两河流域早期家内等级制中,等级界限不如发达国家之森严。

等级差异造成婚姻障碍,这是一种特权思想的体现,反映了上古法的阶级本质。

3. 丧期内的暂时婚姻障碍。家父权力或夫权极大的国家,在婚姻缔结中设置了此种障碍。除西周有此禁限外,罗马法中亦有类似规定。罗马法禁止寡妇在丈夫死后10个月内再婚[②]。违者,后夫及该女子家长均受破廉耻之处分。帝国后期,此禁婚期的规定通用于离婚妇女,以避免血统紊乱。罗马法与西周法律关于服丧期婚姻障碍规定的不同之处,不仅在于守孝时间规定不同,而且在于守孝对象的不同。罗马法仅规定妻子对丈夫的服丧期,主要目的在于为明确此期所孕子女生父身份问题。其出发点是立足于继血统的立场,而对男子则无限制。西周服丧期的婚姻障碍出发点从维护家族尊卑、夫妇间的亲密关系着眼。规定子女在父母丧期不能缔结婚约是表明哀痛之志。夫妻关系上也如此。所以不唯规定妻对夫之服丧制,也规定了夫对妻之服丧制。尽管服丧期有长短差异(妻为夫,斩衰三年;夫为妻,齐衰一年),但出发点均强调亲属感情。从这个意义上说,此规定又显示了中华民族的一种独特伦理道德观念,有一定平权思想。

4. 身体疾病造成婚姻障碍。这是永久性的婚姻障碍。古代凡科学

---

① 《汉》170、171、175条。
② 《十二铜表法》第4节第4条。

文化较为发达的国家,已经认识到生理遗传的作用,父母有一定的生理疾病会直接影响子女的健康成长,所以在婚姻成立的条件中都以此列为婚姻障碍。

西周在婚姻障碍中规定,有恶疾的女子,即喑哑、耳聋、目盲、患麻风病、秃头、跛足、驼背者,男方不与之订婚约。罗马法规定,阴阳人、石女、被处以去势刑的人都不得结婚。《摩奴法典》规定,患有痔疾、肺痨、消化不良、癫痫、白癜、象皮病或家族成员长毛披体的家族子女不应与人订婚约;女子头发生为红褐色,或多一四肢,或多病,或身无一毛,或有毛太多,或红眼睛者不可娶[1]。

由于地理环境、气候等外界条件的影响,各国规定的疾病禁限不完全相同。有些疾病禁限在今天看来似乎过分,但是,在远古医疗水平尚不发达的情况下,这些疾病在当时均属疑难可怖之症,各国经过实践总结,认识其危害性而作出这种婚姻禁限是合科学的。诸如麻风病、阴阳人、去势人、癫痫病等的婚姻禁限在今天也还是为人们承认的。

两河流域的法律中没有提出此种禁限,但在《汉谟拉比法典》中规定,自由民娶妻后,若该妻生癫病,自由民可另娶,唯不许离弃其妻,仅为之另筑屋,赡养终生[2]。身体疾病虽未构成婚姻禁限,然而实际的夫妻生活已终止。由于两河流域的多妻制和早期医学科学的水平尚未达到如后期其他国家之发达,故而在法律上未规定禁限。

5. 职业职务关系形成的婚姻障碍。职业关系形成之障碍实际是等级差异的延续。罗马法曾禁止元老院议员和他们的子孙与旅店主人的女儿、从事贩卖业的妇女结婚,又禁止生来自由人与演员、娼妓和开妓院的等从事卑贱职业的人通婚[3]。《摩奴法典》规定学习绘画者、经营

---

[1] 《摩》三卷7、8条。
[2] 《汉》148条。
[3] 《奥斯汀法典》见美国百科全书婚姻立法词条。

高利贷商业者仅能和首陀罗妇女结婚①。

罗马法还规定有职务禁限。如地方官在职期间,其本人及其子孙不得娶辖区内之妇女;监护人及其子孙不能娶被监护人为妻。此种婚姻障碍之设置,均属限制滥用职权或监护权。

此外,罗马法还规定有因宗教信仰不同造成的婚姻障碍和有碍风化关系造成的婚姻障碍。风化障碍包括两种:其一,订婚又取消婚约者,直系亲属间不得通婚。父和子过去的未婚妻,母和女过去的未婚夫,继父与继子的遗孀,或婿与妻之继母等。其二,通奸男女。可以看出,罗马法在婚姻禁限上的规定比西周和其他国家更为细密一些。

五、结婚仪式之比较

上古法重视婚姻之作用,故婚姻仪式十分隆重。最初的婚姻仪式,均出于宗法家庭之需要,十分重视祭祀之礼。甚至结婚仪式有欠缺会影响到婚姻的构成。以后随着宗法权、家族权之缩小,仪式也简化起来。

罗马:有夫权婚姻构成有共食式、买卖式、时效式三种仪式。

共食式。程序最隆重繁复,注重宗法家庭利益和祭祀礼节,类似中国西周的婚仪。第一步,择吉月、吉日。罗马习惯以六月为最吉,五月为最凶,故多选定六月。吉日用占卜方法而定。这仍是一种借助神权的色彩,同于西周。第二步,举行结婚仪式,分送亲、迎亲、共食三阶段。送亲,即女方家长在新婿面前祭祀自家祖先和神,告之祖先,女儿出嫁于某家,其夫名称,并宣告女儿从此脱离父家之宗族关系,成为夫家的成员。这一步骤和西周的亲迎中的第一步完全相同。其次是迎亲。结婚之日,新夫或其代表迎新娘,新娘亦蒙面纱由亲友以颂歌伴送,至夫

---

① 《摩》三卷 64 节。

家门口,新郎作抢夺状抱新娘入门。最后为共食。新娘入夫家后,厅堂内已供圣火,悬挂神与祖先之像,新娘受水火之礼表示净身加入夫家,然后在大僧正、丘比特神官及十名证人前,夫妇共以大麦饼祭天神,念诵规定的言辞,最后共食祭神之麦饼,婚仪遂告终了。罗马的共食式很类似西周礼制中规定的结婚仪式。其共同特点都是建立在承祭祀、维护宗法家族权的基础上,不唯仪式隆重,还带有一定神权色彩。这均反映出上古国家的婚姻观,也反映出上古时期共同的文化特色。

买卖式:这是早期罗马有夫权婚姻的又一种形式。即新夫在五位证人和司秤面前用"要式买卖"的方式,向女方家长或她的监护人买得新妇的一种方式。此方式视女子为买卖标的,故与买卖奴隶、牛马、土地等要式物品一样。该方式最初通行于平民之间,后来随平民与贵族通婚禁限的取消,才被普遍采用起来。

时效婚式。由掠夺婚演变而成。罗马市民法规定,夫权如物权一样。物权中所有权取得的方法之一是时效取得,即继续使用他人之物,经过一定期日便取得该物之所有权。如对动产或不动产实际占有1年或2年以上,在此期间从未间断过占有,即取得对该物的占有权。依此而论,男女同居1年以上,其间女方家长未行使对该女之权利,则视为抛弃权利,女子即处于夫家或夫的家长权下。如女子不愿受夫权控制,可在1年中连续离开自己家3夜,丈夫对她占有的时效中断,即不受制于丈夫的支配权[①]。

无夫权婚姻不注重仪式,仅以女子亲身到夫家,宣称她已移居夫家即可。民间习俗也保留有祭祖拜神、设宴庆贺、迎新妇至家,授水火之礼,略同于共食仪式,但非法定程序。

纵观罗马法的婚姻仪式,早期之共食式显示了夫权婚姻的目的和

---

① 《十二铜表法》第六表第4条。

特点,也显示了古老文化的约束力和形式主义,这个和西周有极大的相似之处。其余各种婚姻仪式中均反映了罗马私法中的物权概念,这是罗马法从理论上比西周更完善一些的原因。

六、婚姻关系终止之比较

各国关于婚姻关系终止的造成原因,大多分两种,一种是自然终止,即一方死亡构成婚姻关系的结束;一种是人为终止,即离婚构成婚姻关系之结束。

婚姻关系的自然终止。罗马法既认为"婚姻是一夫一妻的终身结合",所以一方终身以后,此种结合关系自然宣告结束。但是如一方长期生死不明是否亦构成婚姻关系的终止,《学说汇纂》对此持否定态度。《汉谟拉比法典》规定丈夫死亡后,妻之父可以将妻的嫁妆要回并退还夫之聘金[1],这是夫妻关系终止的证明。然而对于一方长期生死不明的规定,略不同于罗马法。出于战争情况,一方长期生死不明,法律仍保护此种婚姻关系。《摩奴法典》的规定则要更奇怪一些。如丈夫死亡,妻未生子,经过适当许可,可以在丈夫的亲属中与人同居生子[2],但夫可在妻死后行焚礼而再婚[3],即承认夫妻关系之终止。

婚姻关系的人为终止——离婚。

罗马法的离婚规定,因有夫权婚与无夫权婚而各异。有夫权婚姻下,离婚是丈夫的特权,所以丈夫或夫之家长可行使对妻的离婚权。一般须妻不生育或犯其他重大过失,夫可行使离婚权。无夫权婚姻下,夫妻双方均可提出离婚要求。既可以是双方协议离婚,又可由一方片面提出要求而终止婚姻关系。后期受基督教影响,皇帝对没有正当理由

---

[1] 《汉》163条。
[2] 《摩》九卷59、167节。
[3] 《摩》六卷168节。

的离婚人处以法律制裁。规定离婚理由分三种:第一,友好离婚。离婚是由于对方不人道、患严重精神病、被俘、生死不明或誓愿终生守节。此等离婚对双方均不加制裁。第二,有正当理由的片面离婚。即因对方过失而提出离婚。过失指谋叛、谋杀、通奸、行为严重不检点等。有过失的一方在离婚后丧失嫁资与婚娶赠予。第三,无原因的片面离婚。此等离婚,有过失的一方丧失婚姻中之嫁资与婚娶赠予,若无此等钱财者须交出财产的1/4,妻在离婚后5年不得再嫁①。

两河流域诸国对于离婚之规定大致如下。

《汉谟拉比法典》允许离婚。此种离婚多系片面离婚,即由一方提出。离婚要受一定条件的制约,对女方的限制则更为严格。法典规定丈夫可以任意离弃为他生子之妾或虽不生育却给他女奴以使生育之妻,对此种离弃的限制是丈夫要给她们一定的财产,使她们可以抚养子女,待子女长大成人后,才允许她们带一部分财产改嫁。对于未生子之妻,亦可离弃,只是要给予聘金或一定数量银子作赔偿金。如果属妻本身有过失,则丈夫可不予任何赔偿金而离弃该妻或不离弃,而使之降为女奴。妻患麻风病,丈夫虽不可离弃,然而可实际中断夫妻生活。妻子亦可片面提出离婚要求,但需限于:丈夫诬妻不贞,而河神证实妻为贞洁者。此时妻提出离异,可取回自己嫁资;夫离弃公社,夫行为不端,经常外出,并凌辱妻子者,妻生麻风病不愿居夫家者②。

《摩奴法典》关于夫妻离婚的规定多从保护丈夫利益出发。法典提倡离婚,明文规定:"以婚姻结合的夫妇切忌离异和互失信约。"然而离婚仍然存在。对于有凶相、有病容、有被奸污的迹象,或有人曾骗娶过的女子,丈夫可以遗弃。对于憎嫌丈夫达1年之久的妻子,丈夫可停止

---

① 《查士丁尼新律》117号。
② 《汉》131、136、137—141、148、142、149条。

与她同居。对轻视嗜酒、好赌、染病的丈夫之妻子,丈夫可遗弃3个月。对于妇女嗜酒,操行不正,和丈夫冲突,染有癫病等不治之症,性格不好,挥霍财产者,丈夫均可另娶。对于不妊之妻在第8年,儿子都死者在第10年,只生姑娘者在第11年,说话尖酸者,丈夫有权另娶[1]。但此种被遗弃之妻却仍在丈夫权力的管辖下,不得离开夫家,否则将被拘禁或休弃[2]。对于妇女,既然绝不允许脱离夫权的控制,自然更不可能享有片面离婚权。但是,事实上,被夫遗弃的妇女,或自动离异丈夫的妇女仍有再婚之权[3]。

观古代中外主要奴隶制国家婚姻法史,离婚均为法律所认可。从罗马方面看,基督教会的势力虽已干涉到婚姻中去,对离婚加以限制,非正当理由而离婚者,予以制裁,但是离婚未被禁止。有夫权婚姻中离婚权仅归男子享有,妇女处于无权地位,而后期随商品经济发达出现的无夫权婚姻中,男女双方享有的离婚权基本相同。当然,对女方的限制,总略多于男子。中国西周,自由婚广泛实行于社会中下层,甚至到上层贵族,故离婚也较容易。当时礼制约束不如后世宋明理学之成体系,故男女双方在婚姻关系中既可自由结合,亦可自由离异。双方均有提出离婚之权。从礼制规定看,对男子片面离婚权予以保护,限定在所谓七条"正当理由"的"七出"范围内。然而女权并非完全未被注意。从维护上古社会安定和礼制观出发,也予女子以"三不去"为由对抗"七出"。但从总的限制比较,与罗马后期的无夫权婚姻之离异相比,则男女不平等权的表现要明显得多了。其余东方国家,巴比伦的离婚规定,对男子特权保护至多,对妇女限制更严。古印度法律则完全剥夺了妇女的主动离婚权,不平等的色彩更浓了。但是法规不能完全代替社会

---

[1] 《摩》九卷72、77、78、80、81节。
[2] 《摩》九卷46、83节。
[3] 《摩》九卷175、176节。

现实。现实生活中,妇女仍保有离婚权。因为妇女既被允许可以自动觅婿①,则自由婚下必存在有自动离异的可能。

七、一夫一妻制与一夫多妻制之比较

古代东西方各国,无论实行一夫一妻制或实行一夫多妻制,其共同目的,都在于维护家族利益,承祭祀与承子嗣。那么为什么有的国家像罗马,坚持一夫一妻制原则,而其他东方国家多实行一夫多妻制,或如中国,在上层贵族中实行一夫多妻制,而在中下层人民中实行一夫一妻制呢?

古罗马家庭给家父以极权的"家长权"。家长在其有生之年终生是儿子、孙子的监护人。儿子结婚后也附属于其大家族中。儿子婚后,通过婚姻取得对儿媳的人身和财产的权利。这个家庭因新的婚约缔结而纯正其血统。当时的婚姻权仅给予罗马市民,而享有市民权的男女数额比例基本是平衡的,所以,不可能形成一夫多妻制,法律规定只能是一夫一妻制。正如中世纪条顿民族也始终坚持一夫一妻制是为了纯正他们的血统一样。

东方国家多允许一夫多妻制,这也不是从恋爱的感情出发,而是殷切期望子嗣的增多。古巴比伦及两河流域诸国法典中规定男子可以再娶或纳妾的主要条件是原配妻子不生育,所以一夫多妻制绝非唯一的形式,它仅是一夫一妻制婚姻之补充形式,家庭的主要结构仍为一夫一妻制家庭。中国西周对于家庭之上的国家继承人更为看重。从重国嗣出发,他们规定了国君(天子和诸侯)均多娶,但为了防止淫欲,这种多娶是一次性的而不是多次性的。又由于男女两性比例数额的限制,广大庶民则实行一夫一妻制。古印度规定一夫多妻制,把它作为种姓特

----

① 《摩》九卷 91、92 节。

权,种姓愈高的男子愈可多娶。除为了显示种姓特权外,古印度气温地理环境决定了其人民的发育成熟期早,女子可较早进入生育期(八岁),男女性别比例上女子也多于男子,故允许多妻制存在。

著名人类学家乔治·P.默多克(G.P.Murdock)依据家庭形式,分析了250种文化,其中193种是一夫多妻制。如果男女两性的比例维持在一般数目而实行一夫多妻制的话,就会出现有的男人不结婚或是使妇女的婚龄降低,提高男子结婚年龄。古印度《摩奴法典》规定男女婚龄之差为:"三十岁的男子应娶他所喜爱的十二岁女子;二十四岁的男子娶八岁的女子。"又规定"妇女为产子而被创造,男子为生子而被创造"[1],所以一夫多妻制的存在也是从生子嗣的目的出发的。还应该注意到,无论法律上的一夫一妻制或一夫多妻制都不可能限制和禁绝统治阶级的淫欲行为。

八、夫妻关系之比较

夫妻关系包括夫妻人身关系与夫妻财产关系两个方面。罗马法关于夫妻关系的规定因有夫权婚姻与无夫权婚姻而有所不同。

在夫妻人身关系上,有夫权婚姻规定妻婚后处于夫权之下,在夫家处于子女地位,从夫姓。以后虽允许妻保留其原姓氏,但却应在其姓氏之后加注丈夫的姓氏。妻无民事行为能力,由夫或夫的家长代行之。夫可以有片面离婚权,但不得出卖其妻。无夫权婚姻下,妻处于母家族权下,母家家长仍对之有完全支配权,可以强迫她与丈夫离婚。妻无完全民事行为能力,而由母家家长或监护人协助行使。妻不加入夫家族,但参加祭祀,取得夫的社会地位和品级。妻以夫住所为住所,有与夫同居义务。妻应尊敬丈夫,顺从丈夫。夫妻互负贞操义务,应互助。夫代

---

[1] 《摩》九卷94、96节。

妻进行诉讼,妻帮助丈夫料理家务。对配偶不得提起刑事和有损名誉之诉讼,然而通奸罪不在此限。

在夫妻财产关系上,有夫权婚姻下,夫妻财产一体,妻婚后,其原先的财产、嫁资及所得其他赠予遗嘱均归夫或夫的家长所有。此后纵使婚姻关系终止,男方也不返还其财产。无夫权婚姻下,实行夫妻财产别体主义,双方财产保持独立,夫妻间的赠予无效,夫妻间相互无继承权。裁判官法规定,在配偶一方无合法继承人时,他方有继承权。妻在婚姻解除时可以请求返还嫁资,在婚姻关系保持中,女方的财产可以传给亲生后裔。

两河流域法律规定,夫妻人身关系,妻出嫁后,人身权属丈夫。妻在家庭的地位有如奴隶或子女,丈夫在一定的情况下可以对妻有生、杀、离异、出卖、抵债、降为奴隶之权。丈夫是妻的主人。例如,《汉谟拉比法典》称夫为"妻的主人",要求妻子绝对贞洁于丈夫,妻与人通奸或不贞洁,应处死刑。即使妻未被破获与他人通奸,仅因被人指责,即应受河水考验。妻子在丈夫被俘后迫于生计嫁人,夫归来后仍对妻有人身占有权。居家浪费又思他去的妻子,丈夫可离弃或降之为奴。丈夫亦可以妻抵偿债务,变为债奴。对于无子或不生育之妻,丈夫均可片面离弃[①]。

在夫妻财产关系上,夫妻婚姻关系一旦建立,妻的财产即归夫所有;婚后财产为夫妻共有,但支配权属男子。《汉谟拉比法典》规定,如果结婚时订有关于婚前债务自负的契约,妻子婚后,不对丈夫婚前债务负责,但婚后债务要共负,因此丈夫可以以妻子为债奴抵偿婚后债务。妻子的嫁资婚后归丈夫使用,但妻子死后,嫁资归亲生后裔继承;无子之妻死后,嫁资归女方的生父,但生父要返还丈夫聘金,表示婚姻关系

---

① 《汉》117、129、132、133、135、137、138、141条。

终止。丈夫死后,妻子可以享用自己的嫁资及丈夫以遗嘱形式给予的孀妇赡养费,或无赡养费时,以相当于一个继承人身份继承一份遗产,颐养天年。但妻子所享用之产不得出卖,身后归丈夫子女所有;或若再嫁,只许带走嫁资。与奴隶结合之女自由民,夫死可得共有财产之半及嫁资抚育子女。夫妻离异,出于妻有过失不予赔偿金;夫有过失,妻可取得嫁资。无子而被离弃者,丈夫要返还妻的嫁资,并付予一定的离婚费[①]。

《摩奴法典》关于夫妻关系的规定却与两河流域大相径庭,这里,妇女的地位相比要高得多。

在夫妻人身关系上,法典规定,妇女无独立人格,从幼年至老年均应受男子监护。婚后妇女受夫之监护,人身依附于丈夫,身份地位也从属于丈夫的品位[②]。妻子应当尊敬丈夫,顺从丈夫,不悖于丈夫。丈夫对妻子有支配权,甚至可以出卖、遗弃妻子[③]。夫妻间应相互贞洁,但更强调妻子对丈夫的贞洁,即使丈夫行为恶劣,仍应敬重之如天神;强调女子不嫁二夫,对不忠于丈夫之妻,国王可对之行狗吞食之兽刑[④]。妻的身份地位既依附于丈夫,故对不贞妇女,无夫无子妇女,社会予以歧视[⑤]。妻子在家内的主要义务是主管好家务,生儿育女[⑥]。但是和中国西周的礼制很相似之处是古印度的妇女并非完全无行为能力,她们可以进行民事诉讼,并可出庭为妇女做证,或在没有适当证人的情况下提供证词。但同时法典又说因妇女心理无恒,所以她的做证不足为凭[⑦]。关于夫妻人身关系的另一特殊规定为法典强调要尊敬妇女,夫

[①] 《摩》五卷 147—149 节;九卷 2、3、5、6、22、24 节。
[②] 《汉》138、139、141、142、148、150、151、152、162、163、164、171、172、173 条。
[③] 《摩》五卷 151、152、154、155、156、158 节;九卷 29、46 节。
[④] 《摩》五卷 160—165、371 节。
[⑤] 《摩》五卷 211、213、216、217 节。
[⑥] 《摩》九卷 11、26、27、28 节;三卷 150 节。
[⑦] 《摩》八卷 68、70、77 节。

妻敬爱。如："互相忠实,直至老死,这是夫妇应遵守的首要义务。""如果父亲、兄弟、丈夫和丈夫的兄弟们愿意子孙众多,则他们应尊敬已婚妇女并多馈赠。"①可以看出,这种强调尊重妇女,夫妻敬爱的规定多属一种宗教式的伦理道德说教,其出发点并非为了提高女权,而是为了家族昌盛、子孙繁多、家庭和睦,仍是从整个家族利益出发的。

在夫妻财产关系上,古印度法律承认妇女可以拥有一定的财产,其来源主要是婚礼前新郎给新娘的赠予(牝牛和礼品),还有父亲、兄弟、丈夫的兄弟给新娘的馈赠,婚后生活中,家庭给妻子的赠品,包括牝牛、车辆、衣服和其他财产。法律强调这些归妇女的财产不应为其亲族、父母所侵占②。妻子违反法律规定,轻视丈夫,憎嫌丈夫,将被剥夺所有财产③。这说明,妻子的财产所有权是有限的,必须是在她能成为一个合法的遵守妇规的人时,才可保有自己的财产。一旦她违反妇道,对甚至如嗜赌、好酒、染病的丈夫表示轻视,对无法忍受其压迫的丈夫表示憎嫌时,丈夫有权剥夺其财产。真正的夫妻间的财产关系仍是女子依附于男子。妻子的财产在妻死后归于她的亲生孩子;无子时,归于丈夫④。

从古代诸国关于夫妻关系的法律规定可以看出,夫妻间的人身关系,最初多为女子人身依附于丈夫,无完全独立的人格。唯罗马的无夫权婚姻,女子人身不依附于夫。但是古代文化较发达的国家,如中国和印度,虽宣称女子对丈夫之人身依附,却仍强调夫妻互敬、互爱、相互分工,又类似于罗马的无夫权婚姻之规定。在较文明国家里,中国西周和印度男子虽对妻有一定人身权,却也绝不能对妻有生、杀、虐待权。它们强调家庭中的礼敬恩爱,是懂得家庭安定是国家社会安定的基础。

---

① 《摩》九卷 101 节;三卷 55—61 节。
② 《摩》三卷 52—55 节。
③ 《摩》九卷 77—79 节。
④ 《摩》九卷 195、196 节。

家庭中夫妻分工,用精神感情统系家庭,这些体现了现代家庭观的思想早在几千年前已经萌芽。

早期家庭在夫妻财产关系中,既以男子的财产为家庭主要财产来源,故即使允许妇女保有自己的财产,也只是指妇女对自己财产的使用权。这种妇女财产,大多在妻死后归子孙继承,仍不脱出夫家财产范围。仅在夫妻关系终止、妻与夫离异时,妻之财产归属才有不同规定。

参 考 文 献

1. 姚孝遂主编，肖丁副主编：《殷墟甲骨刻辞摹释总集》(吉林大学古籍研究所丛刊之五)，中华书局1988年2月影印版。
2. 陈梦家：《殷墟卜辞综述》(考古学专刊甲种第二号，中国科学院考古研究所编辑)，科学出版社1956年7月版。
3. 郭沫若：《郭沫若全集·考古编第二卷》(卜辞通纂)，科学出版社1982年版。
4. 郭沫若：《两周金文辞大系考释》。
5. 郭沫若：《郭沫若全集·金文丛考》，科学出版社1982年版。
6. 郭沫若主编：《中国史稿》(第一册)，人民出版社1976年版。
7. 高明编：《古文字类编》，中华书局1980年11月版。
8. 张政烺：《古文字研究》(第三辑)(中华书局编辑部编)，中华书局1980年版。
9. 徐中舒主编：《甲骨文字典》，四川辞书出版社1990年版。
10. 于省吾：《甲骨文字释林》，中华书局1979年版。
11. 吴浩坤、潘悠：《中国甲骨学史》，上海人民出版社1985年版。
12. 丁山遗：《甲骨文所见氏族及其制度》(历史研究编辑委员会编辑)，科学出版社1956年9月版。
13. 胡厚宣：《甲骨学商史论丛初集(1—4册)》，齐鲁大学八十周年校庆之际，以哈佛燕京学社经费印行，1944年。
14. 王国维：《观堂集林》，中华书局1959年版。
15. 陕西省考古研究所、陕西省文物管理委员会、陕西省博物馆编：《陕西出土商周青铜器》，文物出版社出版，第一册，1979年版；第二册，1980年版；第三册，1980年版；第四册，1984年版。
16. 杨树达：《积微居金文说》(增订本)，科学出版社1959年版。
17. 容庚编著，张振林、马国权摹补：《金文编》，中华书局1985年影印版。

18.陈初生编纂,曾宪通审校:《金文常用字典》,陕西人民出版社1987年版。

19.[汉]司马迁撰,[宋]裴骃集解,[唐]司马贞索隐,[唐]张守节正义:《史记》(全十册),中华书局1959年7月版。

20.[清]王念孙:《广雅疏证》,中华书局1983年影印版。

21.[清]阮元等撰集:《经籍籑诂》(全二册),中华书局1982年版。

22.《十三经注疏附校勘记·周易音义》,中华书局1979年影印版。

23.《十三经注疏附校勘记·尚书正义》,中华书局1979年影印版。

24.《十三经注疏附校勘记·毛诗正义》,中华书局1979年影印版。

25.《十三经注疏附校勘记·周礼注疏》,中华书局1979年影印版。

26.《十三经注疏附校勘记·仪礼注疏》,中华书局1979年影印版。

27.《十三经注疏附校勘记·礼记正义》,中华书局1979年影印版。

28.《十三经注疏附校勘记·春秋左传正义》(下册),中华书局1979年影印版。

29.《十三经注疏附校勘记·论语注疏》,中华书局1979年影印版。

30.《十三经注疏附校勘记·春秋公羊传注疏》,中华书局1979年影印版。

31.《十三经注疏附校勘记·春秋穀梁传注疏》,中华书局1979年影印版。

32.《十三经注疏附校勘记·孟子注疏》,中华书局1979年影印版。

33.孟世凯:《殷墟甲骨文简述》,文物出版社1980年版。

34.邓散木编著:《石鼓斠释》,中华书局1985年版。

35.白寿彝总主编:《中国通史》第三卷上、下册,上海人民出版社2004年版。

36.翦伯赞主编:《中国史纲要》(第一册),人民出版社1979年版。

37.尚钺主编:《中国历史纲要》,人民出版社1954年版。

38.傅筑夫编:《中国经济史资料·先秦编》,中国社会科学出版社1990年版。

39.越世超:《周代国野制度研究》,陕西人民出版社1991年版。

40.李亚农:《周族的氏族制与拓跋族的前封建制》,华东人民出版社1954年出版。

41.张西堂:《尚书引论》,陕西人民出版社1958年版。

42.中国科学院哲学研究所中国哲学史组,北京大学哲学系中国哲学史教研室编:《中国哲学史资料简编·先秦部分》(上下册),中华书局1962年版。

43.中国哲学史教学资料编选组编选:《中国哲学史教学资料汇编·先秦部分》,中华书局1962年。

44.金景芳:《中国奴隶社会史》,上海人民出版社1983年版。

45.陈顾远:《中国婚姻史》,上海书店1984年版。

46. 王世舜：《尚书译注》，四川人民出版社1982年7月版。

47. 吕思勉：《先秦史》，上海古籍出版社1982年版。

48. 郑家相：《中国古代货币发展史》，三联书店1958年版。

49. 丁山：《商周史料考证》，中华书局1988年版。

50. 黎虎：《夏商周史话》，北京出版社1984年版。

51. 彭邦炯：《商史探微》，重庆出版社1988年版。

52. 宋镇豪：《夏商社会生活史》，中国社会科学出版社1999年版。

53. 胡留元、冯卓慧：《长安文物与古代法制》，法律出版社1989年5月版。

54. 胡留元、冯卓慧：《西周法制史》，陕西人民出版社1988年12月版。

55. 胡留元、冯卓慧：《夏商西周法制史》，商务印书馆2006年版。

56. 冯卓慧：《罗马私法进化论》，陕西人民出版社1992年版。

57. 《马克思恩格斯全集》。

58. 杨升南：《甲骨探史录》，三联书店1982年版。

59. 王云五总编纂，[宋元]马端临撰：《万有文库第二集·文献通考》，商务印书馆1936年版。

60. 《太平御览》，中华书局1960年版。

61. 由嵘、张雅利、毛国权、李红海编：《外国法制史参考资料汇编（上古部分）》，北京大学出版社2004年版。

62. 朱凤翔：《商周家族形态研究》（增订本），天津古籍出版社2004年版。

63. 顾准：《顾准文集》，贵州人民出版社1994年版。

64. 周一良、吴于廑主编：《世界通史资料选辑·上古部分》，商务印书馆1963年版。

65. 《汉乐府》。

66. 《辞海》缩印本，上海辞书出版社1980年版。

67. 中国社会科学学院文学研究所编：《唐诗选》，人民文学出版社1978年。

68. 徐中玉主编：《古文鉴赏大辞典》，浙江教育出版社1989年。

69. 高亨：《周易古经今注》。

70. 河北省文物研究所编：《藁城台西商代遗址》，文物出版社1985年。

71. 张晋藩主编：《法律史研究》，广西师范大学出版社1993年版。

72. [俄]贾可诺夫、马加辛涅尔：《古巴比伦皇帝哈漠拉比法典与古巴比伦法解说》，中国人民大学1954年版。

73. [法]古朗士：《希腊罗马古代社会研究》，李玄伯译，商务印书馆1938年版。

74.〔英〕狄金森:《希腊的生活观》,彭基相译,商务印书馆1934年版。

75.恩格斯:《家庭、私有制和国家的起源》,人民出版社1955年版。

76.〔英〕梅因:《古代法》,沈景一译,商务印书馆1959年版。

77.〔罗马〕查士丁尼:《法学总论——法学阶梯》,张启泰译,商务印书馆1989年版。

78.〔意〕桑德罗·斯奇巴尼选编:《民法大全选译Ⅳ·IB债·契约之债》,中国政法大学出版社1993年版。

〔意〕桑德罗·斯奇巴尼选编:《民法大全选译Ⅳ·2·A债私犯之债:阿奎利亚法》,中国政法大学出版社1992年版。

〔意〕桑德罗·斯奇巴尼选编:《民法大全选译Ⅰ·4·A司法管辖权:审判诉讼》,中国政法大学出版社1992年版。

〔意〕桑德罗·斯奇巴尼选编:《民法大全选译Ⅰ·I正义和法》,中国政法大学出版社1992年版。

79.〔古希腊〕亚里士多德:《政治学》,吴颂皋、吴旭初译,商务印书馆1934年初版;吴寿彭译,商务印书馆1965年版。

80.〔法〕迭朗善译:《摩奴法典》,马香雪转译,商务印书馆1982年版。

后　记

很感谢商务印书馆又出版了我的此次新书,我使用了"又"一词,是因为2006年商务印书馆出版了我和先夫合著的《夏商西周法制史》一书,那是我在商务印书馆出版的第一本专著。当时我十分激动,得到出版立项通知后,情不自禁地写下了"我的商务情结"一文,发自内心地表达了我对这个百多年来中国出版行业先行者的敬佩之情。此书出版后,在学术界颇有影响。2009年10月底,我也因此书获得司法部第三届优秀科研成果一等奖。不少年轻人也在读它。

现在我的又一部系列专著将在商务印书馆出版,所以,我使用了"又"一词。这次出版的是我2007年申报被批准的国家社会科学基金项目:《商、周、汉、唐民事法律制度的架构及演进——卜辞、金文、汉简、唐代帛书及石刻民事法律资料研究》,从题目可知,此课题是研究中国古代四个朝代的民事法律制度的框架,并想对比出其中的先后承接发展变化。此课题名有一个长长的副标题,即通过这四个朝代的出土文献再佐证于传统书面文献来进行研究。此项科研系补白之作,在自己来说是认认真真做了的。结项时,也获得了好评。全国哲学社会科学规划办公室在其网站上所发表的"国家社科基金项目2012年第一季度成果综述"中说:"有的具有极高的敬业精神,皓首穷经、笔耕不辍。如西北政法大学冯卓慧教授以70多岁高龄,独立完成61万字专著《商、周、汉、唐民事法律制度的架构及演进——卜辞、金文、汉简、唐代帛书及石刻民事法律资料研究》,运用大量第一手原始资料,有力驳斥了西方学者所谓'中国古代无民事法律'的偏见,'以饱满的精神、严谨的态度、惊人的毅力完成了价值厚重的研究成果,值得肯定、令人敬佩'!"①另外,"中国社会科学在线"网发表作者霍文琦文《古稀学者皓首穷经为民法溯源 驳斥西方"中国古代无民法"说》。② 这一切当然都是对我科研的极大肯定。商务印书馆在见到我的出版申请后,认真讨论,并决定分三册作为系列出书,我只能对所有这些均表示极真诚的感谢!

我的感谢不仅只为了我的书的出版,而是因为书的出版,我的观点才能使愿意了解此方面研究的同志们知晓,这样,也许会使此方面的研究更深入。

我想借"后记"再说明几个问题:

一、关于"民法"。书中我谨慎地使用了"民事法律制度"一词,因为,在我的研究所涉及的这几个朝代,均无今天意义上的"民法典"或"民法"一词,但从所引用的材料来看,它们均属于"民事法律制度"的范畴。《唐律疏议》在它的"名例律"开篇就说道:"莫不凭黎元而树司宰,因政教而施刑法。"也就是说国家为治理黎民百姓要设立法律,实行教化不足以制止犯罪时就要施行刑法了。但是立法者强调以德教为主要,刑罚只是教育的工具,所以有"德礼为政教之本,刑罚为政教之用,犹昏晓阳秋相须而成者也"一句。很可惜,古代的立法者由于没有专门提出"民法"一词,虽然他们一再强调"德礼"与"刑罚"的相辅相成关系,我们现在的快餐文化的学习者们因此便很肯定中国古代是"以刑为主"或"重刑轻民"了,而罗马法却不如此。查士丁尼的《法学总论》就直接说:"法律学习分为两部分,即公法与私法。公法涉及罗马帝国的政体,私法则涉及个人利益。这里所谈的是私法,包括三部分,由自然法、万

---

① 见全国哲学社会科学规划办公室网,2012年5月2日文。
② 见"中国社会科学在线",霍文琦文,2012年10月25日。

民法和市民法的基本原则所构成。"①罗马法首先提出公法与私法的概念,私法后来被人们称为"民法",它由"市民法"而来。于是西方学界认为中国古代无民法,而中国的学习者们也因之认为中国古代无民法,或者,妥协一点,认为至少是"重刑轻民"。其实,就文献资料看,二十四史,从《史记》"平准书"开始,以后自《汉书》改称"食货志"。历代史书均以大量笔墨写"食货志","食货志"写什么? 就写老百姓的"食"与"货"。班固在《汉书》"食货志"中开篇就指出《尚书》中的《洪范》篇讲治理国家的八个要点,第一是食、第二是货。食就是指要让百姓生存有可食之物,货是指货币流通、商业经济,这二者是治理国家最重要的大事。《汉书》中"刑法志"一卷,"食货志"两卷。《旧唐书》中"刑法志"一卷,"食货志"两卷。《新唐书》中"刑法志"一卷,"食货志"五卷。《宋史》是官修二十四史中最庞大的一部,"刑法志"三卷,"食货志"十四卷。孰重孰轻,一目了然,然而,快餐文化的教育,使我们有多少人愿意去查一下二十四史的书目呢? 所以,人云亦云是最快的捷径,于是似乎成了一种定论,"中国古代无民法",或是"重刑轻民"。如果我的书能使多几个人去查查中国的史籍,我就算是真心满意足了。

二、关于几个附录。在将出版的我的三册书中,都有附录。因为出版社的编辑认为这几篇文字似乎与书的内容关联不那么紧密或体例不一,便列为附录,征询我的意见,我也同意了。

第一册是《商周民事经济法律制度研究》,附录有两篇:"比较上古民法"、"比较上古婚姻法"。这两篇因体例上与全文不太协调,全书是写商周的民事、经济法律制度的,突然来了比较,显得突兀。我之所以写此两篇比较法史是想使读者在比较的视野下可以更多地进行对比,

---

① 〔罗马〕查士丁尼:《法学总论—法学阶梯》,张启泰译,商务印书馆1989年版,第5—6页。

有比较才能有鉴别,何况一种物质都不能非此即彼,更何况一种法律制度,它有它产生的源流,比较中也会产生兼容与并蓄。

第二册是《汉代的民事经济法律制度研究》,列为附录的有一篇,即汉代对动产的侵权行为法。此篇列出是因为该篇所引用的事例是王侯、官吏的侵权,因为行为人身份的特别,所以此侵权如按现今法律,侵权者为公务人员,当不同于一般民事侵权行为法。不过,我想,研究法制史者,应当有历史唯物主义的观点。

第三册是《唐代的民事法律制度研究》,此册中列为附录的有两篇:"从复原的唐开元《医疾令》看唐代的医疗卫生法"、"从'耳后大秦珠'到《唐律疏议》——罗马法对唐代契约法的影响"。此两篇,前一篇我认为中国古代法中民法的观念是指与人民生存相关之法。唐代的《医疾令》让我们看出国家对民生相关的医疗卫生法之重视与完善,一千三百年后的今天,它仍有借鉴意义。但按现在的法学分类,它则属于行政法,故单列为附录;后一篇是将我认为的罗马法对唐代契约法的影响写出来,而全书是写唐代法的,故另列为附录。

附带说一句,公法、私法的分类是公元六世纪罗马法学家的分类,时经一千多年后,于上世纪西方学界已认识到当今世界法律很难以公法与私法绝对分类,常存在公法私法化、私法公法化的纠缠问题。勒内·达维德在他的《当代主要法系》一书中早已谈及此问题,而该书于上世纪八十年代已在中国译出。随便举一例:精子能否寄存,此早有定论,可存入寄存库。但如寄存人死亡,亲属想生出该寄存人的后代,可否取出?精子是人还是物?这涉及一系列民法中的具体契约,甚至,涉及"人"的法律定义。世界是发展的,法律也是发展的,法律更重要的特点是它是解决现实问题的。

2013 年 8 月于西安